"十四五"国家重点图书出版规划项目

区域经济布局和国土空间体系研究丛书

湖北省高等学校哲学社会科学研究重大项目（22ZD112

长江中游城市群

协同发展研究

秦尊文 李浩 董莹 黄展◎著

经济管理出版社

ECONOMY & MANAGEMENT PUBLISHING HOUSE

图书在版编目（CIP）数据

长江中游城市群协同发展研究 / 秦尊文等著.

北京 : 经济管理出版社，2025. -- ISBN 978-7-5243
-0264-3

Ⅰ. F299.275

中国国家版本馆 CIP 数据核字第 2025Q5U816 号

组稿编辑：申桂萍
责任编辑：申桂萍
责任印制：张莉琼
责任校对：陈　颖

出版发行：经济管理出版社
　　　　　（北京市海淀区北蜂窝 8 号中雅大厦 A 座 11 层　100038）
网　　　址：www.E-mp.com.cn
电　　　话：（010）51915602
印　　　刷：北京厚诚则铭印刷科技有限公司
经　　　销：新华书店
开　　　本：720mm×1000mm/16
印　　　张：13.75
字　　　数：262 千字
版　　　次：2025 年 2 月第 1 版　　2025 年 2 月第 1 次印刷
书　　　号：ISBN 978-7-5243-0264-3
定　　　价：88.00 元

目 录

第一章　绪论

长江中游是中国经济的重要增长极。近年来，其经济总量仅次于长三角地区，高于京津冀地区和川渝地区，与粤港澳大湾区相当。大力推进长江中游城市群协同发展，对我国经济发展有着承东启西、连南接北的战略作用，有助于推动中部地区高质量发展，促进东部地区、西部地区协调发展，对加快实现中国式现代化具有重要意义。

第一节　长江中游城市群协同发展的背景

长江中游城市群与京津冀城市群、长三角城市群、珠三角城市群、成渝城市群并列为全国五大一级城市群，因为其三个省会几乎呈等边三角形分布，又称为"中三角"。它地跨湖北、湖南、江西三省，发展质量和水平与沿海三大城市群有一定差距，内部发展也不平衡，推动城市群协同发展十分迫切。

一、贯彻新发展理念

2015 年 11 月，习近平总书记在《关于〈中共中央关于制定国民经济和社会发展第十三个五年规划的建议〉的说明》中指出：发展理念是发展行动的先导，是管全局、管根本、管方向、管长远的东西，是发展思路、发展方向、发展着力点的集中体现。习近平总书记在党的十八届五中全会第二次全体会议上的讲话鲜明提出了创新、协调、绿色、开放、共享的新发展理念。新发展理念符合我国国情，顺应时代要求，对破解发展难题、增强发展动力、厚植发展优势具有重大指导意义。2018 年 3 月 11 日，第十三届全国人民代表大会第一次会议通过《中华人民共和国宪法修正案》，在"自力更生，艰苦奋斗"前增写"贯彻新发展理念"。贯彻新发展理念是长江中游城市群协同发展的指导思想、指路明灯。

一是坚持创新发展。创新发展注重的是解决发展动力问题。习近平总书记在湖北、湖南、江西考察时，反复强调实施创新驱动发展战略，明确要求塑造更多依靠创新驱动、更多发挥先发优势的引领型发展，努力实现高水平科技自立自强。国务院批复的《长江中游城市群发展"十四五"实施方案》要求："发挥科技创新的引领作用，强化改革的先导和突破作用，破除制约一体化发展的体制机制障碍，推动高水平开放，为高质量发展持续提供动力和活力。"

二是坚持协调发展。协调发展注重的是解决发展不平衡问题。我国发展不协调是一个长期存在的问题，突出表现在区域、城乡、经济和社会、物质文明和精神文明、经济建设和国防建设等关系上。长江中游城市群协同发展，就是着手解决发展不平衡、不协调的问题。《长江中游城市群发展"十四五"实施方案》要求："优势互补，区域协同。树立系统观念，坚持'一盘棋'思想，充分发挥三省各自比较优势，加强城市间合作，强化政策统筹、一体推进，形成分工合理、功能互补、协调联动的发展格局，显著提升区域整体竞争力。"

三是坚持绿色发展。绿色发展注重的是解决人与自然和谐问题。推动长江经济带高质量发展，根本上依赖于长江流域高质量的生态环境。要把修复和保护长江生态环境摆在压倒性位置。《长江中游城市群发展"十四五"实施方案》要求"创建绿色发展先行区"，这是"信号灯""指挥棒"。要深入践行生态文明理念，共抓大保护，不搞大开发，深化生态环境系统治理、协同治理，加快经济社会发展全面绿色转型，实现人与自然和谐共生。

四是坚持开放发展。开放发展注重的是解决发展内外联动问题。长江中游城市群要协同发展，必须加强对内对外开放。《长江中游城市群发展"十四五"实施方案》强调"协同打造内陆高水平开放平台"，要求"构筑内陆地区改革开放高地"。

五是坚持共享发展。共享发展注重的是解决社会公平正义问题。长江中游城市群要坚持在发展中保障和改善民生，统筹做好就业、收入分配、教育、社保、医疗、住房、养老、扶幼等各方面工作，更加注重向农村、基层、欠发达地区倾斜，向困难群众倾斜，促进社会公平正义，让发展成果更多更公平惠及全体人民。《长江中游城市群发展"十四五"实施方案》要求："以更好满足人民群众美好生活需要为目标，共同提升公共服务质量和水平，传承创新多元文化，增强区域安全协同治理能力，提高城市群幸福宜居水平。"

二、构建新发展格局

习近平总书记在 2020 年 4 月中央财经委员会第七次会议上首次提出构建新发展格局；在党的十九届五中全会第二次全体会议上，全面阐释了构建新发展格局的重大意义、深刻内涵和工作着力点；在 2021 年初的省部级主要领导干部学习贯彻党的十九届五中全会精神专题研讨班上，进一步对加快构建新发展格局作出系统论述。习近平总书记关于构建新发展格局的重要论述高屋建瓴、统揽全局，内涵丰富、博大精深，是习近平经济思想的重要组成部分，开拓了中国特色社会主义政治经济学新境界。

构建以国内大循环为主体、国内国际双循环相互促进的新发展格局，是以习近平同志为核心的党中央根据我国发展阶段、环境、条件变化作出的重大决策，是把握发展主动权的先手棋，是适应我国发展新阶段形势、塑造国际合作和竞争新优势的必然要求。加快构建新发展格局是适应新发展阶段的历史要求。2008 年国际金融危机以来，世界经济发展动能和国际大循环动能均明显减弱，我国依托消费升级、产业升级等蕴含的巨大内需潜力，实施扩大内需战略，有效应对外部市场收缩，经济发展向内需主导转变，对外贸易依存度从 2006 年的峰值 67%下降到 2022 年一季度的 34.8%。从大国经济发展规律看，都是内需为主导，主要发达国家都拥有强大内需市场，2020 年美国和日本对外贸易依存度分别为 18.3%和 25.2%，明显低于 42.1%的世界平均水平。构建新发展格局也是充分发挥自身比较优势的必然要求，具有坚实的实践基础。从制度层面看，我国有中国特色社会主义制度优势，能够广泛凝聚共识，调动各方面的积极性，将有效市场和有为政府更好结合，集中力量办大事，为构建新发展格局提供制度保证。从内需潜力看，我国有 14 亿多人口、4 亿多中等收入群体，是全球规模最大、最具发展潜力的消费市场，2023 年全国社会消费品零售总额达到 47.1 万亿元，是世界第二大消费市场。居民消费优化升级空间广阔，国内市场规模还将持续扩张。

长江中游城市群处于中部之中，要发挥贯通东西部、连接南北方、对接"一带一路"的优势。以国内大循环吸引全球资源要素，增强国内国际两个市场两种资源联动效应，推动全国加快构建以国内大循环为主体、国内国际双循环相互促进的新发展格局。长江中游城市群既有资源优势，又有广阔的消费市场支撑，有条件在构建新发展格局中走在前列。中国国内市场总体规模位居世界前列。长江中游城市群居中部地区核心区域，在国内市场体系中处于枢纽地位。湘鄂赣三省有 1.7 亿人口，其中长江中游城市群有 1.3 亿，这本身就是一个巨大的潜在市场。如果长江中游城市群能够达到长三角城市群的消费水平，将增加上万亿元的消费内需。更重要的是，在以武汉为中心的4小时高铁圈内，聚集着数亿人口，其市场空间广阔，潜力巨大。目前，国外市场要素正在加速向中部地区转移，长江中游城市群能发挥其比较优势，吸引海内外市场要素转移，加快国内市场枢纽建设，推动国内市场体系建设和国内市场总体规模扩张。通过加快三省国家级开发区和湘南湘西、荆州等国家级承接产业转移示范区建设，形成承接东部沿海产业转移和国际资本转移的开放发展平台，形成整体推进的合力，构建以内需拉动促进经济增长的新模式，打造我国经济发展新的增长极。

健全市场一体化发展机制，提高资源配置公平性。在招商引资、人才流动、技术开发、信息共享等方面联合制定统一政策，促进要素自由流动，保障资源配置的区域化。实施统一的市场准入负面清单制度，深入实施公平竞争审查制度，全面放宽城市落户条件，加快深化农村土地制度改革，引导科技资源按照市场需求优化空间配置，促进创新要素充分流动。

长江中游城市群对对外开放具有正外部性。在当前的世界经济格局中，随着中国影响力的不断提升，随着"中三角"自身实力的不断增强，"中三角"对世界经济的积极影响将会日益明显。特别是基于全球化、信息化的时代趋势，基于良好的发展态势，基于中部的区位优势，"中三角"将更加积极主动地融入国际市场、参与国际贸易。一是在资金、资源、人才等要素集聚的条件下，在扩大内需的市场诱导下，"中三角"将吸引大量的国际投资，成为国际资本洼地；二是作为承接产业转移的重要地区，凭借强大的产业实力和物流能力，"中三角"将在国际分工中扮演重要角色，成为跨国公司国际产业链的重要环节；三是随着经济实力的不断增强，"中三角"将加大"走出去"步伐，越来越多的区域内企业将成为国际投资主体，直接参与国际间的资本运作、企业并购、产业整合。①

扩大内需的一个重要突破口就是深化对内开放，以邻为壑是会严重抑制内需的。长江中游城市群致力于消除行政壁垒和市场障碍，在内陆地区经济一体化上作出示范。促进资源、资本、技术、信息、人力的优化组合，共同培育和发展长江中游城市群统一、开放、有序的市场体系；共同推动构建区域产业合作发展纽带，创新长江中游城市群区域产业合作模式，形成区域内合理分工的产业发展格局，发挥各自的比较优势，突出特色，实现差异发展，形成各自的优势产业；打破行政区划限制形成合力，建立协调合作机制，从发挥区域整体优势出发，对重

---

① 尹汉宁. 长江中游城市集群建设的时代根由 [J]. 支点，2012（6）：1-15.

大基础设施统一规划，合理布局，联合投资，既发挥各自比较优势，又进行合理分工，大力推进航空、高速公路、铁路、水运整体联动的大交通体系一体化进程，共同努力建设国家级综合交通运输示范区。

三、建立发展新模式

实施区域协调发展战略是新时代国家重大战略之一，是贯彻新发展理念、建设现代化经济体系的重要组成部分。2018 年 11 月 18 日，《中共中央　国务院关于建立更加有效的区域协调发展新机制的意见》明确提出："建立以中心城市引领城市群发展、城市群带动区域发展新模式，推动区域板块之间融合互动发展。以北京、天津为中心引领京津冀城市群发展，带动环渤海地区协同发展。以上海为中心引领长三角城市群发展，带动长江经济带发展。以香港、澳门、广州、深圳为中心引领粤港澳大湾区建设，带动珠江—西江经济带创新绿色发展。以重庆、成都、武汉、郑州、西安等为中心，引领成渝、长江中游、中原、关中平原等城市群发展，带动相关板块融合发展。"

这是中央首次明确建立以城市群带动区域发展"新模式"。之后，三大沿海城市群都特别注重协同发展、一体化发展。一是京津冀都市圈。2014 年 2 月，以习近平同志为核心的党中央站在国家发展全局的高度，作出了推进京津冀协同发展这一重大决策。2023 年 7 月 20 日，由北京市、天津市、河北省联合组建的京津冀协同发展联合工作办公室正式揭牌成立。2014 年以来，京津冀牢牢牵住疏解北京非首都功能这个"牛鼻子"，让资源合理流动和配置，并通过协同创新实现生产力再造。二是长三角城市群。2018 年 11 月，习近平总书记在上海举行的首届中国国际进口博览会上宣布，支持长江三角洲区域一体化发展并上升为国家战略。2023 年 11 月 30 日，习近平总书记在上海主持召开深入推进长三角一体化发展座谈会并发表重要讲话，要求进一步提升创新能力、产业竞争力、发展能级，率先形成更高层次改革开放新格局，对于我国构建新发展格局、推动高质量发展，以中国式现代化全面推进强国建设、民族复兴伟业，意义重大。三是粤港澳大湾区。2019 年 2 月，中共中央、国务院印发《粤港澳大湾区发展规划纲要》，强调"不断深化粤港澳互利合作，进一步建立互利共赢的区域合作关系，推动区域经济协同发展，为港澳发展注入新动能"。要求"完善城市群和城镇发展体系""辐射带动泛珠三角区域发展"。现在，粤港澳大湾区已建成"轨道上的都市圈"。2024 年 1 月 15 日，广深港高铁深圳福田至香港西九龙段恢复通车一周年。一年内，由内地往香港发送旅客 1085.6 万人次，香港往内地发送旅客

1041.3 万人次。其中，深圳地区往香港共计发送旅客 576.7 万人次，日均 1.58 万人次；香港往深圳地区共计发送旅客 540.5 万人次，日均 1.48 万人次。广深港高铁，只是粤港澳大湾区融合发展的一个缩影。粤港澳大湾区建设不仅在交通网络互联互通方面取得了显著进展，而且目前已初步形成了具有国际竞争力的现代产业体系。目前，粤港澳大湾区的先进制造业快速发展，战略性新兴产业不断壮大，集成电路、生物医药、新能源新材料等产业快速崛起，战略性新兴产业集群正在涌现。

长江中游城市群处在"一带一路"、中部崛起和长江经济带的空间交汇点，随着国家铁路建设尤其是高铁建设的迅猛发展，长江中游城市群与京津冀、长三角、粤港澳大湾区、成渝等地区之间的经济联系也日益紧密。加快长江中游城市群区域经济一体化发展，有利于提升长江中游城市群整体竞争力，营造以东带西、东中西共同发展的格局，缩小区域板块发展差距，增强我国经济发展的平衡性、协调性和可持续性。

四、建设中国式现代化

党的二十大报告指出："从现在起，中国共产党的中心任务就是团结带领全国各族人民全面建成社会主义现代化强国、实现第二个百年奋斗目标，以中国式现代化全面推进中华民族伟大复兴。"党的二十大报告对"中国式现代化"的内涵和特征作了阐释："中国式现代化，是中国共产党领导的社会主义现代化，既有各国现代化的共同特征，更有基于自己国情的中国特色。"中国式现代化是人口规模巨大的现代化、是全体人民共同富裕的现代化，而中部地区人口高达数亿人，如果不能实现高质量发展，就直接影响社会主义现代化强国建设。"加快构建新发展格局，着力推动高质量发展"是中国式现代化建设的首要任务，促进区域协调发展是首要任务内容之一。"促进中部地区加快崛起""推进长江经济带发展"是促进区域协调发展中应实施的重大战略，长江中游城市群就处在两者重合的区域。党的二十届三中全会通过的《中共中央关于进一步全面深化改革　推进中国式现代化的决定》，要求"完善实施区域协调发展战略机制"，强调要健全推动中部地区加快崛起的制度和政策体系、优化长江经济带发展机制。

湖北、湖南、江西三省认真贯彻党的二十大精神，按照党的二十届三中全会通过的《中共中央关于进一步全面深化改革　推进中国式现代化的决定》中"完善区域一体化发展机制，构建跨行政区合作发展新机制"的要求，共同深入推进长江中游城市群协同发展。

党的二十届三中全会提出，要构建全国统一大市场，完善市场经济基础制度。《中共中央　国务院关于加快建设全国统一大市场的意见》明确提出，"鼓励京津冀、长三角、粤港澳大湾区以及成渝地区双城经济圈、长江中游城市群等区域，在维护全国统一大市场前提下，优先开展区域市场一体化建设工作，建立健全区域合作机制，积极总结并复制推广典型经验和做法"。2024 年 8 月，湖南、湖北、江西三省联合出台《长江中游城市群区域市场一体化建设举措》，正式启动区域市场一体化建设。毋庸讳言，一些行业和领域存在着地方保护、市场分割等问题，目前，推进长江中游城市群区域市场一体化，最大的难点在于破除制约要素流动的体制机制障碍，推动市场深度融合发展。《长江中游城市群区域市场一体化建设举措》从市场制度规则、市场设施联通、要素资源环境、商品服务市场建设、区域市场监管五个方面发力，提出 26 条重点举措。这些举措就是奔着解决问题而去，有着鲜明的问题导向。

鄂湘赣三省还将围绕各自航空枢纽，发展"航空货运+卡车航班"，打造"全球 123 快货物流圈"；建立三省科技成果转化平台共享机制，联合开展科技成果转化。这一系列举措，将实质性推动长江中游城市群区域市场一体化建设。

第二节　长江中游城市群协同发展的重大意义

《中华人民共和国国民经济和社会发展第十四个五年规划和 2035 年远景目标纲要》提出，推动长江中游城市群协同发展，加快武汉、长株潭都市圈建设，打造全国重要增长极。长江中游城市群协同发展，对长江经济带发展和中部地区崛起两大战略的实施、对探索新型城镇化路径具有重大意义。

一、推进长江经济带发展战略深入实施

早在 20 世纪 80 年代中期我国制定的国土规划纲要，就明确地把沿海和长江作为我国两条经济开发的主轴，当时就有不少专家学者提出了长江经济带建设的构想，但由于种种原因，沿海地区开发取得了长足进展，而长江开发严重滞后。21 世纪初，随着我国经济开发由沿海向内陆推进，长江成为连接我国东中西三大板块的重要通道，长江沿岸地区作为经济基础较好、开发条件优越的地区，成为推进的主要通道。江苏率先提出了长江产业带建设的战略构想，安徽紧接着提

出了建设皖江经济带，重庆也提出了沿江经济带的建设构想。与此同时，湖南提出了建设以长株潭为中心的长株潭城市群，江西提出了建设以昌九工业走廊为主轴的环鄱阳湖城市群，湖北也作出了加快长江经济带新一轮开放开发的决定，长江经济带建设重新引起社会各界乃至中央的关注，并渐入佳境。始于20世纪80年代的沿海开放形成了珠江三角洲、长江三角洲、环渤海地区三大城市群，长江经济带建设也正在形成长江三角洲、长江中游和成渝三大城市群，长江中游地区有着得天独厚的优势，无疑将成为长江经济带发展的重中之重。此外，《国务院关于依托黄金水道推动长江经济带发展的指导意见》明确提出，培育发展长江中游城市群。增强武汉、长沙、南昌中心城市功能，促进三大城市组团之间的资源优势互补、产业分工协作、城市互动合作，把长江中游城市群建设成为引领中部地区崛起的核心增长极和资源节约型、环境友好型社会示范区。促进长江中游城市群区域经济一体化发展，是深入实施长江经济带发展战略的迫切需要。

绿色发展是长江经济带的主旋律。《长江中游城市群发展"十四五"实施方案》明确要求："优化国土空间开发保护格局，推动生态共保环境共治，筑牢长江中游生态屏障，加快建立生态产品价值实现机制，着力改善城乡人居环境，积极落实碳达峰碳中和目标任务，促进长江经济带绿色发展。"

2016年9月，《长江经济带发展规划纲要》正式印发，确立了长江经济带"一轴、两翼、三极、多点"的新发展格局："一轴"是以长江黄金水道为依托，发挥上海、武汉、重庆的核心作用，推动经济由沿海溯江而上梯度发展；"两翼"指沪瑞和沪蓉南北两大运输通道，这是长江经济带的发展基础；"三极"指的是长江三角洲城市群、长江中游城市群和成渝城市群，充分发挥中心城市的辐射作用，打造长江经济带的三大增长极；"多点"指发挥三大城市群以外地级城市的支撑作用。

"中游畅则长江畅，中部活则全国活。"长江中游城市群地处长江经济带中部的核心部位，对于落实国家长江经济带发展战略具有特殊重要意义。要按照国务院的要求，建设以长江干线为主，铁路、公路、航空、管道共同组成的沿江运输大通道。构筑长江中游城市群，将使中部地区在长江流域的发展有一个大的突破，推动"长江中游经济区"逐步跟上和接近东部地区的发展速度和水平，为带动西部的大发展进一步创造条件，进而营造以东带西、东中西共同发展的格局，使长江成为世界上最富活力的大河流域经济带。

自20世纪80年代以来，涵盖九省二市的长江经济带就与沿海经济带一起被确定为我国的两大国土空间开发主轴。但从总体上来看，长江经济带的建设重心主要集中在下游地区和上游地区，中游地区的发展亟待加强。可以说，现在长江经济带的"头"——上海舞起来了，"尾"——重庆也摆起来了，但"腰"部还比较软。从城市群的角度来观察，现在长江下游地区（包括三角洲地区）已经形成了以上海为中心的大城市群——长江三角洲城市群，并进入了国家规划；上游地区已经形成了以重庆、成都为中心的大城市群——成渝城市群，也进入了国家规划。整合武汉城市圈、长株潭城市群和环鄱阳湖城市群，构建长江中游城市群，能够将长江上下游两大城市群连接起来，使长江经济带成为一条完整的城市连绵带。

二、促进中部地区全面崛起

改革开放以来至21世纪初，国家先后实施了沿海开放、西部大开发、东北振兴战略。由湖北、湖南、江西、安徽、河南、山西六省构成的"中部地区"，逐渐在中国经济版图中呈现凹陷状态。为此，国家出台促进中部地区崛起战略，旨在促进区域经济协调发展。中部要崛起，城市必须首先崛起。2006年，《中共中央　国务院关于促进中部地区崛起的若干意见》明确指出："以省会城市和资源环境承载力较强的中心城市为依托，加快发展沿干线铁路经济带和沿长江经济带。"2009年，《促进中部地区崛起规划》明确提出：加快形成沿长江、陇海、京广和京九"两横两纵"经济带，积极培育充满活力的城市群。2010年5月9日，国家发展改革委出台《关于促进中部地区城市群发展的指导意见》，指出中部地区城市群发展中面临着中心城市辐射带动作用不强、资源要素整合有限、产业集聚度不高、创新能力较弱、城市间分工协作程度较低等突出问题；并提出加快城际间、城市群间综合交通运输通道建设，促进特大城市轨道交通系统建设，加强各种交通方式间相互对接。同年8月12日，国家发展改革委印发《促进中部地区崛起规划实施意见》，要求"中部六省和国务院有关部门要着重从落实相关政策、组织实施相关规划、推进重点工作和重大项目建设入手，狠抓各项任务的落实"。

2012年8月31日，《国务院关于大力实施促进中部地区崛起战略的若干意见》首次明确提出："鼓励和支持武汉城市圈、长株潭城市群和环鄱阳湖城市群开展战略合作，促进长江中游城市群一体化发展。"这是"长江中游城市群"这一名词首次写进国家文件。可以认为，长江中游城市群是中部地区最应率先崛起的板块。

2016年12月，国务院讨论通过的《促进中部地区崛起"十三五"规划》，提出实施"城市群壮大计划",明确要求长江中游城市群"推动武汉城市圈、长株潭城市群、环鄱阳湖城市群大力实施创新驱动发展战略,加快建立现代产业体系,提升城市群综合实力和竞争力,建设具有全球影响力的现代产业基地和全国重要创新基地,打造生态文明和绿色城镇化样板"。

2019年5月,习近平总书记在江西南昌主持召开推动中部地区崛起工作座谈会,提出"要紧扣高质量发展要求,乘势而上,扎实工作,推动中部地区崛起再上新台阶"。这一阶段更加强调中部地区崛起要以新发展理念引领高质量发展。

2021年4月23日,《中共中央 国务院关于新时代推动中部地区高质量发展的意见》提出:立足新发展阶段,贯彻新发展理念,构建新发展格局,坚持统筹发展和安全,以推动高质量发展为主题,以深化供给侧结构性改革为主线,以改革创新为根本动力,以满足人民日益增长的美好生活需要为根本目的,充分发挥中部地区承东启西、连南接北的区位优势和资源要素丰富、市场潜力巨大、文化底蕴深厚等比较优势,着力构建以先进制造业为支撑的现代产业体系,着力增强城乡区域发展协调性,着力建设绿色发展的美丽中部,着力推动内陆高水平开放,着力提升基本公共服务保障水平,着力改革完善体制机制,推动中部地区加快崛起,在全面建设社会主义现代化国家新征程中作出更大贡献。为此,强调"加强长江中游城市群、中原城市群内城市间合作"。

2024年3月20日,习近平总书记在湖南省长沙市主持召开新时代推动中部地区崛起座谈会并发表重要讲话。这标志着,中部崛起战略进入在新起点上进一步推动中部地区高质量发展的新阶段。这次座谈会上,习近平总书记重申了中部地区在全国具有举足轻重的地位,强调"要一以贯之抓好党中央推动中部地区崛起一系列政策举措的贯彻落实";同时指出,"中部地区发展站到了更高起点上",并针对新形势新任务、新挑战新困难,作出了积极培育和发展新质生产力、统筹推进深层次改革和高水平开放、坚持高质量发展和高水平安全相互促进、在支撑构建新发展格局中推动中部地区崛起等重要战略部署。

2024年5月27日,中共中央政治局召开会议,审议通过《新时代推动中部地区加快崛起的若干政策措施》。政策措施包括:充分发挥科教资源集聚的优势,坚持创新驱动发展,加强原创性科技攻关;因地制宜发展新质生产力,加快构建现代化产业体系,做大做强实体经济,统筹推进传统产业转型升级、培育壮大新兴产业、谋划布局未来产业;发挥区位优势,加强现代化交通基础设施体系建设,促进要素高效自由便捷流动,更好融入服务新发展格局;协同推进生态环境保护和绿色低碳发展,加快建设美丽中部;坚持城乡融合发展,扎实推进乡村全面振兴;

大力提升粮食能源资源保障能力，实现高质量发展和高水平安全相互促进。

长江中游城市群是中部地区最大的经济板块，也是中部崛起的排头兵。中部崛起战略实施以来，长江中游城市群在中部地区乃至全国的经济地位有所提升。以地区生产总值为例：2004 年，长江中游湖北、湖南、江西三省地区生产总值合计为 15451.73 亿元，占中部地区的 47.96%；2012 年，三省地区生产总值合计为 57762.49 亿元，占中部地区的 49.50%，提升了 1.54 个百分点；2023 年，三省地区生产总值合计为 138016.58 亿元，占中部地区的 51.14%，又提升了 1.64 个百分点。① 可以看出，长江中游三省确实是中部崛起的顶梁柱、火车头。

三、打造全国高质量发展的重要增长极

2015 年 3 月，国务院批准的《长江中游城市群发展规划》给长江中游城市群的定位是"一极三区"，即中国经济新增长极、中西部新型城镇化先行区、内陆开放合作示范区、"两型"社会建设引领区。

可以看出，在中国经济中长江中游城市群是"新增长极"。"老增长极"按形成顺序依次有三个：第一极是珠江三角洲城市群（以下简称"珠三角"）。改革开放初期开始重点开发，当时全国设立的 4 个经济特区就有 3 个在这一区域。2008 年 12 月，《珠江三角洲地区改革发展规划纲要（2008—2020 年）》由国务院通过并发布，这标志着对珠三角"第一极"地位的认可。第二极是长江三角洲城市群，也称长江三角洲经济圈，以下简称"长三角"。1990 年 4 月 18 日，党中央、国务院作出开发开放浦东的重大决策，意在带动整个长江经济带起飞，弥补珠三角辐射带动力的不足。2010 年 5 月，国务院批复《长江三角洲地区区域规划》，可以视为对长三角"第二极"地位的认可。② 第三极最初通常指的是环渤海经济圈，覆盖了京津冀都市圈、辽中南城市群、山东半岛城市群，但后来只指向京津冀都市圈。京津冀都市圈的概念由京津唐工业基地的概念发展而来，是指以北京、天津两座直辖市，以及河北省的保定、廊坊、唐山、邯郸、邢台、秦皇岛、沧州、衡水、承德、张家口和石家庄为中心的区域。该区域是中国的政治、文化中心，也是中国北方经济的重要核心区。在 21 世纪头十年，珠三角城市群、长三角城市群、京津冀都市圈在中国经济版图中的分量越来越重，形成了名副其实的三大增长极。

---

① 资料来源：根据各省份统计公报的相关数据汇总得。
② 秦尊文. 第四增长极：崛起的长江中游城市群 [M]. 北京：社会科学文献出版社，2012：1-2.

三大增长极在带动全国经济和社会发展方面发挥了重要作用，并提升了中国的国际竞争力。但是，三大增长极均处于东部沿海地区，对内陆人力资源、资金、技术等产生强大的虹吸效应，导致内陆与沿海差距逐渐拉大。根据陆大道等学者提出的国土开发"T"形理论，长江主轴是仅次于沿海主轴的第二大开发轴。在长江主轴上，下游的长三角是两轴的交汇区，因而在中上游地区培育全国性的经济增长极最值得期待。因此，长江中游城市群和成渝城市群都明确提出打造"第四极"。但至少国家将两者作为全国性的新增长极来培育，改变了全国增长极都布置在沿海的不合理格局，对促进全国区域协调发展具有重大意义。三个老城市群（都市圈）加上两个新城市群，后被定为五大一级城市群。由于京津冀都市圈在北，珠三角城市群在南，长三角城市群在东，成渝城市群在西，长江中游城市群在中，形成钻石形分布，有学者称为"钻石结构""钻石中国"（见图1-1）。

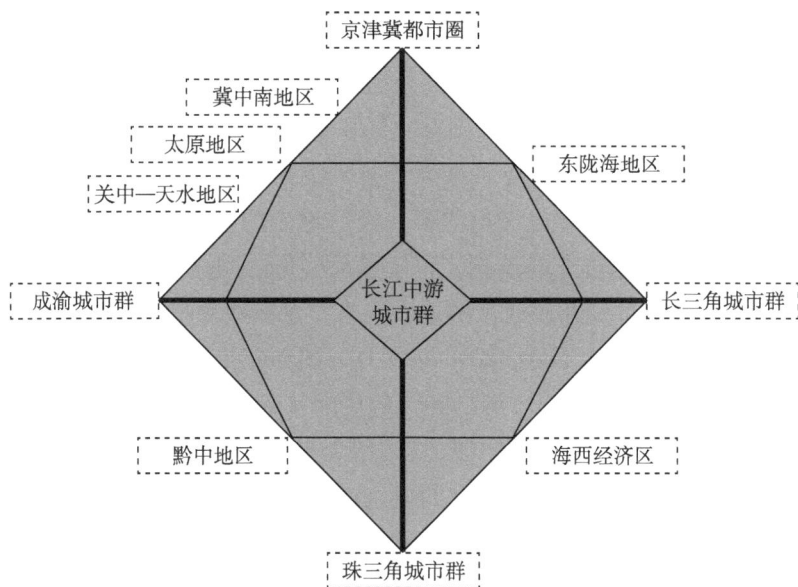

图1-1 "钻石中国"示意

资料来源：笔者自绘。

2022年2月，国务院批复同意的《长江中游城市群发展"十四五"实施方案》给长江中游城市群的定位是"三个重要"，即长江经济带发展和中部地区崛起的重要支撑、全国高质量发展的重要增长极、具有国际影响力的重要城市群。

从"新增长极"到"重要增长极"，可以看出，国家对长江中游城市群成为激发内循环的核心动力源寄予厚望。《长江中游城市群发展规划》提出到2030年，长江中游城市群要建成"具有一定国际影响的城市群"，而《长江中游城市群发展"十四五"实施方案》提出到2025年就要建成"具有国际影响力的重要城市群"。可以看出，目标提高了，时间提前了。长江中游城市群迎来了决战决胜的重要发展阶段。湖北、湖南、江西三省携手推动长江中游城市群协同发展，对于打造全国高质量发展重要增长极，尤其是发挥国内大循环为主体的作用具有不可替代的重大意义。

四、协同探索绿色发展新路径

党中央强调，在我国经济发展的相当长时期要把转变经济发展方式作为主线，这就是要以新的发展方式取代传统发展方式。现在长江中游的武汉城市圈、长株潭城市群和鄱阳湖生态经济区通过"两型社会"和生态文明建设，推进转型发展，为全国作出示范。长江中游城市群是国家探索"两型社会"建设和生态文明建设的示范区，以生态环境建设和保护为前提，避免走"先污染后治理"的老路，积极探索生态与经济协调发展的道路，这进一步增强了长江中游城市群的可持续发展能力。武汉城市圈和长株潭城市群是全国"两型"社会建设综合配套改革试验区，通过制定有利于经济发展方式转变的各项政策，包括各种资源能源节约的政策、资源回收和综合利用的鼓励政策、排污收费制度等，努力推进三次产业向生态化方向发展；综合运用区域生态补偿等机制，着力构筑环境友好型产业体系、生态型城镇体系、基础设施体系，建设生态型城市群。鄱阳湖生态经济区是国家从战略全局和长远发展出发，积极探索经济与生态协调发展的新模式，为我国大江大湖区域综合开发提供良好示范。

目前，我国正处于工业化和城镇化"双加速"的关键时期。工业化和城镇化的快速推进，很容易与农业和粮食、生态和环境产生冲突，从而造成工业化、城镇化与农业现代化、生态环境不协调的局面。珠三角、长三角等地区的经验教训值得深刻反思和总结。这些地区过去曾经是中国重要的粮食主产区，自改革开放以来，工业化和城镇化的快速推进不断吞食着大片农田，耕地面积大幅度减少，粮食生产呈现萎缩状态，农业现代化没有得到应有的重视。目前，广东、浙江等地已由过去的粮食主产区转变为粮食主销区。长江中游是中国重要的粮食主产区之一，也是当前水生态、水环境问题比较突出的地区。吸取珠三角、长三角等地的经验教训，从国家利益的战略高度，加强长江中游城市群的规划建设，切实搞好耕地保护和粮食主产区建设，加大湿地共同保护、港口共同开发、航道和湖泊共同整治、环境共同治理的力度，积极探索不以牺牲耕地和农业为代价，工业化、信息化、城镇化、农业现代化"四化"协调，经济发展与生态环境保护有机融合的跨越式绿色发展新路子，为全国大江大湖综合整治和流域综合开发提供示范。①

积极稳妥实施碳达峰碳中和"双碳"战略。实现碳达峰碳中和是一场广泛而深刻的经济社会系统性变革。党的二十大要求，立足我国能源资源禀赋，坚持先立后破，有计划分步骤实施碳达峰行动。完善能源消耗总量和强度调控，重点控制化石能源消费，逐步转向碳排放总量和强度"双控"制度。推动能源清洁低碳高效利用，推进工业、建筑、交通等领域清洁低碳转型。创建清洁能源高质量发展示范区，推动长江中游城市群共建世界级清洁能源基地。建立城市群能源协同合作机制，推动域内碳源在长江中游城市群就地优先消纳，全面提升城市群电网优化配置资源和安全运行能力。建立区域煤炭产供销信息共享、区域外煤调入和运输沟通协调、煤炭产供储监测机制，推动能源消费绿色低碳转型。深化运用大数据、云计算等手段，构建智慧能源体系，建设"源网荷储"协调发展、集成互补的能源互联网。②

完善碳排放统计核算制度，健全碳排放权市场交易制度。发挥湖北碳排放权交易中心引领作用，推动建立区域一体的碳交易体系。发挥好湖北全国碳排放权注册登记系统"大数据中枢"作用，探索推进长江中游城市群碳排放权交易市场建设，探索水权、排污权等初始分配和跨省交易制度。推动区域绿色低碳财税金融一体发展。推动低碳技术成果共享，构建协同创新共同体。建设绿色低碳科技创新平台，协同实施重大绿色技术研发与示范工程，创建一批国家级绿色低碳技术研发实验室、可持续发展议程创新示范区，建设长江中游生态安全技术创新中心，建立"双碳"高端人才联合引进机制。创新区域一体的产学研用体系，推动长江中游城市群联合打造行业碳达峰碳中和典型应用场景，为全国乃至全球绿色发展作出示范。

五、进一步统筹发展和安全

党的十九届五中全会要求："坚持总体国家安全观，实施国家安全战略，维

---

① 秦尊文．从国家战略层面研究长江中游城市集群建设［J］．湖北社会科学，2012（7）：45-47.
② 参见推动长江经济带发展网2022年4月25日发布的《长江中游"双碳"城市群建设的重点与路径》。

护和塑造国家安全，统筹传统安全和非传统安全，把安全发展贯穿国家发展各领域和全过程，防范和化解影响我国现代化进程的各种风险，筑牢国家安全屏障。"中部地区作为国家战略腹地，树立全周期管理理念，守住耕地保护红线、永久基本农田、生态保护红线和城镇开发边界，强化重大风险联防联控，提升安全发展水平，保障人民群众安全健康和安居乐业，对于进一步统筹发展和安全具有重要战略意义。

为保障国家粮食安全发挥更大作用。全国 13 个粮食主产区中部就有 5 个：河南、安徽、湖南、湖北、江西，中部六省粮食产量长期占全国的三成。党的十八大以来，习近平总书记多次到中部地区考察，几乎每一次必谈粮食安全。2013 年 7 月 22 日下午，习近平总书记来到湖北省鄂州市杜山镇，考察武汉大学杂交水稻国家重点实验室鄂州实验基地时强调："科技兴农，粮食安全要靠自己。"2024 年 3 月 20 日，在湖南省长沙市召开的新时代推动中部地区崛起座谈会上，习近平总书记强调，要把保障国家粮食安全摆在突出位置，守住耕地这个命根子，抓住种子这个要害，实施粮食产能提升行动，加快种业、农机关键核心技术攻关，加大高标准农田建设投入和管护力度，加强农业种质资源保护利用。同时，坚持大农业观、大食物观，积极发展特色农业和农产品加工业，提升农业产业化水平。中部地区要充分发挥科技优势，稳步推进粮食生产基地和现代农业发展核心区建设，为国家粮食安全和大宗农产品保供提供强有力的支撑。全面落实粮食安全党政同责，抓住种子和耕地两个要害。支持武汉"中国种都"建设，支持郑州打造"中部种都"，支持隆平种业等种业高科技企业加快发展。守牢耕地红线，坚决遏制耕地"非农化"和基本农田"非粮化"。加强大中型、智能化、复合型农业机械研发应用。完善农业科技创新体系，创新农技推广服务方式，推广北斗赋能农业。以现代科技夯实粮食生产能力基础，保障粮、棉、油、猪、鱼、蛋、菜等重要农产品供给安全。

为国家能源和重要原材料安全作出更大贡献。加大油气资源勘探开发和增储上产力度，加快规划建设新型能源体系，统筹水电开发和生态保护，加强能源产供储销体系建设，确保能源安全。山西、河南、安徽要进一步提升煤炭等资源开发利用水平，增强煤炭等化石能源兜底保障能力，注重传统能源与新能源多能互补、深度融合。湖北、湖南、河南等做好水电开发和抽水蓄能电站建设。各省有序开发太阳能、地热能等能源，积极发展氢能。支持合肥、武汉"人造太阳"颠覆性能源技术革命。江西的稀土和钨、湖南的锑和锡、湖北的磷和硅、安徽和河南的硫铁矿和钼、山西的铝土和镁等矿产资源，在全国乃至全球具有重要地位，要确保重要原材料安全。

为坚持科技创新引领产业创新、以一域之稳促全局之安作出更大贡献。习近平总书记在新时代推动中部地区崛起座谈会上强调"要以科技创新引领产业创新，积极培育和发展新质生产力"。发挥湖北、湖南、河南等省农业科技优势，稳步推进现代农业发展核心区和粮食生产基地建设；发挥山西、河南、江西、安徽等省产业基础和科技优势，不断提速中部能源原材料基地建设；发挥武汉、合肥、长沙、郑州、太原、南昌等中心城市科创资源优势，在长江通道建设中国（武汉）光谷、中国（合肥）声谷，在京广通道建设郑州电子信息、长株潭装备制造产业集群，在京九通道建设南昌、吉安电子信息产业集群和阜阳智能制造产业集群，在二广通道建设太原特钢材料、洛阳装备制造、襄阳新能源汽车、常德工程机械产业集群；要实现更高水平的科技自立自强，做大做强集成电路、新型显示器件、下一代信息网络、生物医学、航空航天及北斗应用等战略性新兴产业集群，加快量子科技、人形机器人、未来显示、新型储能等未来产业发展。同时，支持郑州、武汉—鄂州、长株潭、合肥、太原、南昌、襄阳、怀化、阜阳等地大力发展枢纽型经济，将交通和区位优势转化为产业优势、经济优势。①

---

① 秦尊文．新时代中部地区以科技创新引领产业创新提升我国安全发展能力［J］．区域经济评论，2024（4）：13-17．

第二章　城市群协同发展的
理论与政策基础

　　我们研究长江中游城市群协同发展，首先要弄清为什么会产生城市群，其实城市群就是空间聚集经济发展的结果，城市群产生的初衷就是要实现协同发展。在经济学发展过程中，产生了区域均衡增长理论、区域非均衡增长理论、区域协调性增长理论等，这些为城市群协同发展提供了坚实的理论基础；区域协调发展战略思想，更是长江中游城市群协同发展的政策基础。

第一节　规模经济与聚集经济

　　规模经济理论是经济学的基本理论之一，也是现代企业理论研究的重要范畴。规模经济最初的含义是指特定时期内，平均成本随企业产品绝对量的增加而下降，是人们从大规模生产中获得的经济效益。产生规模经济的原因有很多，主要的原因有三个：一是不可分的投入或技术因素，像机器设备等不可分的投入，只有在生产能力最大时，才能使其充分发挥作用。二是设置成本，像工人的业务技能培训、准备所需工具等，只有在成本付出之后，产量才与额外花费的劳动成正比。三是专业化过程与劳动分工及成本节约相结合，专业化过程与劳动分工有助于提高劳动生产率，节约由于不可分性而闲置的设备和作业等生产能力，降低企业的长期平均成本。

　　聚集经济（集聚经济）通常被分为三个层次：企业内部聚集经济、行业内部聚集经济、城市聚集经济。实际上，还存在第四个层次——空间聚集经济。

　　德国经济学家韦伯（Weber）最早在区位理论中对聚集经济进行了研究，他提出的聚集地域经济类型有三种：①地方性经济：指的是在有限地区内，由一系列相同的生产单位组成的整体。它基本上是纯聚集的产物，如煤矿区、陶瓷区、轻纺区等。②城市性经济：它同地方性经济不同，不是纯聚集的直接产物，而是社会聚集的产物。城市形成后对企业成本降低带来利益，包括发达的对外交通网和市政设施，劳动力资源丰富而技艺多样化，咨询、信息条件好等。实际上，还有城市本身提供的相当多工商企业的市场，也是城市性经济发展的原因。③中心区工业：指大城市和大工业区中企业最高度集中的那部分地域。它是纯聚集和社会聚集共同作用的结果。鉴于中心区的位置，其在交通、市场、劳动力（特别是技术人员和工人）方面都有很大优势，故中心区的企业是通过激烈竞争保存下来的。

新古典经济学鼻祖马歇尔（Marshall）在其名著《经济学原理》中研究了"地方性工业"。马歇尔所说的"地方性工业"，就是具有分工性质的工业在特定地区的集聚，马歇尔把这些特定的地区称作"工业区域"，工业区域内集中的是大量种类相似的小型企业。地方性工业之所以能够在工业区域内集聚，最初的原因是自然条件和"宫廷的奖掖"，到了工业化时期，获取外部规模经济提供的好处则成为根本性的原因。

俄林（Ohlin）在继承前人聚集理论的基础上，于1933年将聚集经济分为三个层次：第一个层次是企业内部聚集经济。企业内部聚集经济是生产要素点聚集或企业内部聚集带来的经济性。点聚集或企业内部聚集是生产要素在单个企业内不断壮大密集的过程。它是生产要素聚集的最基本形式。实际上，企业就是一个生产要素的集合体，任何一个企业都代表了一定集中度的生产力。在企业内部，当产品的产量超过一定规模后，其产品的平均成本便迅速降低，由此形成内部规模经济。规模扩大的形式可以是单一产品的产量增加，也可以是产品品种的增加。当是后一种情况时，企业内部的规模经济又常常称作"范围经济"（严格地说，是内部范围经济）。第二个层次是企业外部、行业内部的聚集经济，又称马歇尔聚集。这种聚集经济，俄林称为"地方化经济"（Localization Economies）。不过，马歇尔讲的是"地方性工业"聚集，而俄林认为这种聚集不仅包括工业区位，还包括商业。因此，地方化经济又可细分为两种类型：一种是工业集群型经济。对于某一特定工业部门来说，一种生产活动一旦定位于一个有利的区位或地区后，如果这个工业部门的产品的需求充分的话，就可能吸引其他相关部门聚集到这里来，或使原有部门的生产规模进一步扩大。例如，汽车工业选址在条件有利的场所之后，它所在的地方就成为汽车零件制造工业的市场。随后，汽车零件制造工业自动来到这些地方。日本的丰田市就是一个很好的例子，在它周围集中了许多零件生产工厂。其他如钢铁工业，它所在的场所一般就会成为以钢为原料的工业的原料地，以钢为原料的工业部门自动向这些区位汇集。在这种情况下，产业的功能联系会带来平均成本节约。另一种是购物外在经济（Shopping Economies）。这种聚集经济引起交易公司的聚集，从而导致以市场为基础的聚集体的形成。如果一家商店的销售要受其他商店位置的影响，它们之间就产生了购物外在经济，即每家商店都吸引消费者到零售区域内，就会给其他商店带来好处。这种外部经济会促使企业销售相关产品来形成零售群。一般有两种类型的产品能够产生购物外在经济性，即不完全替代品和互补品。如果两种商品相似，但又不完全一样，则称不完全替代品。由于产品的细微差别，消费者需要去选购去比较。销售类似产品的企业聚集在一起，将会降低消费者的搜寻成本，从而吸引潜在购买者。当企业销售互补产品时，一方也会因销售具有互补性产品的另一方的存在而受益。显然，这个层次的聚集经济对于单个企业而言是一种外部经济，是企业之间相互影响的结果，而不是由企业内部的力量决定的。第三个层次是由多个行业（产业）向城市地区集中形成的聚集经济，俄林称为"城市化经济"（Urbanization Economies）①，这主要是由于产业之间存在外部经济，一个产业的发展通过其前向和后向联系，可能对多个产业降低成本做出贡献。它既可以通过上面所说的一个行业的地区集中化，进而带动其他行业发展（不平衡发展的形式）来实现，又可以通过多个相互关联的产业同时平衡发展的方式实现。另外，有些产业彼此可能不一定有直接的功能联系，但存在着非功能的空间联系，它们仍然可以从相互的聚集中获得经济利益。

城市化经济与地方化经济有两点区别：第一，城市化经济是由整个城市而不是由某一产业部门引起的。第二，城市化经济将给城市所有企业带来好处，而不仅仅是某一产业部门中的企业。对于微观聚集主体——企业而言，这一层次的聚集经济也是一种外部经济，是由产业之间的相互影响决定的。这在一些中心城市表现得更为突出。例如，大城市常常是一些商务服务（如金融、保险、会计、咨询、医疗、环境保护等）的公共服务中心，这些服务可以同时为多个行业所用，并且企业内部经济性也比较明显。只有当城市达到一定规模后，对服务的需求才会上升，这些服务的质量才能更高或价格才能更低，从而有益于该城市的多个行业。这是城市化经济的突出表现。

---

① 俄林在归纳上述三种聚集之后，提出第四种聚集——产业间的联系，他认为厂商的集中使得单个企业在购买生产投入品时的成本降低。但这实际上还是发生在第二、第三个层次的聚集。

　　层次性是经济系统的一个基本特征，城市是一个特殊层次上的经济系统，城市经济系统的层次性内在地包含了聚集经济的层次性。上述三个层次的聚集经济也是实际中最重要的三种聚集经济。这三个层次上的聚集经济在规模尺度和功能关系上是相互联系、相互影响和相互促进的。在反映单一产业集中程度的外部经济与反映城市规模的外部经济（城市化经济）之间，有某种连续的、由小而大的层次关系。①

　　廖什（Losch）1940 年在《经济空间秩序：经济财货与地理间的关系》（也译作《区位经济学》）中，系统地总结了以往关于集聚的研究成果，并提出了表面上紊乱的经济空间实际上"有秩序"的观点。他将聚集分为"点状集积""平面集积"。上述三个层次都是"点状集积"。应该还有第四种聚集，即各区域主体之间有相互靠拢的趋势。有学者将四个层次的聚集梳理后分别重新命名。第一层次——"企业规模经济"，发生在企业内部。这一层次与俄林的划分没有区别，我国学者冯云廷也是这样划分的。笔者之所以赞成将企业规模经济也视为集聚经济，是考虑到在企业内部确实存在着生产要素的不断集聚，特别是企业发生收购、兼并行为时，更是如此。这一层次也可称为"企业内部聚集经济"。第二层次——"行业规模经济"，或者称为"企业集聚经济"，发生在企业外部、行业内部。这一层次与俄林和冯云廷的划分也没有区别，但对这一层次不命名为"地方化经济"。第三层次——"城市规模经济"，或者称为"行业集聚经济"，发生在行业外部、城市内部。这不同于俄林对这一层次的"地方化经济"命名，也与冯云廷的归纳有明显差异，他将这一层次命名为"城市聚集经济"。笔者认为，所谓聚集或集聚应发生在不同的主体之间，单一的城市尽管存在企业间和行业的聚集经济，但不存在城市这一层面的聚集问题。第四层次——"空间聚集经济"，发生在城市外部、一个较大区域的内部，可以称为"城市外部聚集经济"或"城市聚集经济"。②

　　空间聚集经济，是城市群形成的最重要动力。有学者认为，空间扩散比空间聚集在城市群的形成机制中居于更重要的地位，甚至认为城市是空间聚集经济的体现，城市群则是空间扩散效应的结果。实际上，空间扩散只不过是空间聚集的一种"溢出效应"罢了。在城市的发展初期，城市往往以一两个或少数几个功能为主，如政治或者军事功能。随着城市的发展其功能不断增多（城市功能的集

---

① 冯云廷. 城市聚集经济 [M]. 大连：东北财经大学出版社，2001：5-6.
② 秦尊文. 聚集经济层次的拓展及其意义 [J]. 学习与实践，2010（3）：35-38.

聚），城市功能的集聚要求与之相适应的城市空间来适应，当原来的空间容量达到极限时，其功能会向城市郊区和邻近的城市扩散，即城市功能的扩散。城市功能集聚与扩散导致了城市的发展、新城镇的出现乃至城镇密集区的形成，最终可能形成城市群。例如，日本东京在产业革命前主要是单纯的政治性城市，伴随产业革命中的资本、人口及以四大财阀为首的企业中央管理功能向东京集中，形成城市功能集聚。在城市功能集聚的过程中，商业和商务职能的集聚以其在空间上的扩展最为典型。商业和商务职能的发展与集中要求与之相应的城市空间来容纳，当东京的原有商务和商业中心（丸之内地区、银座地区）的容量达到极限时，商业和商务功能开始向相邻近的中央三区（中央区、千代田区、港区）及新宿、池袋、涩谷等山手线（环状铁路线）沿线城市副中心地区扩散，商业、商务地区的扩大又迫使住宅功能转向半径 10~15 千米之外的城市周边地区及远郊地区，城市用地范围进一步扩大，最后大约占全国 1/4 的人口与国家的政治、经济、文化及部分国际金融职能全部集中在东京及其邻近城市，东京都市圈便形成了。[①]

第二节　区域均衡增长理论

经济学的系统性发展源自亚当·斯密，经过李嘉图（Ricardo）、西斯蒙第（Sismondi）、穆勒（Mill）、萨伊（Say）等，逐渐形成了一个经典的经济学理论体系，这就是古典经济学。20 世纪以后，经济学历经了张伯伦革命、凯恩斯革命和理性预期革命三次大的革命性变革，形成了包括微观经济学和宏观经济学的基本理论框架，这个框架被称为新古典经济学，以区别于先前的古典经济学。在新古典经济学家中，美国经济学家索洛（Solow）提出新古典经济增长模型，以此为基础形成新古典增长理论。该理论认为存在"区域趋同"，即随着时间的推移，所有的地区将收敛于相同的人均收入水平，从而使经济发展达到长期均衡的稳定状态。该理论是在假设技术进步为外生因素的条件下，研究经济增长与资本、劳动两种生产要素之间关系的理论。该理论认为，无论经济的初始状态如何，经济总是向一个均衡增长路径（稳态）收敛。因此，随着时间的推移，所

---

① 刘静玉，王发曾. 城市群形成发展的动力机制研究［J］. 开发研究，2004（6）：66-69.

有地区将收敛于相同的人均收入水平，从而在地区之间形成趋同的态势。同时，由于人均资本更高的地区，资本的报酬率更低，因此在地区边界开放的情况下，资本将从人均资本高的富裕地区向人均资本低的贫困地区流动，也进一步推动区域趋同。

以 20 世纪 30 年代末英国经济学家哈罗德（Harrod）和美国经济学家多马（Domar）的新古典经济增长模型为理论基础，平衡增长理论（Balanced Growth Theory）逐步发展起来。平衡增长理论主张在整个国家经济各个部门中同时进行大规模投资，以此来彻底摆脱贫困落后状态。大推进理论（Big Push Theory）是英国经济学家罗森斯坦—罗丹（Rosenstein-Rodan）于 1943 年发表的题为《东欧和东南欧国家的工业化问题》的论文中提出来的，是关于发展中国家各工业部门必须同时平衡发展的一种理论。该理论的核心内容是发展中国家摆脱贫困、实现经济发展的途径是工业化，因此必须对各个工业部门进行全面的、大规模的投资，形成规模经济效益和产生外部经济效应，从而通过这些工业部门的平均增长促进整个国民经济的快速增长和全面发展。大推进理论的核心是外部经济效应，即通过对相互补充的部门同时进行投资，一是可以创造出互为需求的市场，解决因市场需求不足而阻碍经济发展的问题；二是可以由于投资、生产或产出的不可分性产生外部经济效应，即一个部门和企业的投资和发展为其他部门和企业的发展提供了良好的外部条件，处于市场不景气、贸易条件对低收入国家不利的环境下，低收入国家要获得投资的不可分性所产生的规模收益，要把投资不可分性形成的外部经济效应内在化，就必须建立一个全面发展的工业体系；三是可以降低生产成本，增加利润，提高储蓄率，进一步扩大投资，消除供给不足的瓶颈。[①]

平衡增长理论分为极端的平衡增长理论和温和的平衡增长理论。罗森斯坦—罗丹是极端的平衡增长理论派。他主张对各工业部门同时按照同一比率进行大规模投资，依次克服经济中存在的不可分割性，使整个工业按同一速度全面增长，以达到实现工业化的目标。温和的平衡增长理论主张对工业、农业、外贸、消费品生产、资本品生产和基础设施等国民经济各个部门同时按不同比率进行大规模投资，以摆脱贫困恶性循环，使整个国民经济各部门按照不同的比率全面发展，从而实现工业化。这一理论的主要代表人物是美籍爱沙尼亚经济学家纳克斯（Nurkse），1953 年他在出版的《不发达国家的资本形成》一书中提出贫困恶性

---

① Rosenstein-Rodan P N. Problems of Industrialisation of Eastern and South-Eastern Europe ［J］. Economic Journal，1943（53）：202-211.

循环理论。该理论从供给和需求两个方面分析资本与经济发展之间的相互关系，解释发展中国家长期处于贫困的原因，即发展中国家的人均收入水平低，使得储蓄和消费都不足，从而限制了资本形成，导致了低产出，最终使其经济发展又陷入低收入的恶性循环。该理论认为，资本匮乏是影响欠发达国家经济增长的关键因素，要打破这种恶性循环，就必须进行大规模、全面的投资，形成各行业的相互需求，使恶性循环转化为良性循环。

1956 年美国经济学家纳尔逊（Nelson）提出低水平均衡陷阱理论。该理论主要通过研究人均资本、人口增长和人均收入增长之间的关系，得出使欠发达国家的经济发展陷入低水平均衡陷阱的主要原因是人口增长率超过人均收入的增长率，以及人均收入的边际投资倾向低、缺乏未开垦的可耕地、生产方法效率低等。因此，要使欠发达国家摆脱低水平均衡陷阱，就要进行大规模的资本投资，使投资和产出的增长率超过人口的增长率，从而实现人均收入的大幅提高，推动经济持续增长。

1957 年美国经济学家莱宾斯坦（Leeibenstein）提出临界最小努力理论，这是解释发展中国家经济发展过程和发展机制的理论。该理论以纳克斯的贫困恶性循环理论和纳尔逊的低水平均衡陷阱理论为前提，探究发展中国家为摆脱"贫困陷阱"、促进长期经济发展必须作出的最小努力临界值。该理论认为，在低人均收入水平下，居民的储蓄与投资不足，使得国民收入的增长率较低；但是当人均收入水平提高到储蓄为零的一定最低水平以上时，总收入中将逐渐存在增加的部分可以用于储蓄和投资，从而使收入增长率提高。

这些理论被统称为区域均衡增长理论，认为在市场竞争机制下，资本、劳动和技术等生产要素为实现其最高边际报酬率而自由流动，会导致各要素收益平均化，从而促进各地区经济实现平衡增长。此外，强调产业部门间和区域空间的平衡发展、同步发展，为欠发达国家和地区实现工业化和经济发展提供了理论依据。

第三节 区域非均衡增长理论

与区域均衡增长理论相反，区域非均衡增长理论认为各地区的经济基础和经济增长速度差距较大，导致区域之间的发展水平存在差异，因此不平衡增长是区域经济发展的一般规律，从而主张合理配置资源，实施区域不平衡增长战略。该理论主要包括增长极理论、循环累积因果理论、不平衡增长理论、倒"U"形理论等，为各国和地区实施差异化的发展战略提供了理论依据。

增长极理论是法国经济学家佩鲁于 1950 年以"不平等动力学""支配说"为基础提出的一种不平衡增长理论。该理论的核心是经济增长并非同时出现在所有地区，通常是首先在一个或数个"增长极"优先增长，然后通过不同渠道向外扩散，带动周围区域共同发展，从而推动整个经济发展。其中，"增长极"是经济空间中在一定时期起支配和推动作用的经济单元，主要包括主导部门或者具有创新能力的企业（行业）。增长极的吸引和扩散作用主要表现为技术的创新与扩散、产生规模经济效益、引进集中资本或者进行资本输出，以及形成聚集经济效果等。该理论对于制定区域发展规划和经济发展政策具有较好的指导作用。

循环累积因果理论由缪尔达尔（Myrdal）于 1957 年首先提出，并经过卡尔多（Kaldor）和狄克逊（Dixon）等不断发展完善。缪尔达尔从动态系统论的角度提出，事物的发展由多方面因素相互影响、互为因果而决定，因此其发展是一个"循环累积"、不断演进的过程，依次经过"初始变化""次级强化"和产生"上升或下降"的结果三个环节，最后影响"初始变化"。也就是说，一个因素发生初始变化后，会引起另一个因素发生相应的变化，从而反过来会强化先前因素的影响，使经济沿着初始因素变化的方向发展，最终形成累积性的循环发展趋势。

不平衡增长理论是德国经济学家赫希曼（Hirschman）于 1958 年提出来的，其主张发展是一种从主导部门通向其他部门的不平衡连锁演变过程，在投资资源有限的情况下，发展中国家促进经济发展的最佳途径是实施优先发展的不平衡增长方式。也就是说，发展中国家应该有选择性地将有限的资源集中投入某些关键部门，优先促进这些关键部门发展，然后再通过产业联系效应带动其他部门乃至整个国民经济发展。[①]

倒"U"形理论是美国经济学家威廉姆森（Williamson）于 1965 年根据代表性国家在不同发展阶段区域经济不平衡增长的变化趋势提出的。该理论认为，国家发展水平与区域不平衡之间存在着有机联系，即在国家经济发展的初期阶段，少数区域凭借优势资源或优势区位等有利条件获得优先发展，使得区域间经济增长的差异逐渐扩大，导致区域之间出现不平衡增长。此后，随着各区域经济增长，区域间经济增长差距的扩大速度减缓，使得区域间不平衡程度趋于稳定。当国民经济发展进入成熟阶段之后，基于发达区域出现聚集规模不经济、欠发达区

---

① 郑路. 不平衡增长理论的文献综述 [J]. 知识经济，2012（11）：10.

域投资机会增多等因素，区域间经济增长差距进一步缩小，使得区域间趋向平衡增长。因此，区域间经济增长差异的演变轨迹形成倒"U"形分布。

第四节　区域分工与合作理论

经济学的奠基人亚当·斯密说过："劳动生产力上最大的增进，以及运用劳动时所表现的更大的熟练、技巧和判断力，似乎都是分工的结果。"① 区域分工是社会分工的空间表现形式。社会分工表现为部门分工和地域分工：部门分工是不同部门形成和分离的过程；地域分工则是分离出来的部门在一定地域上的组合。或者说，区域分工是相互关联的社会生产体系在地理空间上的分布。从个别区域角度看，区域分工是区域生产专业化；从相互联系的区域体系看，区域分工表现为全社会的生产专业化体系。区域分工是国民经济区域结构的主线。

区域分工有其自然基础，但不是自然而然形成的，而是社会生产力发展到一定阶段的产物，分工的产生与发展具有内在的客观性。区域分工的必要前提是产品的生产地和消费地的分离。区域分工的规模是随着商品贸易的扩大而不断扩大的，从国内局部性地域分工到全国统一市场条件下的各区域间的全国性分工，从国内地域分工到国际地域分工，是地域分工由低级形态向高级形态演进的一般过程。区域分工的变化往往通过产业部门的区位指向机制来实现。区域分工必须保持最基本的协调，即保持各区域利益的基本平衡，如果长期失衡，那么原有的区域分工就难以为继，必然走向解体。

区域分工必然产生区域合作。作为区域合作理论的代表性理论，新制度经济学认为制度具有节约交易成本的效用，在经济发展中发挥了至关重要的作用，并强调政府对市场经济的制度供给。针对区域合作现象、区域一体化过程中的政府行为等，学者们提出了以政府为主导的"制度性区域一体化"概念，主要强调政府对区域合作的制度供给，并将制度建设视为区域合作、区域一体化的核心。

比较优势理论认为，只要存在生产成本的相对差异，各地区在不同产品的生产上就具有相对比较优势，就能通过产业分工与协作建立起区域合作关系。相互

---

① 亚当·斯密. 国民财富的性质和原因的研究（上卷）[M]. 郭大力，王亚南，译. 北京：商务印书馆，2011：3.

依赖理论认为，相互依赖关系是动态变化的，它的范围会随着区域分工的细化而不断扩大，因而各地区可以通过开展良好、务实有效的合作来实现共同发展。新经济地理学理论认为，各地区可以在尊重经济技术联系和相互作用的客观规律下，通过建立互利互惠的合作关系来谋求本区域利益的最大化。

地域生产综合体理论产生于以计划经济为主、高度集权的社会主义国家苏联，是适应当时苏联生产力"向东运动"、大规模开发东部落后地区，以实现生产力的平衡布局、满足全国各地国民经济协调全面发展的现实需要而提出的。该理论也属于区域非均衡增长理论之一，其核心在于按照全国劳动地域分工的要求，依据各地自然资源的禀赋状况和生产要素布局的区域差异来确定各地区的专业化方向，从而因地制宜地在全国建立不同类型、不同规模的地域生产综合体，以实现生产的均衡布局，构建完整的、有一定规模专业化部门的区域经济体系。

在我国，区域合作的主体是政府或由政府发动，这就涉及政府间关系。在管理学中，有专门研究这种关系的理论——府际关系理论。府际关系是指不同层级政府之间的关系网络，它不仅包括中央与地方关系，而且包括地方政府间的纵向和横向关系，以及政府内部各部门间的权力分工关系。府际关系概念的提出，最早源于美国联邦制下的府际运作实践，它注重动态性地研究联邦政府与州政府、地方政府的互动运作关系。中国学者的府际关系研究，大多以"中央与地方关系"为分析范式。中央与地方关系分析框架倾向于强调中央主导和层级节制，而府际关系分析框架更强调彼此互动合作。中国的府际关系研究的目的在于促进国家整合化，保障国家统一和稳定；完善国家治理体系，提高政府善治水平，调动多方积极性，促进社会全面发展。

第五节 系统论、耗散结构理论与协同学

1945年，贝塔朗菲（Bertalanffy）发表题为《关于一般系统论》的学术论文，标志着系统论的提出。贝塔朗菲的理论被视为传统系统论。现代系统论的研究对象则转为系统内部整体与部分的关系问题，视系统为整体和部分的统一，强调系统论并不是孤立地考察系统的整体性，而是在其与部分层次、结构、功能、环境的相互关系中来考察其整体性，整体与部分的关系问题成为现代系统论的核心问题。系统是相互联系要素的复杂集合，具有整体性、组织化的复杂性、相互

依存性、动态性等特征。系统性是指构成系统整体的要素之间具有相互联系、相互作用的互动关联性，这些相互联系和相互作用是系统稳定存在的基础，各要素之间的协同配合是系统结构的体现。

1969 年，比利时的科学家普里高津（Prigogine）在"理论物理与生物学"国际会议上发表的题为《结构、耗散和生命》的论文中提出耗散结构理论。最初指用热力学和统计物理学的方法，研究耗散结构形成的条件、机理和规律的理论。后逐步"出圈"，其基本思想是无论一个系统是物理的、化学的、生物的系统，还是经济的、社会的系统，只要它是一个远离平衡的开放系统，并通过不断地与外界交换物质和能量，那么，在系统内部某个参量的变化达到一定的阈值时，由于出现涨落，系统就可能会发生突变即非平衡相变，使系统由原来的混乱无序状态转变为一种在时间上、空间上或功能上有序的状态。"耗散结构"就是这种需要不断与外界交换物质或能量才能维持的，在远离平衡的非线性区形成的新的稳定的有序结构。由于这种系统能够自行产生的组织性和相干性即自组织现象，所以耗散结构理论又称为"非平衡系统的自组织理论"。耗散结构理论的提出，对于自然科学乃至社会科学，已经产生或将要产生积极的重大影响。耗散结构理论促使科学家开始探索各种复杂系统的基本规律。

1977 年，德国物理学家哈肯（Haken）创立"协同学"（Synergetics）。协同学的研究对象是自然界和社会中的系统，认为所有的系统都可以分为若干个子系统，协同学研究一个由大量子系统以复杂方式相互作用所构成的复合系统。协同学在社会科学领域已有广泛应用。在区域管理协同中，多元主体协同过程可以划分为三个大阶段，并具有如下关键点：第一阶段，权威主体的战略输入（能量输入）使各个系统某一或某些要素出现涨落，各个子系统迅速偏离原先的稳定态。当各个系统涨落偏离稳定态后，各个系统自身通过外显或内生的方式发出协同需求。在这个阶段，权威主体打破子系统封闭性、促成子系统从隔离状态走向开放状态是关键。第二阶段，权威主体开展顶层设计，由战略引导形成序参量变化。在这个阶段，权威主体战略引导的先进性是关键。第三阶段，多主体通过参与和沟通来构建协同机制，促进子系统对协同的伺服作用的实现，系统协同减少系统各要素、各子系统间的摩擦和内耗，耦合产生整体功能放大效应，最终实现大系统的有序新状态。1984 年，哈肯等揭示，一切开放系统，无论是微观系统、宏观系统还是宇观系统，无论是自然系统还是社会系统，都可以在一定的条件下呈现出非平衡的有序结构，都可应用协同学。

与上述理论有一定关联的还有同群效应理论。该理论最初产生于教育学领域，后被运用于经济、管理等领域。处于近似产业、近似机构或者具有其他近似特点的集体，集体内个体之间相互作用生出的影响效应即同群效应。Winston 和 Zimmerman（2003）提出平等个体在交往活动中会受到同伴的正面或负面影响[1]，也就是说，这里的同伴必须是"同群者"，即相同或者相似社会地位的人。Falk 和 Ichino（2006）在实验室提供了同群效应存在的证据，在实验中，被试者被分为两组，分别填写信封获得报酬，其中第一组所有被试者在同一环境下工作，存在互相影响的同群效应，第二组被试者分别独立地在不同环境下工作。在整个实验过程中，被试者的工资与产出数量无关。实验结果显示，第一组共同工作的产出数量比独立工作的更加平均，偏差小；第一组共同工作的产出数量平均数更大；生产水平较低的工人受同群效应影响更大。关于同群效应产生的原因，Mas 和 Moretti（2009）尝试着回答工人们的生产效率为什么会受到同事的影响，在分析超市收银员的工作数据后，发现工作效率的同群效应既会受到高工作效率的同事影响，还有来自社会的压力。把握好同群效应对制度确定与制度落实非常重要，一项制度的落实不仅会影响制度的直接针对者，还会影响与之相关的整个群体。与外部效应和从众效应不同的是，同群效应的针对性更强，研究的范围是独立的群体内部。以前同群效应的主要研究领域是在社会学（如教育、人口等），不过近年来经济和金融领域也引进了相关研究成果，在经济学意义上，同群效应使经济理论的内容更加丰富，经典经济学理论更多是研究市场和个体之间的关系，现在加入了"同群者"的概念，对应关系更加全面。

第六节　地域空间系统理论

一些学者将不同区域纳入一个更大的整体范围来研究，如"中心—外围"理论、梯度推移理论、雁阵理论等，我们将其归结为地域空间系统理论。

古典的"中心—外围"理论是美国经济学家弗里德曼（Friedman）在普雷维什（Prebisch）用于解释发达国家和不发达国家间不平等关系理论的基础上提出的。该理论认为，任何国家的区域空间系统都由中心区和外围区组成。其中，中心区是社会经济活动的聚集区，一般指城市或城市聚集区，这类区域工业发达，

---

① 叶星，熊伟. 国内外同群效应研究综述［J］. 江苏高教，2017（4）：83-88.

技术水平较高，资本集中，人口密集，是创新变革的发源地，经济增长速度快；外围区则是围绕中心区分布并受中心区影响的区域。中心区和外围区相互作用，一方面，中心区从外围区吸引聚集生产要素产生出大量的创新；另一方面，随着空间系统内部和相互之间信息交流的增加，这一创新又源源不断地从中心区向外扩散，引导外围区的经济活动、社会文化结构和聚落类型的转换，使得外围区力量逐渐增强，导致新的核心区在外围区出现，以及原有核心区等级水平的降低。随着外围区的发展壮大，中心区和外围区之间的界限将逐渐消失，整个空间系统不断发展，在全国范围内实现经济一体化，使得最初的区域不平衡逐步形成功能各异的城市集群系统。①

在此基础上，美国经济学家克鲁格曼（Krugman）构建了新的"中心—外围"模型，形成了新经济地理学派的"中心—外围"理论。该理论主要是分析农业部门和工业部门企业在中心区域和外围区域的均衡分布，揭示分工的形成条件和影响因素。模型假设存在农业产品和制造品两类产品，分别由不变报酬的农业部门生产和递增报酬的工业部门生产。当本区域需求关联和成本关联所产生的向心力大于竞争效应所产生的离心力时，经济活动趋向于在本区域集聚，当本区域需求关联和成本关联所产生的向心力小于竞争效应所产生的离心力时，经济活动趋向于往本区域外扩散。随着贸易成本下降，离心力和向心力均会减弱，并且离心力减弱得更快，当向心力超过离心力时，所有制造厂商被吸引到本地形成集聚，最终两个区域会形成以工业化区域为中心、农业化区域为外围的"中心—外围"构架。

梯度转移理论源于弗农（Vernon）提出的工业生产的产品生命周期理论。产品生命周期理论认为，工业各部门及各种工业产品，都处于生命周期的不同发展阶段，即经历创新、发展、成熟、衰退四个阶段。此后威尔斯（Wells）和赫希哲（Hirsch）等对该理论进行了验证，并作了充实和发展。区域经济学家克鲁默（Krumme）、海特（Hayor）等于1975年将这一理论引入区域经济学中，便产生了区域经济发展梯度转移理论。梯度转移理论主张发达地区应首先加快发展，其次通过产业和要素向较发达地区和欠发达地区转移，以带动整个经济的发展。梯度转移理论也有一定的局限性，主要是难以科学划分梯度，实践中容易扩大地区间的发展差距。该理论忽视了高梯度地区有落后地区，落后地区也有相对发达地

---

① 秦尊文，严飞，刘汉全，等．长江经济带区域协调发展研究［M］．武汉：武汉大学出版社，2019：21-24.

区的事实，人为限定按梯度转移，这样做就有可能把不同梯度地区发展的位置凝固化，进一步扩大差距，使发达的地方更发达，落后的地方更落后。国内认同梯度转移理论的学者认为，区域经济发展是不平衡的，区域之间存在着经济技术的梯度，经济布局的重点应该根据区域之间的经济梯度决定。首先要重点发展高梯度区域，在高梯度区域实行对外开放政策，国家给予重点扶持，引进先进的技术并消化、吸收，其次依次向低梯度的区域推移。随着高梯度区域的经济发展加速，推移的速度将加快，从而带动低梯度区域的经济发展，逐步达到区域之间的相对均衡。

第七节　区域协调发展战略思想

1956 年 4 月 25 日，毛泽东同志在中央政治局扩大会议上作了《论十大关系》的讲话。经毛泽东生前亲自审定的这篇文稿 1976 年 12 月 26 日在《人民日报》公开发表，随后收入《毛泽东选集》第五卷。《论十大关系》中就有三大关系直接涉及区域协调发展理念，这是我党推进我国区域经济协调发展的思想源头。

20 世纪 80 年代，邓小平提出的"两个大局"战略思想则奠定了我国区域经济协调发展的思想理论基础。早在 1978 年 12 月，邓小平同志就提出："在经济政策上，我认为要允许一部分地区、一部分企业、一部分工人农民，由于辛勤努力成绩大而收入先多一些，生活先好起来。一部分人生活先好起来，就必然产生极大的示范力量，影响左邻右舍，带动其他地区，其他单位的人们向他们学习。这样，就会使整个国民经济不断地波浪式地向前发展，使全国各族人民都能比较快地富裕起来。当然，在西北、西南和其他一些地区，那里的生产和群众生活还很困难，国家应当从各方面而给以帮助，特别要从物质上给以有力的支持。这是一个大政策，一个能够影响和带动整个国民经济的政策。"① 这实际上就是"两个大局"战略部署的雏形。

1988 年，邓小平同志又说："沿海地区要加快对外开放，使这个拥有两亿人口的广大地带较快地先发展起来，从而带动内地更好地发展，这是一个事关大局的问题。内地要顾全这个大局。反过来，发展到一定的时候，又要求沿海拿出更

---

① 邓小平. 邓小平文选：第二卷［M］. 北京：人民出版社，1994：152.

多力量来帮助内地发展，这也是个大局。那时沿海也要服从这个大局。"① 这就明确提出了"两个大局"的战略思想。

1991 年 4 月，第七届全国人民代表大会第四次会议通过的《中华人民共和国国民经济和社会发展十年规划和第八个五年计划纲要》明确提出"促进地区经济朝着合理分工、各展其长，优势互补、协调发展的方向前进"，虽然没有使用"区域经济"一词，但有了"协调发展"的表述。1996 年 3 月，第八届全国人民代表大会第四次会议批准的《国民经济和社会发展"九五"计划和 2010 年远景目标纲要》，全文共 11 个部分，第六部分就是"促进区域经济协调发展"，强调区域经济协调发展的重要性，此后的西部大开发正是贯彻区域经济协调发展的国家层面的举措，党的十六大提出的振兴东北老工业基地也是对区域经济协调发展的新的探索。党的十八大则在我国区域经济发展获得成就的前提下，提出了新的区域经济协调发展的战略构想和思路，这为我国新时期区域经济协调发展提供了全新的理论指导。

2015 年 10 月 29 日，习近平总书记在党的十八届五中全会第二次全体会议上指出，"我们说的缩小城乡区域发展差距，不能仅仅看作是缩小国内生产总值总量和增长速度的差距，而应该是缩小居民收入水平、基础设施通达水平、基本公共服务均等化水平、人民生活水平等方面的差距"。从上面这段话不难看出，习近平总书记强调的区域协调发展已远远超出了传统经济学的概念范畴，我们可以将其概括为区域间居民生活幸福水平的趋同。一方面，居民生活幸福水平不仅与人均收入水平有关，还与各地区土地、房屋等非贸易品价格有关，非贸易品价格在很大程度上决定了人们的生活成本，对人们生活的幸福水平具有重要影响。另一方面，居民生活幸福水平的高低还取决于基础设施、公共服务和生态环境等区域公共产品的供给水平，在同等收入水平下，公共产品供给水平的差异也会导致不同地区人们生活幸福程度的差异。②

2017 年 10 月 18 日，习近平总书记在党的十九大报告中指出："实施区域协调发展战略。加大力度支持革命老区、民族地区、边疆地区、贫困地区加快发展，强化举措推进西部大开发形成新格局，深化改革加快东北等老工业基地振兴，发挥优势推动中部地区崛起，创新引领率先实现东部地区优化发展，建立更加有效的区域协调发展新机制。以城市群为主体构建大中小城市和小城镇协调发

① 邓小平. 邓小平文选：第三卷 [M]. 北京：人民出版社，1993：277-278.
② 赵祥. 习近平关于区域协调发展的重要论述的理论创新与重大意义 [N]. 中国社会科学报，2018-11-06.

展的城镇格局，加快农业转移人口市民化。以疏解北京非首都功能为'牛鼻子'推动京津冀协同发展，高起点规划、高标准建设雄安新区。以共抓大保护、不搞大开发为导向推动长江经济带发展。支持资源型地区经济转型发展。加快边疆发展，确保边疆巩固、边境安全。坚持陆海统筹，加快建设海洋强国。"

2022 年 10 月 16 日，习近平总书记在党的二十大报告中强调："促进区域协调发展。深入实施区域协调发展战略、区域重大战略、主体功能区战略、新型城镇化战略，优化重大生产力布局，构建优势互补、高质量发展的区域经济布局和国土空间体系。推动西部大开发形成新格局，推动东北全面振兴取得新突破，促进中部地区加快崛起，鼓励东部地区加快推进现代化。支持革命老区、民族地区加快发展，加强边疆地区建设，推进兴边富民、稳边固边。推进京津冀协同发展、长江经济带发展、长三角一体化发展，推动黄河流域生态保护和高质量发展。高标准、高质量建设雄安新区，推动成渝地区双城经济圈建设。健全主体功能区制度，优化国土空间发展格局。推进以人为核心的新型城镇化，加快农业转移人口市民化。以城市群、都市圈为依托构建大中小城市协调发展格局，推进以县城为重要载体的城镇化建设。"

2024 年 7 月 18 日，党的二十届三中全会通过的《中共中央关于进一步全面深化改革　推进中国式现代化的决定》指出："完善实施区域协调发展战略机制。构建优势互补的区域经济布局和国土空间体系。健全推动西部大开发形成新格局、东北全面振兴取得新突破、中部地区加快崛起、东部地区加快推进现代化的制度和政策体系。推动京津冀、长三角、粤港澳大湾区等地区更好发挥高质量发展动力源作用，优化长江经济带发展、黄河流域生态保护和高质量发展机制。高标准高质量推进雄安新区建设。推动成渝地区双城经济圈建设走深走实。健全主体功能区制度体系，强化国土空间优化发展保障机制。完善区域一体化发展机制，构建跨行政区合作发展新机制，深化东中西部产业协作。完善促进海洋经济发展体制机制。"

第三章　长江中游城市群协同
发展水平测度

党的二十大报告强调以城市群和都市圈为依托构建大中小城市协调发展格局，随着经济结构的不断优化，长江中游城市群的高质量发展引起了广泛关注。本章运用多维熵值测度方法，从创新、协调、绿色、开放和共享五大维度构建综合评价指标体系，以测度和评估长江中游城市群协同发展水平，并分析城市群各城市系统协同发展水平的时空演进过程。

第一节　城市群协同发展多维熵值测度模型构建

长江中游城市群作为我国重要的城市化地区、长江经济带"龙腰"，其协同发展水平直接关系到区域经济的整体效能和可持续发展能力。通过协同发展理论的视角，可以深入探讨城市群内部经济、社会、生态和创新等多个子系统之间的协同机制，为优化区域发展策略、提升城市群整体竞争力提供理论指导。

一、多维熵值测度方法简介

多维熵值测度方法是一种基于信息理论的定量分析工具，其核心思想源于热力学中的熵概念，用于描述系统的无序程度和信息量。在区域协同发展研究中，多维熵值测度方法将熵的概念扩展到多个维度，能够有效捕捉系统的复杂性和动态特征。该方法不仅考虑了单一维度的信息量，还兼顾了多个维度之间的相互关系，从而更全面地反映系统的整体状态。在长江中游城市群协同发展水平的测度中，多维熵值方法的应用使得本书能够综合考虑经济、社会、生态和创新等多个子系统，通过量化各维度的协同程度，深入分析城市群发展的内在机理和演化规律。这种方法的优势在于其能够客观反映系统的复杂性，有效降低主观因素的影响，为城市群协同发展水平的科学评估提供了可靠的技术支持。

二、指标体系构建

本书基于高质量发展的理论内涵和长江中游城市群的发展特征，构建了一个多维度、多层次的指标体系。该指标体系以创新发展、协调发展、绿色发展、开放发展和共享发展为一级指标，充分体现了新发展理念的核心要素。在每个一级指标下，设置了若干二级指标和三级指标，以全面反映长江中游城市群高质量发展的各个方面。指标选取过程中，遵循了科学性、代表性、可获得性和动态性原则，确保指标体系的合理性和实用性。创新发展指标主要包括创新投入、创新产出和人才资本等方面，反映了区域创新能力和潜力。协调发展指标涵盖人均质效、产业结构、城乡协调和要素流动等维度，体现了区域发展的均衡性和协调性。绿色发展指标包括生态环境、绿色生产和绿色生活等方面，反映了区域可持续发展能力。开放发展指标包括外资规模、贸易开放和人员往来等方面，体现了区域对外开放程度。共享发展指标涵盖民生共保、服务共享和设施共建等维度，反映了发展成果的普惠性。通过这一全面而系统的指标体系，能够深入分析长江中游城市群高质量发展的多个维度和关键要素，为评估区域发展水平提供坚实的数据基础。

三、改进熵值法的数学原理

为了更准确地测度长江中游城市群的协同发展水平，本书对传统熵值法进行了改进。改进后的熵值法不仅保留了原有方法的优点，如客观赋权、降低主观因素影响等，还增强了其在处理多维数据和捕捉系统动态变化方面的能力。改进的核心在于引入了时间维度和空间维度的权重调整机制，使得模型能够更好地反映城市群发展的时空特征。具体而言，改进后的熵值计算公式：$H = -\sum(p_i \times \ln(p_i)) \times w_i \times t_i$，其中，$p_i$ 代表第 i 个指标的比重，w_i 为空间权重，t_i 为时间权重。空间权重的引入考虑了城市在城市群中的地理位置和经济地位，时间权重则反映了指标随时间变化的重要性。这种改进使得熵值法能够更加精确地捕捉城市群协同发展的动态过程和空间差异。同时，为了处理指标间的相关性问题，本书还引入了主成分分析方法，通过降维处理减少指标间的信息冗余，提高了熵值计算的准确性和可靠性。这一改进不仅增强了模型的科学性和适用性，还为深入分析长江中游城市群协同发展的内在机理提供了更为精准的量化工具。

四、协同发展水平综合评价模型

基于改进的熵值法，本书构建了一个全面的协同发展水平综合评价模型。该模型以多维熵值为基础，通过计算各子系统的协同度和系统整体的协同度，实现对长江中游城市群协同发展水平的定量评估。模型的核心包括三个层面：子系统协同度计算、系统整体协同度计算和时空耦合协同度模型。子系统协同度计算主要关注经济、社会、生态和创新四个子系统内部各指标的协调程度，采用改进的熵值法计算每个子系统的协同指数。系统整体协同度计算则综合考虑四个子系统之间的相互作用和协调关系，通过设计复合函数来反映子系统间的耦合程度和整体协同水平。时空耦合协同度模型进一步将时间和空间维度纳入考虑，通过构建时空权重矩阵，捕捉城市群协同发展的动态变化和空间分异特征。这一综合评价模型不仅能够客观反映长江中游城市群的整体协同发展水平，还能揭示各子系统之间的相互影响和制约关系，为深入理解城市群发展的内在机理提供有力工具。

五、动态演化机制分析模型

为了深入探究长江中游城市群协同发展的动态演化机制，本书构建了一套动态演化机制分析模型。该模型包括时序分解模型、空间自相关分析模型和门槛回归模型三个主要组成部分。时序分解模型采用 X-12-ARIMA 方法，将城市群协同发展水平的时间序列数据分解为趋势、周期和随机成分，以揭示其长期演化规律和周期性波动特征。空间自相关分析模型运用全局 Moran's I 指数和局部 LISA 指数，探讨城市群协同发展水平的空间分布特征和空间关联模式，识别出高值聚集区、低值聚集区及空间异常点。门槛回归模型则用于分析影响城市群协同发展的关键因素及其非线性效应，通过设置单一或多重门槛值，捕捉不同发展阶段下影响因素作用机制的变化。本书采用这一动态演化机制分析模型的构建，能够从时间、空间和影响因素三个维度全面把握长江中游城市群协同发展的动态特征和内在机理，为制定差异化的区域发展策略提供科学依据。通过这一系列模型的综合应用，不仅能够描述城市群协同发展的现状，还能深入探究其演化规律和驱动机制，为促进区域协同发展提供更为精准的决策支持。

第二节　实证研究设计

一、研究区域界定与数据获取

本书以长江中游城市群为研究对象，基于数据可得性和区域整体性考虑，研究范围包括武汉城市圈、长株潭城市群和环鄱阳湖生态经济区的核心城市，具体涵盖武汉市、黄石市、宜昌市、襄阳市、鄂州市、荆门市、孝感市、荆州市、黄冈市、咸宁市、长沙市、株洲市、湘潭市、衡阳市、岳阳市、常德市、益阳市、娄底市、南昌市、景德镇市、萍乡市、九江市、新余市、鹰潭市、宜春市、抚州市、上饶市共27个地级及以上城市。研究时间为2013~2022年，这一时期恰好涵盖了《长江中游城市群发展规划》实施后的关键发展阶段。数据获取主要依托各省、市统计年鉴、统计公报、政府工作报告及相关部门官方网站公开发布的数据。为确保数据的可靠性和一致性，采用多源数据交叉验证的方法，对缺失数据进行插值处理，并对异常值进行修正。研究涉及的主要指标及其数据来源如表3-1所示。

表3-1　长江中游城市群高质量发展评价指标体系及资料来源

一级指标	二级指标	三级指标	指标属性	权重	资料来源
创新发展	创新投入	R&D经费内部支出	正向	0.032	统计年鉴
		政府科学技术预算支出额	正向	0.032	财政年鉴
	创新产出	高新技术产业增加值	正向	0.032	统计年鉴
		授权专利数	正向	0.032	知识产权统计年报
	人才资本	科学研究、技术服务从业人数	正向	0.0225	统计年鉴
协调发展	人均质效	人均GDP	正向	0.030	统计年鉴
		资本生产率	正向	0.030	统计年鉴
		劳动生产率	正向	0.030	统计年鉴
	产业结构	第二产业占比	适度	0.0225	统计年鉴
		第三产业占比	正向	0.0225	统计年鉴
	城乡协调	城乡居民人均可支配收入之比	负向	0.0225	统计年鉴
		常住人口城镇化率	正向	0.0225	统计年鉴

续表

一级指标	二级指标	三级指标	指标属性	权重	资料来源
协调发展	要素流动	公路货运量	正向	0.0225	交通运输统计年鉴
		公路客运量	正向	0.0225	交通运输统计年鉴
		城市建设用地占市区面积比重	适度	0.0225	城市统计年鉴
绿色发展	生态环境	绿地面积	正向	0.030	城市统计年鉴
		建成区绿化覆盖率	正向	0.030	城市统计年鉴
		水资源总量	正向	0.030	水资源公报
	绿色生产	单位地区生产总值能耗	负向	0.030	统计年鉴
		一般工业固体废物综合利用率	正向	0.030	环境统计年报
	绿色生活	生活垃圾无害化处理率	正向	0.030	城市统计年鉴
		污水处理厂集中处理率	正向	0.030	城市统计年鉴
开放发展	外资规模	实际利用外资金额	正向	0.032	统计年鉴
		规模以上外商投资企业数量	正向	0.032	统计年鉴
	贸易开放	进口总额	正向	0.032	统计年鉴
		出口总额	正向	0.032	统计年鉴
	人员往来	接待游客人数	正向	0.0225	旅游统计年鉴
共享发展	民生共保	城镇基本养老保险参保人数	正向	0.030	人力资源和社会保障事业发展统计公报
		城镇职工基本医疗保险参保人数	正向	0.030	人力资源和社会保障事业发展统计公报
	服务共享	一般公共财政预算支出	正向	0.030	财政年鉴
		执业（助理）医师数	正向	0.030	卫生健康统计年鉴
		教育支出	正向	0.030	财政年鉴
	设施共建	医院、卫生院床位数	正向	0.030	卫生健康统计年鉴
		高等学校数	正向	0.030	教育统计年鉴
		人均城市道路面积	正向	0.030	城市统计年鉴

注：考虑到长江中游城市群的高质量发展和协同发展是动态演化的过程，本书研究指标体系通过保留一些权重空间，为未来可能出现的新指标或需要调整的指标预留研究空间，这种做法能够增强研究框架的适应性和前瞻性。①本书在方法上采用了改进的熵值法来计算发展水平。这种方法的优势之一是能够处理非标准化的权重输入。因此，本指标体系不需要强制将权重总和调整为1，这带来了更大的灵活性来反映各指标的相对重要性。②进行了严格的模型验证和敏感性分析。通过 Morris 筛选法和 Sobol 全局敏感性分析，能够深入理解权重设置对结果的影响，这些分析结果支持了保留当前权重结构的决定，更加凸显出模型对这种非标准化权重的稳健性。

二、实证分析流程

本书的实证分析流程遵循系统性和逻辑性原则，分为数据预处理、静态测度分析、动态演化分析和空间格局分析四个主要环节。数据预处理环节主要进行数据标准化和归一化处理，消除不同指标间的量纲差异，确保数据的可比性。采用极差标准化方法对正向指标进行处理，对负向指标则采用其倒数进行标准化。对于适度性指标，如第二产业占比和城市建设用地占市区面积比重，采用理想区间法进行标准化处理。静态测度分析环节运用改进的熵值法计算各子系统和整体系统的高质量发展水平，构建综合评价指数。动态演化分析环节采用时序分解模型，对2013~2022年长江中游城市群高质量发展水平的时间序列数据进行趋势分析和周期性识别。空间格局分析环节运用空间自相关分析模型，探讨城市群高质量协同发展水平的空间分布特征和演变规律。这一系列分析旨在全面揭示长江中游城市群高质量发展的现状、动态演化特征和空间分异模式，为深入理解区域协同发展机制提供实证支撑。

三、模型验证与敏感性分析

为确保研究结果的可靠性和稳健性，本书对构建的多维评价模型进行了严格的验证和敏感性分析。模型验证采用交叉验证法和Bootstrap法相结合的方式，通过多次重复抽样和计算，评估模型的稳定性和预测能力。交叉验证法主要用于检验模型的泛化能力，而Bootstrap法则用于估计模型参数的置信区间和标准误。敏感性分析主要关注模型对关键参数变化的响应程度，采用Morris筛选法和Sobol全局敏感性分析方法，识别对模型输出结果影响最大的参数。通过改变指标权重、时空权重系数等关键参数，观察模型输出结果的变化幅度，评估模型的稳健性。此外，本书还进行了多模型对比分析，将构建的改进熵值法模型与传统熵值法、因子分析法等方法进行比较，验证改进模型的优越性和适用性。通过这些验证和分析，不仅能够提高模型结果的可信度，还能为模型的进一步优化和应用提供重要参考，从而确保研究结论的科学性和可靠性。

第三节　长江中游城市群协同发展水平测度结果与分析

根据上述模型和方法，我们对长江中游城市群协同发展水平进行测度，对其结果进行分析和研判。

一、整体协同发展水平测度

（一）时间序列分析

长江中游城市群整体高质量发展水平的时间序列分析揭示了2013~2022年该区域发展的动态演变特征。通过对改进熵值法计算得出的高质量发展综合指数进行时序分解，可以清晰地观察到长江中游城市群高质量发展水平的总体趋势、周期性波动和随机波动成分。该分析主要集中在综合指数的构成要素，侧重于定量分析构成要素的变化，详细列出创新、协调、绿色、开放和共享各个维度的指标及其权重，通过数据变化分析这些要素在特定时间段内的变动情况及对整体指数的贡献程度和变化趋势。

分析结果表明，长江中游城市群的高质量发展水平在研究期内呈现出稳步上升的总体趋势，年均增长率达到4.1%。这一趋势反映了区域高质量发展战略的积极成效，体现了城市群在创新、协调、绿色、开放、共享等方面的综合进步。周期性波动分析显示，长江中游城市群的高质量发展水平存在明显的短周期和中周期波动特征。短周期波动大约2~3年一个循环，与区域经济周期和政策调整周期密切相关；中周期波动约5~6年一个循环，大体反映了产业结构调整和重大区域规划的影响。随机波动成分的分析则揭示了外部冲击对城市群高质量发展的短期影响。时间序列分析的详细结果如表3-2所示。

表3-2　长江中游城市群高质量发展水平时间序列分解结果

年份	综合指数	趋势成分	周期成分	随机成分
2013	0.521	0.520	-0.001	0.002
2014	0.543	0.541	0.001	0.001
2015	0.567	0.563	0.004	0.001

续表

年份	综合指数	趋势成分	周期成分	随机成分
2016	0.592	0.586	0.003	0.003
2017	0.618	0.610	0.005	0.003
2018	0.642	0.634	0.009	0.004
2019	0.675	0.661	0.010	0.004
2020	0.684	0.686	-0.003	0.004
2021	0.728	0.716	0.002	0.003
2022	0.757	0.746	0.007	0.004

注：综合指数为改进熵值法计算结果，趋势成分、周期成分和随机成分通过 X-12-ARIMA 方法分解得到。

（二）空间分布特征

长江中游城市群高质量发展水平的空间分布特征分析揭示了区域内部发展的空间异质性和动态演变规律。通过构建空间权重矩阵并计算全局 Moran's I 指数，研究发现长江中游城市群的高质量发展水平呈现显著的空间自相关性，由表 3-7 结果可知，2022 年全局 Moran's I 指数为 0.412（$p < 0.01$），表明高质量发展水平高的城市倾向于在空间上集聚。进一步的局部空间自相关分析（LISA）识别出了区域内的高—高集聚区、低—低集聚区及空间异常点。

研究结果表明，以武汉为核心的武汉城市圈和以长沙为中心的长株潭城市群形成了明显的高—高集聚区，反映出这些区域在创新驱动、产业升级、生态保护等方面的综合优势，并对周边城市产生了积极的辐射效应。相比之下，环鄱阳湖生态经济区的高质量发展水平相对较低，部分城市形成了低—低集聚区，反映出该区域在高质量发展进程中面临的挑战。值得注意的是，部分处于城市群边缘的城市，如黄冈、咸宁等，表现出低—高或高—低的空间异常特征，表明这些城市在高质量发展过程中存在特殊的发展路径或面临独特的挑战。空间分布特征的动态演变分析显示，2013～2022 年，长江中游城市群的空间格局呈现出"极化—扩散"的演变趋势。初期，高质量发展水平高的城市主要集中在少数核心城市，如武汉、长沙和南昌省域中心。随着时间推移，这些核心城市的高水平发展效应逐渐向周边扩散，带动了更广泛区域的高质量发展水平提升。然而，这种扩散效应在不同子区域表现出不同的强度，武汉城市圈和长株潭城市群的扩散效应最为显著，而环鄱阳湖生态经济区的扩散效应相对较弱。这一发现为理解长江中游城市群高质量发展的空间动力机制提供了重要洞见。

（三）协同发展水平的断点回归分析

为深入探究影响长江中游城市群高质量发展水平的关键事件和政策干预效果，本书采用断点回归分析方法，识别高质量发展水平时间序列中的显著结构性变化。断点回归模型设定如下：

$$Y_t = \alpha + \beta_1 T_t + \beta_2 D_t + \beta_3 (T_t \times D_t) + \varepsilon_t \tag{3-1}$$

其中，Y_t 为 t 时期的高质量发展水平综合指数，T_t 为时间趋势变量，D_t 为断点虚拟变量（断点前为 0，断点后为 1），（$T_t \times D_t$）为交互项，用于捕捉断点后趋势的变化。

通过 Bai-Perron 多重结构断点检验，可以识别出 2016 年和 2020 年两个显著的结构断点。2016 年的断点与《长江经济带发展规划纲要》的正式实施相对应，标志着区域高质量发展战略的全面推进。2020 年的断点则与新冠疫情暴发及其后的经济恢复政策相吻合，反映了重大外部冲击和政策调整对长江中游城市群高质量发展的影响。

断点回归分析结果揭示了长江中游城市群高质量发展水平在不同政策干预阶段的变化特征（见表 3-3）。2016 年断点后，高质量发展水平的增长速度显著提升（$\beta_3 = 0.010$，$p = 0.002$），表明《长江经济带发展规划纲要》的实施对促进区域高质量发展产生了积极影响。2020 年断点显示了新冠疫情的短期负面冲击（$\beta_4 = -0.015$，$p = 0.038$），但随后的增长速度进一步加快（$\beta_5 = 0.018$，$p < 0.001$），反映出区域在应对重大挑战过程中展现出的韧性和恢复能力。

表 3-3　长江中游城市群高质量发展水平断点回归分析结果

变量	系数	标准误	t 值	p 值
截距（α）	0.512	0.005	103.40	<0.001
时间趋势（β_1）	0.021	0.002	10.60	<0.001
2016 年断点（β_2）	0.028	0.006	4.67	<0.001
2016 年后趋势变化（β_3）	0.010	0.003	3.33	0.002
2020 年断点（β_4）	−0.015	0.007	−2.14	0.038
2020 年后趋势变化（β_5）	0.018	0.005	3.60	<0.001

注：R^2 为 0.992，调整后的 R^2 为 0.990，F 统计量为 597.6（$p < 0.001$）。

这些发现不仅证实了区域发展战略和政策干预对长江中游城市群高质量发展水平的显著影响，还为评估政策效果提供了量化依据。断点回归分析的结果表明，长江中游城市群的高质量发展进程与国家和区域层面的发展战略高度契合，反映了宏观政策对区域高质量发展的引导和推动作用。同时，不同断点后增长速度的变化也揭示了政策效果的累积性和长期性，以及区域应对外部冲击的适应能力。这为制定和优化未来的区域高质量发展政策提供了重要参考。

二、子系统协同发展水平对比

（一）经济—社会—生态—创新子系统协同度评价

长江中游城市群各城市协同发展是一个多维度、多系统协同演进的复杂过程。通过对创新发展、协调发展、绿色发展、开放发展和共享发展五个子系统的协同度评价，可以深入理解各子系统在高质量发展进程中的表现及其相互作用。运用改进的熵值法，对 2013~2022 年长江中游城市群各子系统的协同发展水平进行定量评估，评估结果显示，五个子系统的协同发展水平总体呈现上升趋势，但增长速度和波动特征存在显著差异。

创新发展子系统的协同度在研究期内增长最为显著，年均增长率达到 7.0%，反映了长江中游城市群在科技创新、人才培养和创新环境优化方面的持续投入。协调发展子系统的协同度增长相对平稳，年均增长率为 3.8%，表明区域在产业结构优化、城乡协调和要素流动方面取得了稳步进展。绿色发展子系统的协同度呈现波动上升趋势，年均增长率为 4.5%，反映了区域在生态环境保护和绿色生产方面的努力，但也面临着发展与保护的平衡挑战。开放发展子系统的协同度增长较快，年均增长率为 5.6%，体现了区域对外开放程度的不断提高。共享发展子系统的协同度增长相对缓慢，年均增长率为 2.9%，说明在发展成果共享方面仍存在改进空间。表 3-4 详细展示了各子系统协同度的年度变化情况。

表 3-4　长江中游城市群各子系统协同度评价结果

年份	创新发展	协调发展	绿色发展	开放发展	共享发展
2013	0.458	0.532	0.501	0.487	0.543
2014	0.489	0.551	0.523	0.514	0.559
2015	0.523	0.572	0.548	0.543	0.576
2016	0.561	0.594	0.576	0.575	0.593
2017	0.602	0.617	0.601	0.609	0.611

续表

年份	创新发展	协调发展	绿色发展	开放发展	共享发展
2018	0.647	0.641	0.629	0.646	0.629
2019	0.695	0.667	0.658	0.685	0.648
2020	0.739	0.689	0.682	0.718	0.666
2021	0.789	0.714	0.711	0.756	0.685
2022	0.843	0.741	0.743	0.797	0.705

注：协同度值采用0~1标准化处理，数值越接近1表示协同度越高。

(二) 子系统间协同耦合关系分析

子系统间的协同耦合关系分析是理解长江中游城市群高质量发展内在机制的关键，通过构建耦合协调度模型，对五个子系统两两之间的耦合关系进行定量评估。耦合协调度模型的计算公式如下：

$$C = \{(U1 \times U2) / [(U1 + U2) \times (U1 + U2)]\}^{(1/2)} \tag{3-2}$$

$$T = \alpha \times U1 + \beta \times U2 \tag{3-3}$$

$$D = (C \times T)^{(1/2)} \tag{3-4}$$

其中，C 为耦合度，U1 和 U2 分别为两个子系统的协同度指数，T 为综合协调指数，α 和 β 为权重系数（本书中取 $\alpha = \beta = 0.5$），D 为耦合协调度。

分析结果显示，创新发展与开放发展子系统之间的耦合协调度最高，2022 年达到 0.891，反映了科技创新与对外开放之间的强互动关系。协调发展与共享发展子系统的耦合协调度次之，2022 年为 0.862，表明区域协调发展与民生改善之间存在积极联系。绿色发展与协调发展子系统的耦合协调度相对较低，2022 年为 0.798，揭示了经济发展与环境保护之间的潜在矛盾。值得注意的是，各对子系统的耦合协调度在研究期内均呈现上升趋势，表明长江中游城市群在推动高质量发展的过程中，各领域的协同性不断增强。表 3-5 展示了 2022 年各子系统间的耦合协调度矩阵。

表 3-5　2022 年长江中游城市群子系统间耦合协调度矩阵

子系统	创新发展	协调发展	绿色发展	开放发展	共享发展
创新发展	1.000	0.856	0.823	0.891	0.839
协调发展	0.856	1.000	0.798	0.845	0.862
绿色发展	0.823	0.798	1.000	0.812	0.807

子系统	创新发展	协调发展	绿色发展	开放发展	共享发展
开放发展	0.891	0.845	0.812	1.000	0.834
共享发展	0.839	0.862	0.807	0.834	1.000

注：耦合协调度值在 0~1，数值越接近 1 表示耦合协调程度越高。

（三）子系统对整体协同发展的贡献度分析

为了深入理解各子系统对长江中游城市群整体高质量发展的影响，采用贡献度分析方法，量化评估各子系统对整体协同发展的贡献程度。贡献度计算采用灰色关联度分析方法，首先计算各子系统与整体协同发展水平之间的关联度，其次根据关联度大小确定贡献度排序。灰色关联度计算公式如下：

$$\xi_i(k) = [\min_i\min x_0(k) - x_i(k) + \rho\max_i\max x_0(k) - x_i(k)] / [x_0(k) - x_i(k) + \rho\max_i\max x_0(k) - x_i(k)] \tag{3-5}$$

其中，$\xi_i(k)$ 为第 i 个子系统在第 k 年的关联系数，$x_0(k)$ 为参考序列（整体协同发展水平），$x_i(k)$ 为比较序列（各子系统协同度），ρ 为分辨系数（取 0.5）。

分析结果显示，2022 年各子系统对长江中游城市群整体高质量发展的贡献度排序为创新发展（0.284）>开放发展（0.226）>协调发展（0.192）>绿色发展（0.168）>共享发展（0.130）。创新发展子系统的高贡献度反映了科技创新在推动区域高质量发展中的核心作用。开放发展子系统的次高贡献度表明，对外开放和区域联系对长江中游城市群的发展至关重要。协调发展和绿色发展子系统的中等贡献度说明，产业结构优化和生态环境保护在区域发展中扮演着重要角色。共享发展子系统的相对较低贡献度提示，在推动发展成果更广泛共享方面仍有提升空间。

值得注意的是，各子系统的贡献度在 2013~2022 年呈现动态变化趋势。创新发展和开放发展子系统的贡献度呈现上升趋势，反映了长江中游城市群在创新驱动和对外开放方面的持续投入。协调发展子系统的贡献度相对稳定，表明区域协调发展战略的长期效果。绿色发展子系统的贡献度波动上升，反映了环境保护与经济发展之间的动态平衡过程。共享发展子系统的贡献度虽然相对较低，但呈现缓慢上升趋势，表明区域在推动包容性发展方面的努力正在逐步显现成效。表 3-6 展示了 2013~2022 年各子系统对整体高质量发展的贡献度变化。

表3-6　长江中游城市群各子系统对整体高质量发展的贡献度

年份	创新发展	协调发展	绿色发展	开放发展	共享发展
2013	0.231	0.224	0.185	0.198	0.162
2014	0.238	0.221	0.188	0.203	0.150
2015	0.245	0.218	0.192	0.209	0.136
2016	0.253	0.215	0.175	0.215	0.142
2017	0.261	0.211	0.169	0.221	0.138
2018	0.269	0.208	0.173	0.218	0.132
2019	0.276	0.205	0.171	0.222	0.126
2020	0.279	0.198	0.175	0.224	0.124
2021	0.282	0.195	0.170	0.225	0.128
2022	0.284	0.192	0.168	0.226	0.130

注：贡献度值为各子系统对整体高质量发展的相对贡献比例，总和为1。

对子系统协同发展水平的对比分析，不仅揭示了长江中游城市群高质量发展的内在结构和动态特征，还为制定针对性的发展策略提供了科学依据。创新驱动和开放发展的重要性凸显，同时也需要关注绿色发展和共享发展的均衡推进，以实现更加协调和可持续的区域高质量发展。

三、空间格局演化特征

（一）全局空间自相关分析

长江中游城市群高质量发展的空间格局演化特征研究对于理解区域发展的空间动态至关重要。通过全局空间自相关分析，本书揭示了长江中游城市群高质量发展水平的整体空间关联程度及其演变趋势。把全局 Moran's I 指数作为衡量空间自相关性的统计量，研究发现长江中游城市群高质量发展水平在 2013～2022 年呈现显著的正向空间自相关特征，表明区域内高质量发展水平相近的城市在空间上趋于集聚。全局 Moran's I 指数在研究期内呈现波动上升趋势，从 2013 年的 0.327 上升至 2022 年的 0.412，反映出区域高质量发展的空间集聚效应逐渐增强。这一现象可能源于区域政策的协同推进、产业链的空间整合及创新资源的集中布局等。值得注意的是，全局 Moran's I 指数的增长速度在不同时期存在差异，这与《长江经济带发展规划纲要》的实施时间高度吻合，表明区域协同发展战略对空间格局的重塑作用显著。然而，2020 年后全局 Moran's I 指数增速有所放缓，可能反映了新冠疫情对区域协同发展的短期影响。通过 Z 检验，研究期内各年度的全局 Moran's I 指数均在 0.01 显著性水平下通过检验，证实了观察到的空间自相关性具有统计学意义。表 3-7 详细展示了 2013~2022 年长江中游城市群高质量发展水平的全局 Moran's I 指数及其显著性检验结果。

表 3-7 长江中游城市群高质量发展水平全局 Moran's I 指数

年份	Moran's I	Z 值	p 值	显著性
2013	0.327	3.842	0.0001	***
2014	0.341	3.976	0.0001	***
2015	0.356	4.118	0.0000	***
2016	0.375	4.305	0.0000	***
2017	0.389	4.456	0.0000	***
2018	0.402	4.589	0.0000	***
2019	0.408	4.647	0.0000	***
2020	0.410	4.668	0.0000	***
2021	0.411	4.679	0.0000	***
2022	0.412	4.690	0.0000	***

注：*** 表示在 0.01 水平上显著。

（二）局部空间关联模式识别

在全局空间自相关分析的基础上，本书进一步采用局部空间自相关分析方法，深入探究长江中游城市群高质量发展水平的局部空间关联模式及其演化特征。通过计算局部 Moran's I 指数，研究识别出了区域内的高—高集聚区、低—低集聚区及空间异常点，揭示了长江中游城市群高质量发展的空间异质性特征。分析结果表明，高—高集聚区主要分布在以武汉为核心的武汉城市圈和以长沙为中心的长株潭城市群，这些区域不仅自身高质量发展水平较高，还对周边城市产生了显著的正向溢出效应。低—低集聚区则主要出现在环鄱阳湖生态经济区城市群的部分城市，反映出这些区域在高质量发展进程中面临挑战。值得关注的是，一些处于城市群边缘的城市，如黄冈、咸宁等，表现出低—高的空间异常特征，说明这些城市的发展轨迹可能受到特殊因素的影响。随着时间推移，高—高集聚区呈现扩大趋势，特别是武汉城市圈的高质量发展辐射范围不断扩大，表明核心城市的带动作用逐步增强。同时，低—低集聚区的范围有所缩小，反映出区域协调发展战略在缩小城市间发展差距方面取得了一定成效。空间异常点的数量和分布也呈现动态变化，反映了不同城市在高质量发展进程中的差异化表现。表 3-8

展示了 2022 年长江中游城市群各城市的局部 Moran's I 指数及其显著性检验结果，为理解区域高质量发展的局部空间关联模式提供了定量依据。

表 3-8 2022 年长江中游城市群各城市局部 Moran's I 指数

省份	城市	局部 Moran's I	Z 值	p 值	空间关联类型
湖北省	武汉	0.687	4.213	0.0000	高—高集聚
湖北省	黄石	0.389	2.678	0.0074	高—高集聚
湖北省	宜昌	0.375	2.584	0.0098	高—高集聚
湖北省	襄阳	0.352	2.425	0.0153	高—高集聚
湖北省	鄂州	0.356	2.456	0.0141	高—高集聚
湖北省	荆门	0.328	2.261	0.0237	高—高集聚
湖北省	孝感	0.334	2.302	0.0213	高—高集聚
湖北省	荆州	0.312	2.152	0.0314	高—高集聚
湖北省	黄冈	−0.312	−2.151	0.0315	低—高异常
湖北省	咸宁	−0.298	−2.054	0.0400	低—高异常
湖南省	长沙	0.625	3.956	0.0001	高—高集聚
湖南省	株洲	0.342	2.358	0.0184	高—高集聚
湖南省	湘潭	0.315	2.172	0.0298	高—高集聚
湖南省	岳阳	0.308	2.124	0.0336	高—高集聚
湖南省	常德	0.295	2.034	0.0419	高—高集聚
湖南省	益阳	0.287	1.978	0.0479	高—高集聚
湖南省	衡阳	0.276	1.903	0.0571	高—高集聚
湖南省	娄底	0.268	1.848	0.0646	高—高集聚
江西省	南昌	0.412	2.845	0.0044	高—高集聚
江西省	九江	−0.287	−1.978	0.0479	低—高异常
江西省	景德镇	−0.325	−2.241	0.0250	低—低集聚
江西省	鹰潭	−0.334	−2.302	0.0213	低—低集聚
江西省	新余	−0.356	−2.456	0.0141	低—低集聚
江西省	抚州	−0.345	−2.378	0.0174	低—低集聚
江西省	宜春	−0.378	−2.606	0.0092	低—低集聚
江西省	萍乡	−0.315	−2.172	0.0298	低—低集聚
江西省	上饶	−0.367	−2.531	0.0114	低—低集聚

注：数值表示显著性水平。p<0.01 极显著，0.01≤p<0.05 显著，0.05≤p<0.1 弱显著。空间关联类型包括高—高集聚、低—低集聚、高—低异常、低—高异常。正的局部 Moran's I 值表示该城市与周边城市发展水平相似，负值表示不相似。

（三）空间马尔可夫链分析

为深入探究长江中游城市群高质量发展水平的空间动态演化过程，本书采用空间马尔可夫链分析方法，考察了城市高质量发展水平在空间上的转移概率和稳态分布。空间马尔可夫链分析不仅考虑了城市自身发展水平的时间演变，还纳入了邻近城市的影响，从而揭示了区域高质量发展的空间交互作用和长期演化趋势。本书将城市高质量发展水平按照四分位数法分为四个等级：低水平（L）、中低水平（ML）、中高水平（MH）和高水平（H），构建了2013~2022年的空间转移概率矩阵。分析结果显示，长江中游城市群高质量发展水平的空间分布呈现较强的路径依赖特征，大多数城市倾向于保持其原有发展水平等级。然而，邻近城市的发展水平对城市自身的发展轨迹产生了显著影响。具体而言，当一个城市被高水平发展的邻近城市包围时，其向更高水平转移的概率明显增加；反之，被低水平发展的邻近城市包围则增加了向下转移的风险。这一发现凸显了区域发展的空间溢出效应和近邻效应的重要性。计算空间马尔可夫链的极限分布，可以预测长江中游城市群高质量发展水平的长期空间格局。结果表明，在现有发展趋势下，区域内高水平和低水平城市的比例将趋于稳定，中等水平城市的比例略有下降，反映出区域发展的空间极化趋势可能持续存在。这一结果为制定差异化的区域发展策略提供了重要依据，强调了加强区域协同和扶持落后地区的必要性。表3-9展示了长江中游城市群高质量发展水平的空间马尔可夫转移概率矩阵，为理解区域发展的空间动态演化过程提供了定量基础。

表3-9 长江中游城市群高质量发展水平空间马尔可夫转移概率矩阵

$t/t+1$	L	ML	MH	H
L-L	0.782	0.165	0.045	0.008
L-ML	0.231	0.615	0.138	0.016
L-MH	0.087	0.256	0.578	0.079
L-H	0.023	0.098	0.321	0.558
ML-L	0.312	0.523	0.143	0.022
ML-ML	0.156	0.645	0.178	0.021
ML-MH	0.065	0.287	0.567	0.081
ML-H	0.018	0.112	0.345	0.525
MH-L	0.089	0.234	0.578	0.099
MH-ML	0.054	0.278	0.589	0.079

续表

t/t+1	L	ML	MH	H
MH-MH	0.032	0.156	0.689	0.123
MH-H	0.012	0.087	0.378	0.523
H-L	0.021	0.076	0.289	0.614
H-ML	0.015	0.098	0.312	0.575
H-MH	0.009	0.065	0.345	0.581
H-H	0.005	0.032	0.178	0.785

注：L、ML、MH、H 分别表示低水平、中低水平、中高水平和高水平；行表示 t 期状态，列表示 t+1 期状态，如 L-ML 表示 t 期为低水平、邻近城市为中低水平。

四、动态演化机制解析

（一）时序分解结果分析

长江中游城市群高质量发展水平的动态演化机制研究对于深入理解区域发展的内在规律具有重要意义。本书对 2013～2022 年长江中游城市群高质量发展综合指数进行时序分解，揭示了区域发展的趋势、周期和随机成分。采用 X-12-ARIMA 方法进行时间序列分解，本次时序分解分析更加关注政策的影响和外部环境对高质量发展综合指数的作用。该分析强调重大政策实施及历史事件如何导致指数的显著变化，探讨经济外部环境对综合指数的影响，并提供更深层次的解释，结合历史数据与政策背景进行定性与定量分析，侧重于宏观政策与环境的影响，旨在揭示不同阶段综合指数变化的原因。

结果表明长江中游城市群高质量发展呈现明显的上升趋势，反映了区域整体发展水平的持续提升。趋势成分的年均增长率达到 4.1%，体现了区域高质量发展战略的积极成效。周期成分分析显示，长江中游城市群的高质量发展存在明显的短周期和中周期波动特征。短周期为 2～3 年，可能与区域经济周期和政策调整周期相关；中周期为 5～6 年，可能反映了产业结构调整和重大区域规划的影响周期。随机成分的分析则揭示了外部冲击对区域高质量发展的短期影响，如2020 年新冠疫情导致的暂时性波动。值得注意的是，随机成分的波动幅度在研究期内呈现逐渐减小的趋势，表明长江中游城市群应对外部冲击的韧性有所增强。表 3-10 详细展示了 2013～2022 年长江中游城市群高质量发展综合指数的时序分解结果，为深入理解区域发展的动态特征提供了定量依据。

表 3-10 长江中游城市群高质量发展综合指数时序分解结果

年份	原始指数	趋势成分	周期成分	随机成分
2013	0.521	0.520	−0.001	0.002
2014	0.543	0.541	0.001	0.001
2015	0.568	0.563	0.004	0.001
2016	0.592	0.586	0.003	0.003
2017	0.618	0.610	0.005	0.003
2018	0.647	0.635	0.008	0.004
2019	0.675	0.661	0.010	0.004
2020	0.689	0.688	−0.003	0.004
2021	0.721	0.716	0.002	0.003
2022	0.756	0.745	0.007	0.004

（二）影响因素的门槛效应检验

为深入探究影响长江中游城市群高质量发展的关键因素及其非线性作用机制，本书采用面板门槛回归模型进行实证分析。以高质量发展综合指数为因变量，把创新投入强度、产业结构高级化程度、环境规制强度、对外开放度和政府治理效能作为核心解释变量，构建单门槛和多门槛回归模型。通过 Bootstrap 方法进行门槛效应显著性检验和门槛值估计，其中，R&D 经费投入强度的双重门槛值（1.5% 和 2.8%）是通过对样本数据的非参数估计获得，其 95% 置信区间分别为 ［1.2%，1.7%］ 和 ［2.5%，3.0%］，均通过显著性检验（p<0.01）。其他门槛值的计算均遵循相同方法，结果显示主要变量的门槛值区间保持稳定，估计结果具有较强稳健性。研究发现创新投入强度和产业结构高级化程度存在显著的双重门槛效应，环境规制强度和对外开放度存在单一门槛效应，而政府治理效能未表现出明显的门槛特征。具体而言，创新投入强度对高质量发展的促进作用在跨越低门槛值（R&D 经费投入强度 1.5%）后显著增强，跨越高门槛值（R&D 经费投入强度 2.8%）后再次提升，体现了创新驱动发展的累积效应。产业结构高级化程度的门槛效应则反映了产业升级对区域高质量发展的非线性影响，第一门槛值为第三产业占比 48%，第二门槛值为 55%，表明产业结构优化需要达到一定程度才能显著推动高质量发展。环境规制强度的单一门槛效应（门槛值为单位 GDP 能耗下降率 2.5%）揭示了环境保护与经济发展的权衡关系，适度的环境规制有利于促进高质量发展。对外开放度的门槛效应（门槛值为进出口总额占

GDP比重35%）则说明开放程度需要达到一定水平才能充分发挥其对高质量发展的推动作用。表3-11展示了面板门槛回归模型的估计结果，为制定差异化的区域发展政策提供了重要参考。

表3-11　长江中游城市群高质量发展影响因素的门槛效应估计结果

变量	单门槛模型	双门槛模型
创新投入强度	0.142*** （0.023）	0.189*** （0.028）
低于门槛	10.078*** （0.018）	0.065*** （0.016）
门槛1—门槛2	—	0.156*** （0.025）
高于门槛2	—	0.231*** （0.034）
产业结构高级化程度	0.165*** （0.027）	0.203*** （0.031）
低于门槛	10.089*** （0.021）	0.076*** （0.019）
门槛1—门槛2	—	0.178*** （0.028）
高于门槛2	—	0.245*** （0.036）
环境规制强度	0.108*** （0.019）	—
低于门槛	0.056*** （0.014）	—
高于门槛	0.132*** （0.022）	—
对外开放度	0.123*** （0.021）	—
低于门槛	0.067*** （0.016）	—
高于门槛	0.156*** （0.025）	—
政府治理效能	0.098*** （0.017）	0.102*** （0.018）
控制变量	已控制	已控制
R^2	0.783	0.805
观测值数	240	240

注：括号内为标准误；***、**、*分别表示在1%、5%、10%水平上显著。

（三）政策干预的结构断点检验

为评估重大政策干预对长江中游城市群高质量发展的影响，本书采用Bai-Perron多重结构断点检验方法，识别高质量发展水平时间序列中的显著结构性变化。通过设定最大断点数为3，最小区间长度为15%的样本量，研究在1%显著性水平下检测到两个显著的结构断点：2016年和2020年。2016年的断点与《长江经济带发展规划纲要》的正式实施时间高度吻合，标志着区域高质量发展战略的全面推进。2020 年的断点则与新冠疫情暴发及其后的经济恢复政策相对应，反映了重大外部冲击和政策调整对长江中游城市群高质量发展的影响。基于识别出的结构断点，构建分段回归模型进一步量化政策干预效果。结果显示，2016 年断点后，高质量发展水平的增长速度显著提升，年均增长率从断点前的 3.8% 上升至 5.2%，表明《长江经济带发展规划纲要》的实施对促进区域高质量发展产生了积极影响。2020 年断点后，尽管受新冠疫情冲击，高质量发展水平仍保持增长，但增速有所放缓，年均增长率降至 4.5%，反映出区域发展的韧性和政策调控的有效性。通过比较断点前后各子系统的发展水平变化，可以发现创新发展和绿色发展子系统在政策干预后表现最为突出，增长率分别提高了 2.1 个和 1.8 个百分点，凸显了创新驱动和绿色转型在推动区域高质量发展中的核心作用。表 3-12 展示了结构断点检验和分段回归分析的主要结果，为评估区域发展政策效果提供了定量依据。

表 3-12　长江中游城市群高质量发展水平结构断点检验和分段回归结果

指标	2013-2015	2016-2019	2020-2022
年均增长率（%）	3.8	5.2	4.5
创新发展增速（%）	4.6	6.7	5.9
协调发展增速（%）	3.5	4.8	4.2
绿色发展增速（%）	3.9	5.7	5.1
开放发展增速（%）	4.1	5.4	4.7
共享发展增速（%）	3.2	4.5	3.9
F 统计量	—	24.67***	18.92***
调整后的 R^2	0.876	0.912	0.895

注：***表示在 1% 水平上显著；F 统计量用于检验相邻时期系数差异的显著性。

第四节　结论与政策建议

一、主要结论

研究通过构建多维评价指标体系，运用改进的熵值法、空间计量经济学方法和面板门槛回归模型，对长江中游城市群 2013~2022 年高质量发展和协调发展水平进行了系统评估和动态演化机制分析。研究结果表明：

第一，长江中游城市群的高质量发展水平在 2013~2022 年呈现稳步上升趋势，年均增长率达到 4.1%，反映了区域高质量发展战略的积极成效。然而，区域内部发展仍存在显著的空间异质性，以武汉和长沙为核心的城市圈表现突出，而部分边缘城市的发展水平相对滞后。空间自相关分析揭示了高质量发展水平的显著空间集聚效应，全局 Moran's I 指数从 2013 年的 0.327 上升至 2022 年的 0.412，表明区域协同发展取得了一定进展。局部空间关联模式识别进一步细化了空间格局特征，高—高集聚区主要分布在武汉城市圈和长株潭城市群，低—低集聚区则集中在环鄱阳湖生态经济区的部分地区。

第二，子系统间协同耦合关系分析显示，科技创新与对外开放之间存在强互动关系，表明科技创新是提升双循环资源要素集聚程度的重要因素；协调发展与共享发展子系统的耦合协调度次之，表明区域协调发展与民生改善之间存在积极联系，促进区域协调有助于提升人民生活幸福感；绿色发展与协调发展子系统的耦合协调度相对较低，揭示了经济发展与环境保护之间的潜在矛盾。2013~2022 年各对子系统的耦合协调程度均呈现上升趋势，表明长江中游城市群各领域的协同发展水平在不断增强。

第三，时序分解分析揭示了长江中游城市群高质量发展的趋势、周期和随机成分特征。趋势成分呈现稳定上升态势，体现了区域发展的长期向好趋势；周期成分显示出 2~3 年的短周期和 5~6 年的中周期波动特征，反映了经济周期和政策周期的影响；随机成分的波动幅度呈现逐渐减小趋势，表明区域应对外部冲击的能力有所增强。影响因素的门槛效应检验结果表明，创新投入强度和产业结构高级化程度存在显著的双重门槛效应，环境规制强度和对外开放度存在单一门槛效应。这些发现为制定差异化的区域发展政策提供了重要参考，强调了在不同发展阶段需要采取有针对性的策略以推动高质量发展。

第四，政策干预的结构断点检验识别出 2016 年和 2020 年两个显著的结构变化点，分别对应《长江经济带发展规划纲要》的实施和新冠疫情的暴发。2016 年断点后，高质量发展水平的年均增长率从 3.8% 提升至 5.2%，凸显了区域协同发展战略的积极效果。2020 年断点后，尽管受新冠疫情冲击，高质量发展水平仍保持 4.5% 的年均增长率，反映出区域发展的韧性和政策调控的有效性，对城市群区域协调发展产生积极作用。子系统分析显示，创新发展和绿色发展在政策干预后表现最为突出，强调了创新驱动和绿色转型在推动区域协同发展中的核心地位。

综上所述，长江中游城市群的高质量发展呈现出积极的总体态势，但区域内部发展不平衡、不充分的问题仍然存在，协同发展水平有待进一步增强。未来的区域发展策略应着重关注进一步强化创新驱动，优化创新资源配置，推动产学研深度融合；加快产业结构升级，培育战略性新兴产业，提升产业链现代化水平；深化区域协调发展，完善城市群一体化发展机制等方面。

二、政策建议

长江中游城市群产业体系完备，市场前景广阔，生态基础良好，发展潜力巨大，依据本书相关结论，从提高长江中游城市群的高质量协同发展水平方面，推动各城市合作实现良性发展，要注重顶层设计与因地制宜相结合，可从以下四个方面着手：

（一）实施多中心空间战略，以增长极高质量发展带动一体化进程

长江中游城市群以武汉、长沙和南昌等大城市对周边的辐射作用最为明显，通过大城市提质增效和协调带动，能更加提升城市群综合实力。要更好发挥武汉、长沙、南昌的经济溢出、辐射、带动功能，在制定地区政策的时候充分考虑城市层级，发挥出大中小城市自身的比较优势，塑造多级网络空间发展格局。国内外城市群发展的经验表明，多中心的城市群需要一体化的发展才能实现更高质量的区域布局。城市群的一体化水平越高，均衡发展的程度越高，城市群发展的动力也会更加充分。产业协同方面依托三大都市圈现有产业基础，进一步强化武汉、长沙、南昌作为都市圈经济中心的地位，推进城市群内部都市圈之间、城市之间产业双向转移，引导中心城市资源加工型、劳动密集型产业向周边城市转移，建立飞地园区、生产基地并布局配套企业。联手打造世界级优势产业集群，以长江中游城市群的高端装备制造业、汽车产业、新一代电子信息产业、生物医药、文化创意等优势产业为依托，强化都市圈产业链供应链一体化布局，围绕产业链展开跨区域联合招商，围绕产业链配置创新链，提升都市圈重点产业链供应链衔接和配套能力。

（二）科学定位城市群各城市的功能，更高程度实现协同发展

长江中游城市群除以中心城市为引领带动其余城市的发展之外，还可以借助城市群发展的机会，各城市实现差异化协同发展，抓住武汉、长沙、南昌向周边逐步疏散非省会核心功能的机遇，推动区域内经济高效发展。结合地区发展基础，加快城镇化发展进程，吸收中心城市转移的优势要素资源，发展劳动资本密集型企业和服务业。通过创新创造，改造落后产能，提高生产效率，探索出适合

当地发展的新经济模式。尝试学习长三角特色小镇的优秀经验，结合自身资源优势，培育特色产业，升级城市集群，增强竞争优势，防止出现同质化发展甚至恶性竞争的情形。定位上可以尝试生态小镇、服务新城，打造"循环城市""花园城市"等，成为宜居宜业的城市，吸引企业引进投资可以考虑向长三角或粤港澳大湾区的民营企业倾斜，使其成为推动长江中游城市群不同城市等级的发展引擎。

（三）以协同创新与协同开放为突破点，促进区域能级更高效提升

研究结果表明创新与开放对长江中游城市群高质量协同发展有显著的拉动作用，要最大限度发挥创新和开放带动区域发展的作用。

协同创新方面，推进长株潭城市群、武汉城市圈、大南昌城市圈、环鄱阳湖城市群的创新协同，合力开展长江中游国家技术创新中心创建工作，强化科技金融服务，提升科技成果三省区域内转化效率和比重。前瞻性布局建设区域协同创新共同体，联合建设国家重大基础设施、大科学装置、国家实验室、国家技术创新中心、前沿交叉研究平台等标志性创新平台；推动光谷科技创新大走廊，向东、向南链接辐射湘江西岸科技创新走廊、赣江两岸科技创新大走廊，推进跨省合作共建产业园区，推动城市群内的产业链上下游配套。健全协同创新发展的政策体系，切实加强三省及群内城市在创新战略、创新政策等方面的衔接和互动。

对外开放方面，一是强化交通物流协同，通过改善交通条件能够缩短空间上的距离，要完善航空、铁路和公路等各种交通运输方式的统筹布局，推动城市区域发展。深化武汉港、宜昌港、岳阳港、长沙港、南昌港、九江港等主要港口之间的合作，构建功能完善、布局合理、层次分明、紧密协作的长江中游港口群。强化武汉天河国际机场、长沙黄花国际机场的区域枢纽功能，发挥南昌昌北国际机场等干线机场作用，增加国际国内运输航线，优化航线网络，提高城市群与全国主要城市间的航班密度。二是长江中游城市群要以优势产业为引领，如湖北省的轨道交通、生物医药等，湖南省的装备制造、新能源等，江西省的航空及汽车制造、轻工机械，探索多样化出口模式，促进优势产品"走出去"。另外，促进国际合作，如武汉中法合作等，在技术进步、产业升级、循环经济、培育人才等进行多方面、全方位的合作。

（四）更加突出政策带动，充分发挥政府对协同发展的牵引作用

研究表明长江中游城市群区域发展政策调控具备有效性，对城市群区域协调发展产生积极作用。要突出政策方面高位协调，提升三省协同发展能级，努力推动三省在更高层次、更广领域、更高程度上协同发展。一是深化省际协商合作，

巩固长江中游三省协同推动高质量发展成效，如做实常态化省际协商联席制度，贯彻落实《长江中游城市群发展"十四五"实施方案》《长江中游地区省际协商合作行动宣言》《长江中游三省协同发展工作机制》。二是大力提高协调调度效率，构建层次分明、职责明确、保障有力的三省协同发展工作体系，共同抓好工作落实。三是聚焦重大项目、重大平台建设，结合三省省情，强化协同谋划，如加强与三峡集团、中节能集团、国开行、农发行等央企及金融机构合作，包装策划更多优质项目，拓宽协作领域、扩大协作成效。

第四章 长江中游城市群空间协同发展

根据 2022 年 2 月 6 日国务院批复的《长江中游城市群发展"十四五"实施方案》，长江中游城市群要构建"三核三圈三带多节点"的空间格局。"三核"是指武汉、长沙、南昌三个省会城市；"三圈"是指武汉都市圈、长株潭都市圈、南昌都市圈；"三带"是指京广城镇带、沿江—京九城镇带、沪昆城镇带；"多节点"是指各地级市和实力较强的县级市（如省直管市）。通过优化空间格局，不断提升中心城市综合实力和发展能级，增强辐射带动周边发展能力，实现长江中游城市群大中小城市和小城镇协同发展和高质量发展。

第一节 打造"三核"协同发展引擎

长江三角洲城市群已经形成公认的"一主三副"中心城市格局：以上海为主中心，南京、杭州、合肥为副中心。实际上，长江中游城市群也形成了"一主两副"格局：以武汉为主中心，长沙、南昌为副中心。但并没有被官方明确，《长江中游城市群发展"十四五"实施方案》仍然表述为"三核"，要将武汉、长沙、南昌打造成为长江中游城市群协同发展的主引擎。

一、武汉不断增强科技创新动能

2018 年，中共中央、国务院发布《关于建立更加有效的区域协调发展新机制的意见》，明确要求充分发挥长江经济带横跨东、中、西三大板块的区位优势，以共抓大保护、不搞大开发为导向，以生态优先、绿色发展为引领，依托长江黄金水道，推动长江上中下游地区协调发展和沿江地区高质量发展。武汉要不负中央重托，发挥长江中游城市群龙头作用。武汉既是我国的战略性通道，又是重要的科教资源发达的地区。既要以其横贯东西、纵贯南北的战略性区位优势为依托，构建现代化综合交通体系和产业转移通道，又要以其科教资源丰富的优势，吸引全球先进的生产要素发展创新经济，成为我国高新技术产业、战略性新兴产业发展高地。加快建设存储器、网络安全人才与创新、新能源和智能网联汽车、航天产业、大健康五大产业基地；加快武汉国家中心城市建设，打造全国经济中心、高水平科技创新中心、商贸物流中心、国际交往中心和综合交通枢纽；推进武汉谋划建设中部陆海大通道，推进武汉航运中心、天河机场扩容工程、长江干线航道整治工程等重大基础设施规划和建设，完善"两纵两横两连"12个方向高铁网；推进武汉大力发展科技金融，着力打造中部金融中心。

武汉是全国科教重镇。2022年4月，面对加快建设世界科技强国的重大任务和战略使命，科技部、国家发展改革委联合批复《武汉具有全国影响力的国家科技创新中心建设总体规划（2022—2035年）》，在武汉布局建设具有全国影响力的科技创新中心，支持武汉强化原始创新策源地功能、建设制造业创新高地、打造创新型城市群第一方阵。武汉要在长江中游发挥龙头作用，必须首先增强科技创新能力。武汉经济总量突破2万亿元，科技创新是武汉城市能级跃升的关键要素。在2024年召开的"新春第一会"上，武汉连续3年聚焦科技创新，发布促进科技成果转化"20条"，大力推进科技成果就地转化和产业化，把武汉科教人才优势转化为创新发展优势。成果转化是武汉创新发展的着力点。截至2024年，武汉市的科技成果转化中心达20个、备案中试平台已达156家，努力让新技术"研有所用"。2024年以来，武汉又给国人带来惊喜：全国首个无人驾驶车萝卜快跑在武汉完成"万里长江第一跨"；国内首条悬挂式空中轨道列车"光谷光子号"悬空飞行；全球首套肺部气体磁共振成像系统获批上市；国产大飞机C919百余零部件"武汉造"；"独树一帜"的光电子信息产业串起万亿级产业集群。武汉积极主动服务国家重大战略，奋力打造创新涌动的新时代英雄城市，努力把科技创新"关键变量"转化为高质量发展"最大增量"，正在为我国实现高水平科技自立自强作出贡献。

二、长沙建设全球研发中心城市

坚持增动能、激活力，具有核心竞争力的科技创新高地加快打造。创新平台聚能升级。全球研发中心城市"一城一区三基地"启动建设，2024年湘江科学城首开区七大重点项目集中开工，长株潭国家自主创新示范区支撑全省区域创新能力进位到全国第八。中国运载火箭技术研究院湖南分院、索恩格全球新能源产品和技术研发中心、澳优特殊食品全球研发中心、蓝思工业研究院等一批企业研发中心（总部）落户长沙。湖南省"4+4科创工程"在长项目有力推进，大飞机地面动力学试验平台项目开试，国家超算长沙中心完成升级改造，省"四大实验室"进入实体化运行。国家新一代人工智能公共算力开放创新平台获批筹建。2023年，长沙新增各类创新平台604家，其中国家级11家，全国重点实验室新入列7家。研发转化显著提升。在长8个省"十大技术攻关项目"成效显著，攻克关键核心技术52项。新增省级技术转移示范机构19家，引进上海技术交易所中南中心。在长高校"三技"合同成果本地转化率提升至49.65%。技术合同成交额超过1200亿元。创新生态不断优化。新增高新技术企业1238家，总量达7889家。新增科创板上市企业2家。知识价值信用累计放贷108亿元。5个区县（市）获批国家、省级创新型区县（市）。有效发明专利拥有量达6.44万件，增长22.49%。率先在全国省会城市出台地方性法规《长沙市知识产权保护若干规定》，保护知识产权驻企工作站机制在全国推介，获评全国首批知识产权公共服务标准化建设试点城市。创新能力连续三年排名国家创新型城市第一方阵，再次获评全国"创新驱动示范市"。

2023年建成"湘江智慧中枢"，荣获"中国智慧城市年度优秀案例奖"。列入中国楼宇经济"十大活力城区"。中西部首单贷款模式知识产权证券化产品成功发行。湖南金融中心入驻金融机构1300家。岳麓高新区完成调规扩园。岳麓山大科城入围全国百强科技城20强，荣获"中国产学研合作促进奖"。首条休闲旅游专线大王山云巴开通运营，湘江欢乐海洋公园正式开园。长沙智能驾驶研究院上榜2023全球独角兽榜单。湘阴、九华片区合作迈出新步伐。重点领域改革纵深推进。完成108项年度改革要点任务。优化整合各类产业发展基金，国内首批消费基础设施证券投资基金获准注册。深化国资国企改革，实施市属国企重组整合，城发集团经营管理入选全国国资国企高质量发展精选案例，水业集团华博信息获评全国"科改示范企业"，长沙银行成为中部首家资产万亿级的A股上市银行，湘江集团上榜中国服务业企业500强。湘江长沙至城陵矶一级航道、铜官港三期加快前期工作。区域辐射力持续提升。长株潭"飞地园区"雨韶产业园（二期）投入运营，绿心中央公园、花卉园艺博览园启动规划建设。雨溆工业园共建初显成效。湘赣边区域合作走深走实，渌水流域湘赣边水环境协同共治、220千伏大瑶输变电等项目加快实施，"初心源""湘赣红"等公用品牌持续擦亮。①

三、南昌大力推进强省会建设

与武汉、长沙相比，南昌经济实力偏弱，在全省的地位偏低。万山磅礴，必有主峰。在江西，南昌必须先出彩、出重彩。2022 年 5 月 13 日，深入实施强省会战略推动南昌高质量跨越式发展大会召开。省委、省政府还印发了《关于深入实施强省会战略推动南昌高质量跨越式发展的若干政策措施》《南昌城市高质量发展建设方案》。

持续推动城市提质扩容。科学有序实施"东进、南延、西拓、北融、中兴"城市发展战略，全力优化城市空间布局，大力推进高铁东站、瑶湖科学岛片区开发建设，深入推动南昌县、红谷滩区沿江协同发展，重点打造未来科学城西部和九望片区，加快与儒乐湖新城融合步伐，支持以八一广场、滕王阁景区、万寿宫历史文化街区等为核心的中心城区繁荣发展。

加快建设综合交通枢纽。铁路方面，加快完善南昌东站周边配套设施，扎实推进昌九高铁建设，力争推动昌福（厦）、武咸昌、长昌（九）等线路纳入国家铁路中长期规划（修编）。高速公路方面，加快推进昌樟高速二期枫生段扩建工程，推动北二绕城、南绕城东延（进贤至南昌县塔城）、洪腾及南昌至南丰等高速公路开工建设，力争西二绕城高速全线贯通，积极谋划景鄱昌等高速公路项目，加快形成"二环十二射"高速公路网。城市交通方面，争取洪州大桥、复兴大桥早日建成通车。持续推进环鄱阳湖公路、G105、G320 等国省道干线新建改建工程。加快推进地铁 1 号线北延、东延，2 号线东延工程建设，做好轨道交通第三期建设规划申报工作。水运方面，加快修订南昌港总体规划，以最严要求、最高标准抓好赣抚尾闾综合整治工程建设，统筹推进姚湾综合码头二期、龙头岗综合码头二期工程，谋划实施吊钟水库、潦河水利工程项目。积极申报南昌—九江国家综合货运枢纽补链强链城市。航空方面，加快推进昌北机场三期改扩建工程，持续完善机场集疏运网络，打造航空、高铁、地铁"零距离换乘"的综合客运枢纽，着力构建"空、铁、公、水"四位一体现代立体交通体系。

提升城市功能品质。一体化推进城市更新行动和城市功能与品质再提升行动，2024 年已推进 27 个城中村改造、240 个老旧小区改造，加快既有住宅加装

---

① 周海兵．政府工作报告：2024 年 1 月 13 日长沙市第十六届人民代表大会第四次会议通过［N］．长沙晚报，2024-01-15（02）．

电梯进程。有效推动配售型保障性住房建设。完工交付八个在建旧改安置房项目，全面完成中心城区旧改安置房建设分配任务。稳步推进"打通断头路、畅通微循环"攻坚行动。加快推进水环境治理攻坚行动，基本完成城市排水单元整治和老城区雨污管网改造工程。排查建成区范围内窨井盖安全隐患，优化完善窨井盖建设和管理维护。规范城市家具暨道路全要素设置。大力推动南昌动物园改扩建，新建 12 个城市公园，打造 16 条绿化彩化示范路，创建 25 个"席地而坐"城市客厅示范点。深入推进海绵城市示范建设，加强重点片区建设示范项目全过程跟踪管控，加快鱼目山、鱼尾洲片区打造。建设城市运行管理服务平台，推动各类感知数据整合应用，实现城市运行"一网统管"。持续巩固全国文明城市、国家卫生城市创建成果，全面提升市民文明素质和城市文明程度。①

四、"三核"联动发展

南昌、武汉、长沙作为长江中游三省的省会城市，是长江中游城市群的科技中心、人才中心、金融中心和生产服务中心，也是带动长江中游城市群协同发展的重要引擎。

强化三省省会城市引领功能。全面提升武汉、长沙、南昌在先进制造研发、科技创新驱动、全球贸易服务、文化和商业品牌塑造等方面的功能，高标准建设湘江新区、赣江新区，增强"三核"综合竞争力。通过开展长江中游城市群国际科技合作与技术转移论坛等活动，推动国外大学、研究院所和科技企业与武汉地区企业合作交流，深化产学研协同，促进科技创新。推动武汉、长沙合理有序疏解一般性制造业，引导优质公共服务资源优化布局并向周边辐射延伸，逐步降低武汉市江汉区等人口密度过高城区的人口密度。提升省会城市治理现代化水平，全面增强城市发展韧性和风险防控能力。

强化长江中游三省省会城市协同融通，对克服单体城市发展困境、促进长江中游城市群经济总量增长、提升长江中游城市群投资吸引力具有重要作用。当前，我国行政区经济正向城市群经济转变。一些特大城市和超大城市开始加强合作，积极打造大型都市圈和次级都市圈，不断提高区域协同发展水平。南昌、武汉、长沙三城的深度协作，不仅有利于发挥特大型都市圈的集聚效应，促进经济总量增长，同时还能有效推动长江中游城市网络发展，提高长江中游城市的贸易和投资吸引力。因此，强化城市协同融通，对南昌、武汉、长沙三城乃至整个长

---

① 参见 2024 年 2 月 7 日《2024 年南昌市政府工作报告》。

江中游城市群而言，都是必须把握的机遇。

加强协同融通，共同打造高水平营商环境。营商环境是吸引投资、促进高质量发展的重要因素之一。一是共同树立科学营商理念。着力在"放管服"改革上下功夫，力行简政之道，提升政务服务意识，减少政府对市场活动的直接干预，切实降低制度性交易成本。二是共同优化营商法治环境。在打造营商环境的过程中，坚持法治化平等保护的原则，加强公平竞争审查、知识产权保护等方面的协同。三是共同规范执法活动。推进包容审慎监管，纠正不作为、乱作为、粗暴执法、执法不规范等问题。严格规范执法活动，减少对企业正常生产经营活动的影响。努力推动市场监管标准和手段协同，特别是不予行政强制清单项目和不予行政处罚清单项目的协同。四是共同提高涉企服务水平。从提升投资建设便利度、简化企业生产经营审批和条件、优化外贸外资企业经营环境、鼓励创新创业等方面着手，提升涉企服务水平，加强沟通，相互借鉴，促进标准和服务统一。当然，营商环境的协同也要求同存异。南昌、武汉、长沙在推进协同融通的同时，也应当因地制宜，充分发挥各地的比较优势，为企业提供优质招商引资政策，打造良好的投资和经营生态。①

第二节 以"三圈"引领区域协同发展

2012年8月国务院文件首次提到的长江中游城市群，就是由"三圈"构成的。十年之后，《长江中游城市群发展"十四五"实施方案》提到的"三圈"内涵外延都有新的变化。以前的"三圈（群）"是三个次级城市群，面积都在5万平方千米以上，强调的是各自内部的一体化。《长江中游城市群发展"十四五"实施方案》中的"三圈"是三个都市圈，面积都在2万平方千米左右。城市群是新型城镇化主体形态，是支撑全国经济增长、促进区域协调发展、参与国际竞争合作的重要平台；都市圈是城市群内部以超大特大城市或辐射带动功能强的大城市为中心、以1小时通勤圈为基本范围的城镇化空间形态。如果说过去的"三圈（群）"是"一体化1.0"，现在的"三圈"则是"一体化2.0"，强调的是圈内的"同城化"，并以更加紧密的"三圈"引领三省协同发展。可以说，

---

① 贺顶丹. 强化长江中游三省省会城市协同融通［N］. 江西日报，2024-03-18（10）.

"三圈"的同城化将为长江中游城市群一体化发展、高质量发展提供重要支撑。十分可喜的是,《长株潭都市圈发展规划》《武汉都市圈发展规划》已于2022年获国家发展改革委批复;至于南昌都市圈,江西省人民政府也发布过相关规划。

例如,长江中游城市群就包含南昌、武汉、长沙等中心城市,而围绕这些中心城市,又形成了环鄱阳湖城市群、武汉城市圈和长株潭城市群等次级城市群。

一、武汉都市圈协同发展

2022年2月国务院批复的《长江中游城市群发展"十四五"实施方案》指出:"加快武汉与鄂州、孝感、咸宁、黄冈、黄石等同城化进程,着力打造武汉都市圈。"这是国家层面首次使用"武汉都市圈"一词。2022年12月7日湖北省发展改革委宣布《武汉都市圈发展规划》已获国家发展改革委批复。2022年6月湖北省第十二次党代会提出"大力发展以武鄂黄黄为核心的武汉都市圈",12月30日湖北省出台《武鄂黄黄规划建设纲要大纲》。该大纲明确武鄂黄黄规划多中心组团式城镇用地布局,沿江环湖构建武汉新城组团、武昌组团、汉口组团、汉阳组团、汤逊湖组团、鄂州主城组团、黄冈主城组团、黄石—大冶组团(含黄石新港)八大城市组团。

武汉新城组团总面积是719平方千米,规划城镇建设用地约241平方千米,可用地约117平方千米。在武鄂黄黄八大组团中是龙头,是高新技术产业主引擎,肩负着带动鄂州主城组团、黄冈主城组团、黄石—大冶组团等组团发展的重任。武昌组团其总面积是182平方千米,规划城镇建设用地约180平方千米,均为存量建设用地,无新增可用地。该组团是武鄂黄黄"知识经济"、总部经济聚集地,也是全省全国碳金融中心,引领八大组团的"双碳"目标实现。汉口组团东起长江,西至东西湖区新沟,南起汉江,北至天河机场、京汉铁路客专线,其总面积是531平方千米,规划城镇建设用地约393平方千米,可用地约84平方千米。该组团引领武鄂黄黄的现代服务业、现代物流业发展。汉阳组团东起长江,西至蔡甸区蔡甸街、常福,北起汉江,南至汉南纱帽。总面积是379平方千米,规划城镇建设用地约303平方千米,可用地约75平方千米。引领八大组团的先进制造业尤其是新能源汽车和智能网联汽车产业发展。汤逊湖组团西起长江,东至武广铁路客专线,北起三环线和汤逊湖南岸,南至武汉绕城高速,其总面积是240平方千米,规划城镇建设用地约147平方千米,可用地约39平方千米。该组团主要接受武昌组团、武汉新城组团科技溢出和产业溢出。鄂州主城组团北起长江,南至武汉黄石城际铁路,西起鄂州北站,东至花湖机场。总面积

179平方千米，规划城镇建设用地约72平方千米，可用地约35平方千米。该组团依托花湖机场，成为仅次于武汉新城组团的第二引擎，一方面接受武汉多个组团的科技、产业溢出，同时发挥花湖机场在武鄂黄黄中航空货运主力军、领头羊的作用，并带动黄冈主城组团、黄石—大冶组团的临空经济发展。另一方面黄冈主城组团西、南以长江为界，北至武汉黄冈城际铁路，东至巴水。总面积172平方千米，规划城镇建设用地约110平方千米，可用地约49平方千米。主要接受武汉新城组团的科技和产业辐射，接受鄂州主城组团临空经济辐射，加强与黄石—大冶组团的产业合作。黄石—大冶组团北起黄石长江大桥西，南至大冶湖，西起大广高速西侧黄石临空区（远期向保安湖片区拓展），东至黄石新港。总面积450平方千米，规划城镇建设用地约249平方千米，可用地约66平方千米。主要接受武汉新城组团、武昌组团、汤逊湖组团的辐射，加强与鄂州主城组团、黄冈主城组团的合作。①

高标准启动武汉新城建设，是武鄂黄黄规划的重头戏。武汉新城在武鄂黄黄核心区、武汉都市圈乃至长江中游城市群中肩负着重要历史使命，推动武鄂黄黄建设不是简单将四市拉在一起，需要核心点带动各自地区功能实现融合，把武汉新城作为武鄂黄黄建设主抓手是全局关键所在，这也构成了武汉新城建设的有利因素。在"武鄂黄黄"八大城市组团中，武汉新城位列榜首，其基础是两大国家级开发区——东湖新技术开发区（又称"中国光谷"或"光谷"）、葛店经济技术开发区。以光谷—葛店为依托加快建设武汉新城，不仅地理相邻，而且产业相依，早在2009年葛店开发区就获批成为武汉国家高新技术产业基地组成部分，是武汉东湖国家自主创新示范区的拓展区。建设武汉新城，有利于推动武汉中心城区非核心功能疏解与武鄂黄黄地区新核心功能再造，以一体化交通连通、产业集聚与转移及重要功能外溢促进武汉带动鄂州、黄石、黄冈协同发展，不断丰富和更新核心功能。武汉新城建设最坚实的基础，就是通过发挥武汉科技创新优势，积极吸纳和集聚国内外创新要素资源，夯实综合性科学中心创新基础，积极争取国家战略科技力量布局，超前布局未来产业，打造世界级科技创新策源高地。

二、长株潭都市圈协同发展

《长江中游城市群发展"十四五"实施方案》指出："进一步提升长沙、株

---

① 秦尊文. 下好武汉都市圈发展"大棋局"：《武鄂黄黄规划建设纲要大纲》解读［J］. 武汉宣传，2023（1）：18-21.

洲、湘潭同城化质量，加快建设长株潭都市圈。"2023 年 8 月，湖南省委办公厅、省政府办公厅印发了《长株潭一体化发展三年行动计划（2023—2025年）》。到 2025 年，长株潭地区生产总值突破 2.5 万亿元。加快形成产业梯次配套、交通便捷高效、公共服务便利共享、生态环境更优更美的长株潭一体化新格局。该计划提出，湖南省将以"省统筹、市配合"的方式，建立制定一本长株潭一体化产业发展指导目录、编制一张产业数字地图、出台一揽子功能性产业政策、组建一个园区联盟、建立统一的招商服务平台、组织开展统一的重大招商行动、打造一批产业共同品牌、启动实施优化长株潭一体化营商环境专项行动"八个一"。

2023 年以来，三市深入贯彻习近平总书记"长株潭一体化发展要继续抓下去，抓出更大成效"的重要指示精神，按照省委、省政府部署要求，实施产业创新协力协同、基础设施互联互通、公共服务共建共享、生态环保共保共治四大行动。长沙携手株洲、湘潭共推先进能源材料产业集群向国家队迈进，"飞地园区"雨华产业园（一期）已竣工交付，雨韶产业园（二期）投入运营，长株潭三市在重点领域的联动性持续提升。2023 年，长株潭城轨西环线一期工程通车运营，长沙、湘潭两市之间实现 20 分钟互通；6 条融城干道建设累计完成投资39.4 亿元，新韶山南路即将通车，白云路东延线等 2 条道路已开工；奥体中心、花博园等项目正抓紧推进，长株潭三市人民群众的获得感持续提升。

2024 年，又开工建设长沙红旗路南延段、湘潭白云路东延线至长沙潇湘大道（科创大道）、昭云大道—株洲云峰大道、长沙湘江大道—湘潭滨江路；加快推进长沙地铁 1 号线北延一期、2 号线西延二期、4 号线北延、6 号线东延段、7 号线一期工程项目建设，推进长沙磁浮东延线项目建设；配合推进京港澳高速长沙广福至株洲王十万（朱亭）扩容工程开工建设；开工建设城铁先锋站与地铁 1 号线中信广场站、城铁观沙岭站与地铁 4 号线无缝换乘项目。2024 年还新建5G 基站 3000 个，基本实现长株潭都市圈核心城区 5G 室外连续覆盖，垂直行业应用领域 5G 按需覆盖。

2024 年 8 月，《湖南省人民政府关于赋予长沙市、株洲市、湘潭市部分省级经济社会管理权限的通知》，决定赋予长沙市、株洲市、湘潭市部分省级经济社会管理权限，进一步推动长株潭一体化高质量发展。此次赋予三市的省级经济社会管理权限主要涉及先进制造、市场准入、工程建设等重点领域，包括权限内政府投资项目审批等 22 项事项。按照"谁审批、谁负责，谁主管、谁监管"的原则，对直接赋权事项，承接部门要明确权责，省直部门要交接到位。长沙市、株洲市、湘潭市可根据实际情况配套下放市级权限到开发区，优化赋权方式，推动更多权限全链条下放，激发高质量发展内生动力。该通知明确，支持长株潭地区建设全国数字经济集聚区、北斗规模应用引领区和绿心生态区，进一步精简审批环节、再造审批流程，全面优化营商环境。支持长沙市、株洲市、湘潭市省级及以上开发区开展相对集中行政许可权改革试点，推动开发区审批服务"一个大厅集中、一个窗口对外、一枚印章审批"。深化"四即"（洽谈即服务、签约即供地、开工即配套、竣工即办证）改革，提升区域发展动能和活力。此外，长沙市、株洲市、湘潭市要率先推进省"一网通办"系统统一受理，确保实现政务服务事项统一受理办结率达到90%。该通知要求，省直有关部门和赋权承接部门要细化举措，明确监管责任和方式，强化事中事后监管，确保赋权事项监管到位。支持长株潭地区建立区域协同的联合监管机制。

守护"生态美"，是长株潭三市面临的共同课题、必答命题。长沙、株洲和湘潭在三市之间交汇地带划定523平方千米的生态缓冲区，定名为"长株潭生态绿心"。2024年4月22日，长株潭绿心中央公园绿道东驿站服务区（关山驿）建成并投入试运营。2024年7月，湖南省发展改革委公示《长株潭生态绿心高水平保护和高质量发展规划（2024—2035年）》并广泛征求意见。按照规划，到2035年长株潭三市的标志性项目将全面建成，生态保护、公共服务和基础设施的重点工程建成，绿色产业体系基本构建，形成可复制推广的绿色转型发展制度样板。湖南省还将推进绿心保护条例修订和绿心总规优化调整；探索绿色转型发展新模式，进一步提高绿心融合发展区项目准入效能；实施绿心生态价值提升行动，进一步推进绿心中央公园重大项目建设等。

三、南昌都市圈协同发展

《长江中游城市群发展"十四五"实施方案》提出"有序培育南昌都市圈"。南昌都市圈以省会城市南昌为中心城市，包括周边九江全市、抚州市区，宜春市的丰城市、樟树市、高安市和靖安县、奉新县五个县市，以及上饶市的鄱阳县、余干县、万年县等地。重点加强南昌主城区与赣江新区深度融合发展，促进产业发展协同协作、基础设施互联互通、公共服务共建共享；同时，加强与持续促进昌九、昌抚同城化发展，建设富有创新活力和竞争力的南昌都市圈。

2013年7月，江西省委十三届七次全会作出了推进昌九一体化的重大决策部署。随后，启动"1+6+11"昌九一体化规划体系编制，即1个总体规划、6个专项规划、11个专项工作方案。截至2024年7月，总体规划已提交省鄱阳湖生态经济区建设（昌九一体化发展）领导小组第二次会议审议，获原则通过，按程序报请省政府批复并发布实施。此外，综合交通、城镇体系、土地利用、产业布局、共青先导区和南昌临空经济区 6 个专项规划编制工作基本完成。11 个专项规划中，交通一体化、通信同城化、金融同城化等工作方案已印发实施，环保、生态、旅游、商务、能源、社会事业等方案已基本形成。2014 年 5 月 9 日，九江市政府召开昌九大道（九江段）项目开工新闻发布会，标志着昌九大道正式开工建设。昌九大道是昌九交通一体化标志性工程，将形成两市间一条免费的城市快速路，进一步缩短两市的时空距离，加速推动人流、物流、资金流。道路全长约 83.45 千米，设计行车速度为每小时 80 千米，按双向六车道规划设计。其中，九江境内全长 75.45 千米，桥梁按双向六车道宽度建设一步到位，征地拆迁按双向六车道一步到位，路面先按四车道、一级公路标准建设。根据昌九通信同城化方案，分别于 2014 年 4 月 1 日、7 月 1 日正式实施昌九移动电话、固定电话资费同城化。九江银行、南昌银行和两市农村合作金融机构已率先实现银行卡、存折业务同城化，启动了昌九小额贷款公司经营区域同城化试点，保险售后服务同城化已经完成。昌九已经实现双向就医，两市医保参保人可前往对方城市看病就诊，同时，昌九还共同促进两市定点医疗机构资质逐步达成互认，同等级医疗机构享受相同报销等级待遇。南昌至永修公交开通运行，成为省内首条跨市公交线路。户籍管理一体化有序推进，明确了昌九户籍管理"四统一"政策。大气污染联防联控和昌九一体化电子口岸平台建设等工作正在顺利推进，《昌九区域大气污染联防联控规划》已经省政府同意正式印发。

近年来，昌抚一体化发展取得一定成效。基础设施方面，昌抚合作示范区供电、供气网络已建成，昌宁高速、东昌高速相继通车；产业方面，引进的态何源田园综合体、昌抚家和特色小镇等项目，将打造成为优质农产品的供给基地和大南昌都市圈的美丽后花园；公共服务方面，两市社保、通信、金融实现同城化，社保关系转移接续、住房公积金互认互贷、异地就医即时结算、户口迁移和居民身份证异地办理等公共服务覆盖范围不断扩大、业务办理便捷度持续提升。

此外，推动宜春、上饶部分地区融入南昌都市圈。当前，南昌正全力推动南昌市九县区与丰樟高、鄱余万、奉靖永九县市开展结对合作。在各方共同努力下，都市圈内城市联结更加紧密，交流更加密切，南昌都市圈建设迎来加速发展的黄金机遇期。进一步加强西湖区和奉新县在产业、商贸、科技、旅游、文化等方面共惠、共通、共建、共享，聚焦"飞地经济"、数字经济、医疗卫生、文化交流等领域发挥各自优势，促进共同发展；加强安义县和靖安县在产业发展、公共服务、功能平台、基础设施、科技创新、社会治理、生态环境、文化旅游方面交流合作，强化产业链垂直分工配套协作，推动优势产业共生共荣。

四、"三圈"联动发展

《长江中游城市群发展"十四五"实施方案》指出："促进都市圈同城化发展。发挥省会城市辐射带动作用，与周边城市实现同城化发展，形成通勤便捷高效、产业梯次配套、生活便利共享的都市圈。"武汉都市圈、长株潭都市圈和南昌都市圈三者之间的正外部性十分明显。它们凭借较优越的交通和信息服务，成为区域内大宗商品的交易地和进出区域货物的中转中心。由于三个都市圈地理联系十分紧密，伴随商品流、技术流、资金流、信息流、人才流在都市圈之间的高速集散，使生产要素配置更加合理，有利于三个都市圈各自经济效能的提高。例如，三个都市圈通过专业化分工、劳动力市场共享、低成本的公共设施共享和知识、技术外溢等正外部性，能够实现"三圈"之间的相互促进、共同发展。

早在2012年，长江中游城市群就签订了战略合作框架协议，在基础设施、产业、市场等多个方面展开合作，此后又签订《武汉共识》《长沙宣言》《南昌行动》，十多年来，从三省省委、省政府，到行业、市县、企业；从三省省会城市，到主要节点城市、省际毗邻地区，共识逐渐扩大，合作不断拓展，合力加速汇聚。从2013年起，基本上做到每年召开一次省会城市会商会，制订了长江中游城市群省会城市合作行动计划，明确了重点合作事项，"三圈"合作更加紧密。

2021年9月组建长江中游三省协同发展联合办公室，并签署了《长江中游三省协同推动高质量发展行动计划》等多份文件，此后合作步伐不断加快，交通互通，加速城市融合，区域协同，资源高效整合，抱团发展，共享民生福利，未来三省还要共同推进工商质检、社会信用、医疗急救、劳动就业、教育科技和金融资本等领域跨区域合作。

2024年7月28日至29日，长江中游城市群省会城市第十届会商会在湖南省长沙市召开，专门设置了长江中游城市群芯片产业合作交流会分会。专家主旨演讲、新款芯片发布、半导体领域创新平台推介、四城市半导体领域科创资源合作共享机制倡议逐一开展，长江中游城市群科技创新共同体建设纳入日程。省会城市还联合打造长江中游工业互联网平台。截至会前，长江中游城市群省会城市二级节点接入企业节点数超11000家，标识注册量达到161.7亿个。

2024年7月23日，鄂湘赣三省签订了不动产登记"跨省通办"合作协议。协议约定，在三省辖区范围内，国有建设用地使用权及房屋所有权转移登记、变更登记、抵押登记、预告登记、不动产登记信息查询五大类 13 项业务纳入首批联办事项，通过统一标准、规范流程，开展不动产登记业务异地协同办理、不动产电子证照跨区域共享与互认，实现"跨域通办"，促进不动产登记领域优势互补、合作共享、协调开放。

第三节　以"三带"联动区域协同发展

《长江中游城市群发展"十四五"实施方案》在部署做强"三核"、做精"三圈"的同时，也高度重视做紧"三带"、做优"多节点"。"三带"是指京广城镇带、沿江—京九城镇带、沪昆城镇带。之所以强调"三带"，是因为"三核三圈"都只是在各自省内，只有通过三条通道的联结作用才能进一步加强长江中游城市群整体的一体化。

一、发挥京广城镇带的联动作用

《长江中游城市群发展"十四五"实施方案》强调：依托京广通道，推动武汉、长株潭都市圈协同发展，提升咸宁、岳阳等要素集聚能力，促进石化、医疗健康、纺织服装等产业合作。同时加强两市之间的分工与协作，发挥长江中游城市群节点城市的桥头堡及纽带作用。

2023 年 8 月，岳阳与咸宁签订《湖南省岳阳市市场监管局、湖北省咸宁市市场监管局开展经营主体信用监管跨区域合作协议》，建立两地信用监管工作联动协调机制，共同制定跨区域信用监管工作合作发展规划和实施方案。通过开展跨区域、跨层级联合抽查，两地进一步强化了资源互用共享，监管标准互通，检查结果互通共认，有效提高了监管效率；进一步避免了重复抽查，减少了对市场主体的不必要干扰，优化营商环境；进一步实现了职能和优势互补，有效规避了监管盲区，推动形成市场监管领域科学规范、公平公正、公开透明的监管合力。2023 年 10 月 12 日，咸宁和岳阳两市市场监管局跨区域联合监管协商会议在岳阳市市场监管局召开，进一步优化营商环境，促进"双随机、一公开"监管和信用监管工作多层次发展，拓展区域合作的广度深度。2024 年 4 月，双方再次在咸宁市赤壁市组织召开岳阳市、咸宁市跨区域"双随机、一公开"联合检查暨区域合作交流会，开展 2024 年度跨省、跨层级"知识产权+信用信息"综合双随机监管。为落实好"进一次门、查多项事"的目标要求，岳阳、咸宁两地信用监管、知识产权科负责人还进行实地指导，临湘市局、赤壁市局分管负责人现场共同抽取检查对象，两地市场监管部门6名执法人员分成两组对随机抽取的赤壁市和祥苑茶业有限责任公司等6家茶产业企业开展"知识产权+信用信息"执法检查。

要以京广城镇带的联动，促进武汉都市圈、长株潭都市圈和鄂湘两省协同发展。2024年8月30日，《"湘鄂边"八市州市场监管跨区域执法联动合作协议》在湖北石首市签订，标志着湖南省岳阳市、益阳市、常德市、湘西州及湖北省宜昌市、荆州市、荆门市、恩施州八市州一起按下了跨区域执法联合协作的"启动键"。该协议主要聚焦三个方面：一是共同构建综合执法协作机制。包括执法线索互联、执法信息互通、执法证据互认、执法办案互助、执法行动互动、执法结果互用和执法联席会议七种机制。二是协同推进综合行政执法重点工作。主要为协同打击侵犯"三品一特"安全和知识产权违法行为，协同参与配合上级部门反垄断执法工作，协同维护良好市场秩序。三是共同构建综合执法协作保障。建立综合执法人才库、典型案件库、执法信息化技术共享机制。

《长江中游城市群发展"十四五"实施方案》要求，推动洞庭湖生态经济区建设，加强省际毗邻城市合作。2014年5月，国务院批复《洞庭湖生态经济区规划（2014—2020年）》，同意启动洞庭湖生态经济区建设。规划范围包括湖南省岳阳市、常德市、益阳市、长沙市望城区和湖北省荆州市，规划面积6.05万平方千米。2023年2月，国务院又续批《新时代洞庭湖生态经济区规划》，为推进新时代洞庭湖生态经济区高质量发展提供了指导性方向。四市一区形成共识，共同打造"湖广熟，天下足"新盛景，"新"在农文旅深度融合，而融合之要则在于通。共同发力争取呼南高铁荆州联络线、荆岳铁路、监利至华容铁路纳入国家中长期铁路网规划修编的规划建设项目，加快推进国家公路湘鄂省际瓶颈路段G240监利至华容过江通道建设；支持沙公高速和当枝松高速南延、监利至华容高速公路等新时代洞庭湖生态经济区规划的标志性基础设施项目建设。大力推动景点、游客、人员流动往来，让四市一区景点链接更多更好、游客互送更多更顺、人员往来更多更亲；融合之实在于富。立足洞庭湖区"鱼米之乡"资源禀赋，打造"天下洞庭"国际化品牌高地，形成"洞庭香米""洞庭水产""洞庭菜籽油"等特色农业区域品牌。常态化开展农产品产销多层次、多领域和多形式的全面合作，推动区域农产品产销体系合作共建。以现有洞庭湖博物馆为载体，建立湖区传统农业+品牌效应+传承文化"三位一体"的农耕文化集中展示中心。

进一步探索"绿水青山转化为金山银山"的实现路径，加快农文旅产业融合发展，使之成为洞庭湖生态经济区高质量发展的新引擎。

2024 年 1 月 26 日，鄂南湘北环洞庭湖的湖北石首市、监利市和湖南南县、华容县、安乡县，在湖北省石首市成立鄂南湘北政务服务跨省联盟，五地合力构建"互相授权、异地受理、远程办理、协同联动"的政务服务新模式：一是拓展可办事项。梳理挖掘政务服务、社会民生等方面涉及惠企利民办事频率高、需求量大、群众获得感强的"跨省通办"事项。二是提升办事能力。通过规范大厅"跨省通办"窗口设置和加强"一网通办"系统平台通办能力，实现异地申请办件事项就近受理、在线审核、结果邮递。三是推动证照互认。重点攻坚个人、法人、信用等高频政务数据共享，实现证照、材料自动关联、少填少报，逐步实现"跨省通办"事项清单办理材料互认共享。让企业和群众异地办事不再难，充分享受区域合作、彼此成就所带来的更便捷、更贴心、更暖心的政务服务。

二、发挥沿江—京九城镇带的联动作用

依托沿江—京九通道，加强武汉、南昌、宜昌、荆州、襄阳、咸宁、鄂州、黄石、黄冈和九江等城市之间的交流与合作，加强武汉都市圈与南昌都市圈之间的互动及协调，推动鄂赣两省协同发展，加快长江中游城市群一体化进程。沿江—京九城镇发展带除了武汉、南昌两大中心城市外，要重点提升黄冈、黄石和九江的经济实力，大力发展电子信息产业，推动建材、石化、钢铁等产业转型升级，加强节点城市在都市圈及长江中游城市群一体化发展中的耦合作用。

《长江中游城市群发展"十四五"实施方案》中的沿江—京九通道中的沿江段主要在湖北，其中城镇最密集的在武汉至黄石段。在武汉与黄石之间，在沿武黄高速公路不到 80 千米、沿老武黄公路约 100 千米，沿长江约 110 千米的地段上，除有葛店、还地桥外，还有庙岭、蒲圻、杜山、华容（距离葛店仅 5 千米）、段店、临江、堵城、团风（县城）、碧石渡、汀祖、新庙、燕矶、巴河、散花、花湖等众多小城镇，另有两个中等城市鄂州和黄冈。无一例外，这些城镇都有沿交通线或沿江拓展的过程和趋势。例如，鄂州主城区与黄冈市黄州区，两者隔江都沿江发展，现在通过鄂黄长江大桥的连接事实上已经从整体上超过了"大城市"门槛（建成区常住人口 100 万以上）；鄂州主城区还向黄石方向延伸了约 10 千米到了泽林，距离黄石铁山区仅 15 千米，中间还有鄂州市的碧石渡镇；黄石市区也向鄂州方向发展，其建成区周围"贴"满了市外的小城镇，如主城区西

部的鄂州市花湖镇，南部的大冶市汪仁镇，北部的浠水县散花镇，铁山区西部的大冶市还地桥镇。正是城镇间的这种相向发展，导致了城镇密集带的形成。任何城市群的核心层成员城市之间必有这样的城镇密集带，如果只有城市之间的"隔山喊话"，必然形成不了核心层。

《长江中游城市群发展"十四五"实施方案》中的沿江—京九通道中的京九段主要在江西，其中南昌至九江段在 20 世纪 90 年代就开始建设昌九经济走廊。2013 年 11 月，江西省人民政府印发《推进昌九一体化工作方案》；2014 年 9 月，江西省发展改革委公布《昌九一体化发展规划（2013—2020 年）》，要求"促进轴线城镇联动发展。以昌九城镇群辐射带动鄱阳湖生态城市群发展，共同参与长江中游城市群建设"。按照适度超前的原则，大力提升交通、能源、水利、信息等基础设施共建共享、互联互通水平，构建网络完善、高效便捷的一体化基础设施体系。加快南昌轨道交通建设，研究论证轨道交通线路延伸至安义、永修、共青城、临川等周边区域，加强与昌九城际铁路的衔接。科学规划通勤机场和通用机场布局，适时建设共青城通用机场和修水通勤机场。加快南昌、九江国家公路运输枢纽建设，提升枢纽功能。2023 年 7 月 13 日，南昌市党政代表团赴九江市学习考察，并举行深化昌九一体化发展战略合作框架协议签约活动。在产业协同方面，双方将立足各自优势特色产业，打造昌九产业协同发展共同体。推动南昌小蓝经开区、南昌经开区、南昌高新区、九江经开区、湖口高新区围绕汽车整车、动力电池、锂电池材料、零部件互补发展，提升相互配套化率，围绕智能空调、大型压缩机、节能电机等优势领域协同发展；聚焦炼油芳烃、有机硅新材料等优势产业，深化产业链合作，联手打造长江经济带炼化一体化产业基地、世界硅都等产业地标；推动南昌航空科创城、南昌国家临空经济示范区、共青城通航小镇协同发展，合力打造现代航空产业集群；依托世界 VR 产业大会等平台，推进两市电子信息等优势产业延链补链强链。

沿江—京九城镇带建设亟须突破的是跨省联动，重点是湖北黄冈与江西九江的跨江合作与融合发展。早在 2012 年，九江市就与黄冈市签订《跨江跨区合作框架协议》，支持黄梅小池融入九江市。随后，湖北省人民政府批复《湖北小池滨江新区开放开发总体规划》，明确小池新区为九江市的江北新型功能区，同时江西方面也将小池纳入大九江城镇体系规划。2023 年 11 月，江西省九江经济技术开发区、湖北省黄梅县签署《合作共建小池江北工业园框架协议》，以"共建"促"共赢"：支持小池江北工业园加挂"九江经济技术开发区小池江北工业园"牌子，积极探索"九江经济技术开发区品牌+小池园区""产业龙头+配套企业"的合作发展模式，共同将园区建设成为长江中游城市群协同发展示范园区。推动黄冈与九江跨江连通。积极推进黄梅小池至九江过江通道、新开至永安过江通道、小池过江隧道、刘佐至湖口过江隧道建设，对接九江市沿江地区，连通庐山旅游线，推动小池融入九江发展，为黄冈黄梅与九江协同推动高质量发展提供交通保障。推动武穴与江西瑞昌跨江联通。在武穴港区多式联运项目铁路专用线的基础上，谋划推动该铁路专用线跨江连接武九铁路，加快 G220 过江通道建设，推动武穴港提档升级，构建大别山区铁路货运大通道。黄冈要以黄梅小池、武穴田镇为突破口推进与九江产业协作。以黄梅小池江北工业园为主要载体，推动黄梅与九江产业协作，依托九江 PTA 产能，重点发展化纤面料及绿色印染、光通信新材料、临港物流等特色产业，加快建设绿色印染产业基地，共同推动新技术研发、共建合作创新中心和量产基地，构建以产业链、供应链、产品链、技术链为纽带的跨江合作产业联盟。以武穴田镇"两型"社会建设循环经济试验区为主要载体，推动武穴与瑞昌产业协作，协同发展化学品制造、建材制造等产业，在建立循环型产业体系、循环型生产方式等领域加强基础研究，共同打造循环经济产业聚集区。

三、发挥沪昆城镇带的联动作用

依托沪昆通道，推动长株潭、南昌都市圈联动发展，突出娄底与萍乡、宜春、新余、鹰潭、上饶等地优势特色，发展光伏光电、精细化工、钢铁新材、有色金属等产业，加强沿线长沙、南昌、株洲、萍乡、宜春、新余、抚州、鹰潭和上饶等城市之间的交流与合作，促进长株潭都市圈和南昌都市圈的协调发展，带动湘赣两省协同发展，为长江中游城市群南部地区一体化发展提供支撑作用。

在沪昆城镇带上，江西境内还比较薄弱，要加快打造新宜萍城镇群。新余、宜春、萍乡三市之间要建设一条赣西城际快速路，将城镇群串联起来，形成萍乡—芦溪、宜春—万载、新余—分宜三大组合城市。从国家层面看，长江中游城市群战略的实施，将赣西地区从区划、地理和政策都处于边缘的"三边地区"推入了国家战略地区。新宜萍城镇群的打造将强化赣西地区与南昌大都市区、长株潭城市群合作对接，满足构建长江中游城市群整体区域格局的现实需要。从省域层面看，新宜萍三市之间距离相近，城镇发育密集。与昌九经济带"两头重，中间轻"的哑铃结构不同，新宜萍城镇群的县域规模更平均，其中不乏丰城、樟树这样的经济强县在周边支撑。赣西地区作为全省老工业基地，迫切需要经济转型，抱团提升产业竞争力。

　　沪昆城镇带西接长株潭都市圈，东联南昌都市圈，要发挥"两圈"的引擎作用，通过促进湘赣边区域合作示范区建设带动湘赣两省协同发展。早在2008年，江西萍乡就主动融入长株潭全国"两型"社会建设综合配套改革试验区建设。2014年，两省主要领导协商启动湘赣边区域合作，两省携手并肩，推动湘赣边区域合作深入发展。2015年3月，国务院批复的《长江中游城市群发展规划》要求长沙、株洲、湘潭和新余、宜春、萍乡"共建湘赣开放合作试验区，统筹规划跨省市铁路和高速公路、省际连接线等重大基础设施建设，推动城际客运公交化建设，加强产业分工协作，打造赣湘边界红色旅游带和跨省产业合作示范区"。2015年4月15日，湖南省人民政府与江西省人民政府在南昌市签署了《共建湘赣开放合作试验区战略合作框架协议》，试验区规划范围包括湖南省长沙市、株洲市、湘潭市，江西省萍乡市、宜春市、新余市。2021年10月，国家发展改革委正式印发《湘赣边区域合作示范区建设总体方案》。明确试验区范围为湖南省长沙市浏阳市，株洲市醴陵市、攸县、茶陵县、炎陵县，岳阳市平江县，郴州市安仁县、宜章县、汝城县、桂东县，江西省萍乡市全境，九江市修水县，宜春市袁州区、万载县、铜鼓县，吉安市井冈山市、遂川县、永新县，赣州市上犹县、崇义县等24个县（市、区），总面积5.05万平方千米。湖南与江西已签署9项合作协议，将在产业协作、区域协同、医疗保障、重大项目建设、产学研合作等领域进一步深化合作。截至2024年，湘赣边区域开放合作已逾十年，共有24项重大协议签订落地，市县之间签订了200余项合作协议，涉及交通、产业、文化、旅游等多个领域。

　　鼓励萍乡、宜春与长沙、株洲等地跨省合作建设湘赣合作产业园，重点建设醴陵—湘东园区、浏阳—上栗园区、浏阳—袁州园区，加快转型升级步伐。探索成立联合管理委员会和合作开发投资公司，加快园区标准化厂房建设，完善水、电、路、气、信等基础设施。大力发展"飞地经济"，探索建立产业互补、项目共建、利益共享和成本分担的园区共建机制，鼓励湘南湘西、赣南承接产业转移示范区积极承接粤港澳大湾区、长三角等区域产业转移。加快株洲、萍乡等产业转型升级示范区建设，支持建设一批特色产业园区。

　　2022年5月27日，湘赣边区域合作示范区建设推进大会在江西省萍乡市召开。会上，浏阳市作为湘赣边区域24个县（市、区）中唯一典型代表发言。浏阳市与上栗县签署《浏阳—上栗园区产业链深度合作框架协议》，浏阳经开区与萍乡经开区签署《国家级经开区产业协同发展战略合作框架协议》。2024年8月21日至22日，第七届湘赣边区域开放合作主题联席会在湖南省桂东县召开，湘赣边区域24个县（市、区）有关负责人齐聚一堂，共商湘赣边区域合作协同发展。与会24个县（市、区）共同签署《湘赣边区域文旅产业联动发展合作协议》《湘赣边区传染病防控联盟协议》《衡吉高铁纳入国家中长期铁路网规划合作协议》《浏阳市永新县对口合作框架协议》4项协议，为推动湘赣边区域开放合作注入了新动力、新活力。

湘赣边区域合作示范区的建设，使得不在长江中游城市群范围的湖南郴州、江西赣州等邻近城市也得到快速发展。郴州通过湘赣边区域合作建设了一批基础设施、成立了一批合作组织、达成了一批合作、推进了一批重点项目。茶常高速、G4京港澳高速耒阳大市至宜章（湘粤界）段改扩建工程、桂新高速均已开工建设，湘赣粤港澳中医药全产业链协同发展联盟、"湘赣红"区域公用品牌授牌企业已达40家。地处湘赣边界、罗霄山脉腹地的桂东县，高度重视、积极主动融入湘赣边区域合作示范区建设，充分运用"有事多商量、有事好商量、有事商量好"工作机制与兄弟县（市、区）加强沟通、紧密合作，签订各类框架合作协议30余个，积极串联"沙洲—沙田—井冈山"旅游线路，与炎陵县、遂川县成立"湘赣两省千年鸟道护鸟红色联盟"。

第四节　以"多节点"助力区域协同发展

长江中游城市群范围内的地级市尤其是不在"三圈"中、不在"三带"上的城市，要发挥节点作用，助力区域经济协同发展。

一、发挥省域副中心城市区域辐射作用

襄阳市处于长江中游城市群最西北部，是中部地区实力最强的省域副中心城市。襄阳通过明确"建成中西部最具活力、特色鲜明的高质量发展非省会城市群"的定位，积极稳妥推动区域协同发展。以襄阳为龙头，大力发展先进制造业和生产性服务业，重点加强汽车产业配套协作，提升千里汉江汽车工业走廊的产业竞争力；依托汉十最美高铁线路，充分发挥历史文化和生态资源集聚优势，加强旅游资源整合与营销策划，打造游江（汉江）、观城（襄阳城）、登山（武当山）问道、谒祖（炎帝）赏乐（编钟）、神农探幽等精品旅游品牌和旅游线路，推动汉江黄金文化旅游带建设。同时，争取国家和省直相关部门的重视，加强宏

观指导和具体帮助，对城市群交通水利基础设施、生态环境治理一体化项目等，给予更多的资金政策倾斜。与十堰市合作，推动丹河谷城镇组群发展，打造全省跨市发展新典范；与随州市合作，推动随枣城镇密集区域组团式发展，打造"襄十随神"城市群的重要节点。推动襄阳和河南南阳加快在基础设施、产业发展、公共服务、生态环保等方面一体化进程，合力打造城市圈。

宜昌市处于长江中游城市群西部，也是全国最早建设的省域副中心城市之一。宜昌通过与荆州、荆门、恩施共建"宜荆荆恩"城市群，推动鄂西南地区协同发展。重点建设宜昌东部未来城、宜昌高铁新城、荆州经开区、荆州高新区、荆州关沮新城、荆门高新区、漳河新区7个关键节点，推动宜昌、荆州、荆门三市中心城区相向发展。其中，宜昌东部未来城靠近荆州方向，宜昌高铁新城靠近荆门方向，荆州高新区靠近宜昌方向，荆州经开区、荆州关沮新城靠近荆门方向，荆门高新区靠近荆州方向，漳河新区靠近宜昌方向，这有利于三市"走"得更近。现在，荆门建成区与荆州建成区距离77千米，宜昌建成区到荆州建成区不到80千米（不算两者之间的枝江城区），宜昌建成区到荆门建成区不到90千米（不算两者之间的当阳城区）。重点围绕新干线、新网络、新交旅、新航运、新空港、新联盟"六新"目标，适度超前布局重大交通基础设施和物流网络，打造轨道上的"宜荆荆"，建成"1小时高速圈"，毗邻县市实现半小时高速通达，构建对外多路畅通、对内高效互联的综合立体交通体系，建设全国性综合交通枢纽。

衡阳市处于长江中游城市群南部，也是国家重点建设的省域副中心城市之一。拥有湖南第一家综合保税区和国家级高新区，被定为全国加工贸易重点承接地、国家服务业综合配套改革试点城市、国家生态文明先行示范区，还是国家级的湘南湘西承接产业转移示范区的龙头城市，2018年又被列为"大城市"。2021年12月，衡阳、株洲、郴州、永州4市37县区文旅部门负责人齐聚衡阳，召开湘南红色旅游联盟第一次会议，共商构建大湘南红色旅游高质量发展格局大计，从政策互惠、线路共创、产品互推、游客互送、党团互动、信息互通六个方面展开密切合作，共同推进区域红色旅游繁荣发展，辐射带动湘南地区文旅产业融合发展。2023年9月，衡阳、永州两地三级政协跨区域联动，开展"改善生态环境专项民主监督"视察，共同推进湘江生态环境持续好转，为实现"天更蓝、地更净、水更绿"贡献智慧和力量。2024年5月，衡阳、郴州两市商定，在交通建设、旅游、产业等方面加强合作。两市要共同携手，在矿业经济转型升级上加强合作，通过资本市场和技术创新，共同推动矿业经济转型升级。

上饶市处于长江中游城市群东部，是江西省人民政府明确的省域副中心城市之一。近年来，上饶市按照国家Ⅱ型大城市标准，每年实施一批重大城建项目和城市功能与品质提升工程类项目，加速打造中部一流区域性中心城市。2024 年，上绕中心城区建成区面积达 134.3 平方千米、人口达 136.7 万人。推动城镇村一体化发展，加快打造信江河谷城镇群，推动鄱余万滨湖板块全面融入南昌都市圈。上饶把融入长三角一体化发展作为战略路径，把融入长三角 G60 科创走廊作为重要抓手，以高水平建设运营"双向飞地"为新契机，进一步强化关键技术协同攻关、产业链供应链协同配套、科创生态协同打造，持续完善"研发孵化在上海，生产转化在上饶"模式，推动资源和市场双向融合、科创和人才双向驱动、产业和资本双向奔赴，激发创新创造的无限活力，奋力打造江西对接融入长三角一体化发展先行区，实现更高质量的区域协同合作典范。实施新一轮营商环境对标提升行动，树牢"凡是长三角能做到的，上饶都要做到"理念，上饶市推进浙闽赣皖四省边际城市跨省通办。同时，加快建设上饶国际陆港，带动 2023 年全市外贸出口 510 亿元。

赣州是国家明确予以重点支持的省域副中心城市，拥有四个国家级开发区和一个综合保税区，是全国稀有金属产业基地和先进制造业基地、原中央苏区振兴发展示范区、红色文化传承创新区和著名的红色旅游目的地，是全国区域性综合交通枢纽、赣粤闽湘四省通衢的区域性现代化中心城市。《长江中游城市群发展"十四五"实施方案》明确支持赣州对接融入长江中游城市群发展。此前，赣州提出加速形成贯通南北、东西交融的"十"字形高铁大动脉。不仅包括长赣铁路、赣郴永兴铁路，赣深铁路已建成通车，赣州至广州铁路也已提上日程。引导湘赣边区域与赣南等原中央苏区协同发展，与长江中游城市群联动发展。加强示范区内部协作，拓展与长江中游城市群及长沙、南昌等城市的合作联系，提升与武汉、广州、深圳等城市的交流水平，实现"核心带动、南北连通、东西互动"。同时，要引领串联湘赣边区域红色资源，建立健全合作机制，共同讲好红色故事。

二、推动长江中游省际毗邻合作多点开花

2015 年 3 月国务院批复的《长江中游城市群发展规划》，专门部署"促进省际毗邻城市组团发展"，支持长江中游城市群与安徽省若干基础条件好、联系比较紧密的省际毗邻城市合作发展，加强规划统筹和产业协作，促进基础设施联网、公共服务对接，建成长江中游城市群一体化发展先行区和示范区。

一是咸宁—岳阳—九江。三市位于鄂湘赣三省交界处的幕阜山地区，立足区位优势和合作基础，重点推进跨界流域治理、省界市场建设、路网连通和产业合作。早在 2012 年，三市就开始共建"小三角"。2015 年，湖北通城、湖南平江和江西修水携手建设长江中游城市群次区域合作示范区，2021 年 9 月 10 日，在长江中游三省协同推动高质量发展座谈会上，三省共同签署《长江中游三省"通平修"绿色发展先行区建设框架协议》。目前，三省正在交通基础设施、生态环境保护、绿色农产品、旅游服务业及社会公共资源等方面深化跨省合作，建设三省毗邻地区绿色生态的高质量发展先行试验区。

二是荆州—岳阳—常德—益阳。近年来，四市携手在保障生态安全、水安全、粮食安全，着力构建和谐人水新关系、现代产业新格局、统筹城乡新福地、合作发展新平台，加快解决血吸虫病、城乡饮水安全等突出民生问题，取得明显成效。

三是九江—黄冈—黄石。三市以长江黄金水道和京九高铁、福银高铁为依托，完善省际交通网络，拓展对外开放通道，强化能源信息支撑，进一步提升基础设施互联互通水平。根据九江、黄石、黄冈等市 2021 年 9 月 10 日签署的《关于深化跨江合作推进区域融合发展的框架协议》，设立推进跨江合作领导小组，对口部门轮流举行合作交流，建立信息互通和情况通报制度，深化交通基础设施建设、城镇规划建设和产业规划布局等方面合作，助推区域共同市场和长江中游城市群高质量发展。

四是长沙、株洲、湘潭—新余、宜春、萍乡。共建湘赣开放合作试验区，统筹规划跨省市铁路和高速公路、省际连接线等重大基础设施建设，推动城际客运公交化建设，加强产业分工协作，打造湘赣边界红色旅游带和跨省产业合作示范区。

五是黄冈—安庆—六安。2015 年 7 月下旬至 8 月上旬，黄冈市分别与安徽省安庆市、六安市签订了《推进大别山革命老区振兴发展的战略合作框架协议》《大别山革命老区交通运输项目合作协议》，商定加强重大项目和基础设施对接，协调推进京九客运专线阜阳至九江段、武汉至杭州快速铁路黄冈至安庆段等交通基础设施建设；共同推进大别山革命老区建设，统筹开发利用红色旅游与生态旅游资源，协同提升特色产业发展水平，探索建立大别山旅游和特色产业协作区。近年来，六安市金寨县和黄冈市罗田县共同开发建设"天堂寨风景旅游区"。金寨县景区以瀑布见长，罗田县以山岳奇观著称。虽然分为金寨天堂寨和罗田天堂寨两个景区，但是在山顶最高峰可以凭门票任意进入另一个省的景区，实现"一票游两省"。2023 年 6 月，黄冈、安庆签订了重大林业有害生物疫情联防联控合作协议，进一步推动边界联防联治工作制度化、规范化和常态化。

六是九江—安庆—池州—景德镇。江西九江、景德镇与安徽安庆、池州四市地缘相近、人缘相亲、文缘相通，近年来加快过江通道等交通基础设施建设，发挥产业基础、旅游资源等优势，合力承接长三角等沿海地区产业转移，共同打造承接产业转移集中区和全国知名旅游目的地。九江与安庆两地文旅部门签订了战略合作协议，携手开展文旅合作，发展"周末经济"，助推建设"一小时旅游经济圈"。2022 年 4 月 27 日，安庆市档案馆与九江市档案馆签署了民生档案跨馆异地利用服务工作协议书，确立两地档案馆合作开展民生档案跨馆服务的工作机制，这是安庆市民生档案跨省利用服务首次延伸至长三角之外。池州、景德镇两市都是旅游资源大市，近年来依托安景高速、铜九铁路等形成旅游快速通道，为两市旅游合作和发展提供了更加广阔的空间。两地签订了"跨省通办"合作协议，建立政务服务合作机制，实现优势互补、资源共享。据介绍，根据协议，两地同时开设线下"跨省通办"专窗和线上"跨省通办"专栏，通过数据共享、代收代办、多地联办等方式，实行"收受分离、两地互认、异地收件"，为两地企业、群众提供公司设立登记、住房公积金异地转移、驾驶证遗失补领等一系列优质高效的政务服务。2023 年 8 月，九江、安庆、池州、景德镇等市联合签署了《市场监管政务服务"跨域通办"暨知识产权跨区域保护合作协议》，进一步畅通经营主体登记注册和行政许可"跨域通办"渠道，建立"异地受理、属地审批、就近取证、材料互认"的全新服务模式。

根据《长江中游城市群发展"十四五"实施方案》，湖北恩施、湖南张家界、河南信阳等革命老区重点城市对接融入长江中游城市群发展。长江中游城市群成员城市宜昌、荆州、岳阳、常德要以旅游业和物流业为突破口，加强与恩施、张家界的联系；武汉、孝感、黄冈要以京广复合交通通道为依托，以电子信息、智能制造、绿色食品、绿色家居、纺织服装产业为突破口，加强与信阳合作，共同促进大别山革命老区高质量发展。

第五章 长江中游城市群基础 设施协同发展

基础设施的互联互通，是长江中游城市群发展的"硬基础"。要加快交通、水利、能源、信息等基础设施网络建设，推动城市群高质量协同发展。

第一节 交通基础设施体系建设

要以武汉、长沙、南昌为中心，加快水运、铁路、公路、航空等交通基础设施建设，建成"三角形、放射状"交通网络，打造一体化的长江中游城市群综合立体交通网。

一、水运基础设施建设

长江中游鄂赣湘三省携手打造长江中游城市群"组合港"，多条新开通航线稳定开行。长江中游以打通梗阻为目标，全力打造"水上高速公路"。长江干线宜昌至安庆段全长 1026 千米，其中武汉至安庆皖河口段航道全长 386.5 千米。随着长江下游深水航道建设和上游三峡库区形成，该段航道维护水深较上下游明显偏低。每年 1 月至 3 月，长江进入枯水期。这个时间段，往往成为大船的"拥堵期"。湖北省委、省政府针对长江"中梗阻"问题，在 2014 年 4 月提出推进"安庆至武汉 6 米水深、武汉至宜昌 4.5 米水深航道整治工程"（以下简称"645 工程"）的战略目标。2016 年，"645 工程"先后纳入国家"十三五"规划纲要和长江经济带发展规划纲要，相关项目纳入交通运输部《水运"十三五"发展规划》重点项目。国家发展改革委 2017 年 8 月批复同意建设长江干线武汉至安庆段 6 米水深航道整治工程。2019 年 1 月，国家投资 37 亿元的长江干线武汉至安庆段河段 6 米水深航道整治工程全面开工建设。2021 年 3 月，长江航道局通过航道整治将该河段全年最低维护水深提升至 6 米，实现了万吨级江海船舶可常年直达武汉。2022 年，长江干线港口完成货物吞吐量达 35.9 亿吨，其中鄂湘赣三省共 6.1 亿吨，在长江全线港口中增幅最为强劲。

要进一步加强长江干流和主要支流航道建设，重点是着力破解长江航运"肠梗阻"问题。自三峡成库以来，航道条件显著改善，水运成本低、运量大、能耗少、污染轻的比较优势凸显，对促进川渝及周边地区经济社会快速发展发挥了重要作用。但由于长江水运超出预期快速增长，在三峡过闸时形成"肠梗阻"。2022 年，三峡过闸货运量 1.6 亿吨，超出设计能力 60%，船舶平均待闸时间超 200 小时，预计 2030 年过闸货运量将达 3 亿吨。三峡船闸拥堵，不仅影响长江航道通行效率，还给企业增加物流成本。2024 年，三峡船闸（含升船机）已连续多年超负荷运行，船舶平均待闸时间超 200 小时，造成周转效率下降、运营成本攀升、能源浪费和碳排放增加。由于现有船闸通航能力已难进一步挖潜，公铁运输、管道翻坝等其他交通方式又难大规模分流，建设三峡水运新通道和葛洲坝航运扩能工程势在必行，要力争尽早开工。同时，加强长江航道建设与维护，增强服务江海运输的支撑能力。加快提升沿江港口运输系统效能，强化港口枢纽的辐射带动作用，完善长江集装箱、铁矿石、煤炭、商品汽车滚装、旅游客运等主要客货类港口运输系统。大力发展江海联运、铁水联运，推动减程提质、降本增效、节能减碳，打造横贯东西、纵联南北、通达全球的长江航运新格局。

实施长江及汉江、湘江、沅江、赣江等航道整治工程，深化湘桂赣粤运河前期研究论证，提升水运主通道航运能力。加强武汉长江中游航运中心建设，推进宜昌、岳阳、九江等主要港口集约化规模化发展，促进其他沿江港口协同发展，推动长江中游港口群一体化治理，鼓励港口等领域企业采用共同出资、交叉持股等模式整合资源，实现高效运营。推动主要港口铁路进港全覆盖。[①]

为充分发挥水运优势，湖南、湖北两省正在共同谋划松虎航道。2024 年全国两会期间，湖南代表团的全团建议《关于支持加快建设松虎航道的建议》中提到，"打通湖南省通往长江第二水路通道，促成湖南省松虎航道 2024 年底开工建设"。湖南通航里程超过 1 万千米，占全国内河航道里程的 9.42%，仅次于江

---

① 秦尊文，田野. 以党的二十大精神指引长江航运新航程［EB/OL］.［2023-02-09］. http：//mp. weixin. qq. com/s？_biz = MzI2MTE4NzcxMA = = &mid = 2247644369&idx = 1&sn = 1706813c786098b3594351f19 579d9aa&chksm = ea52c5c0dd2.

苏、广东，位列全国第三位。但要论及港口货物、集装箱吞吐量等核心指标远不及湖北、安徽、江西等周边省份，核心掣肘就在于过分依赖城陵矶港，高等级航运网络尚未真正形成。过去多年，湖南内河航道出省通道只有岳阳城陵矶单一出口，而常德等西部区域货物要去湖北宜昌就必须向东到洞庭湖，过城陵矶才能折返向西航行。有没有可能将水路距离缩短，从常德取一条航道向北直通长江？2011年发布的《湖南省内河水运发展规划》就提出了建设"一纵五横"的骨干航道的计划。其中，松虎、澧资航道，正是其中关键"一横"。松虎航道起自湖北的长江松滋口，在湖南、湖北交界的望家垴进入湖南境内，经常德安乡后在茅草街汇入洞庭湖，其湖北境内称松西河，湖南境内称松虎河。2014年9月，我国现代最大人工运河——江汉运河建成，而松虎、澧资航道与长江的连接点和江汉运河的起点都在湖北荆州境内。若能连通长江、汉江及湖南四水和洞庭湖，就能形成一个高等级航道网。2015年4月，长江中游城市群水运合作联席会在武汉召开，明确湘鄂两省在"十三五"期间合力推进松虎航道整治，形成南北水运大通道。2021年，水利部启动洞庭湖四口水系综合整治工程可行性研究。2022年12月，在长江中游三省协同推动高质量发展座谈会上，宣布湘鄂两省共同推进松虎航道尽早开工建设。从目前来看，松虎航道的湖北段工程可行性研究报告已获批复，湖南方面正向水利部及长江委争取尽快批复四口水系的整治方案和项目"洪水影响评价"，促成湖南省松虎航道尽快开工建设。

2022年5月26日，江西省交通运输厅、湖南省交通运输厅签署《关于共同推进萍水—渌水航道建设战略合作框架协议》。渌水航道作为连接湖南省株洲市和江西省萍乡市等地的重要水运省际通道，充分利用了连通湘赣两省的地理优势，构筑了连接两省最便捷的水运通道。这一建设不仅加强了两省城市之间的资源优势互补和产业分工协作，还提升了腹地城市的竞争力和地位。渌水航道的建设对于促进区域经济发展、优化交通运输结构具有重要意义。两省目前正共同推进渌水航道前期工作，共同争取将渌水航道渌水姜湾枢纽至黄花桥段38千米纳入交通运输部相关规划。

以市场需求为导向，优化旅客联程联运，提高区际快速运输品质，便利城际公共交通，推进城乡客运服务一体化，提升旅客联程联运水平。推进货物多式联运，大力发展铁水联运，拓展江海联运功能，健全技术标准规范体系，培育多式联运组织主体。长期以来，三省依托长江黄金水道及赣江、湘江、汉江水运资源，在打造"岳阳港—阳逻港—九江港"中三角集装箱航线，开展洞庭湖砂石、湘北地区石膏矿和石灰石矿散货业务等领域开展了深入合作。2022年，长江干线港口完成货物吞吐量 35.9 亿吨、2453 万标准箱，其中鄂赣湘三省共完成 6.11 亿吨、519 万标箱，为保障产业链、供应链畅通和区域经济社会发展作出重要贡献，为进一步提升合作能级打牢基础。湖北在集装箱吞吐量、港口供应链和大宗商品贸易等领域具备优势，江西、湖南在内河航运、散货件杂货吞吐量、进口汽车、进境原木等领域强于湖北，三方加强合作补短板、锻长板，将为中部地区经济发展和维护三省产业链、供应链稳定提供重要支撑。[1] 加快形成长江中游航道网，打通水运通江达海大通道。在长江中游城市群贯穿湖北湖南西部地区的"江铁海"中部陆海新通道，更好地对接东盟、融入"一带一路"。

二、铁路基础设施建设

高（快）速铁路是加强长江经济带各省市人员往来和经济联系最重要的交通基础设施，目前横向经过长江中游地区已建成和在建的有四条。

一是已经开通的沿江快铁。途经启东—南通—南京北—合肥南—汉口—宜昌东—重庆北等城市高铁站，终点为成都。设计时速只有 160~250 千米，但作用不容小觑，将来在 350 千米时速沿江高铁（沪渝蓉高铁）开通之后，沿江快铁不但具备城际铁路的客运功能，还会开通高铁快速货运。此条快铁经过长江中游城市群北部地区。

二是沪昆高铁。由上海虹桥站至昆明南站，全长 2252 千米，是中国东西向线路里程最长、速度等级最高、经过省份最多的高速铁路。设计时速为长沙南站以东时速 350 千米，长沙南站以西时速 300 千米（预留时速 350 千米）。2009 年 2 月正式开工，2016 年 12 月全线正式通车。此条高铁经过长江中游城市群南部地区。

三是南沿江高铁。途经"上海宝山—太仓—南京南—铜陵—池州（安庆）—九江—岳阳—常德—张家界西—重庆—成都东"等城市高铁站，设计时速 200~350 千米。其中太仓至南京南、南京南至安庆已通车，池州经九江至常德规划待建，常德至黔江已通车，黔江至重庆正在建设，重庆至成都已通车。此条高铁经过长江中游城市群中南部地区。

四是沿江高铁。2018 年 7 月，《推动长江经济带沿江高铁通道建设实施方案》确定沿江高铁通道由成都、重庆—万州—宜昌—荆门—武汉—合肥—南京—

---

① 李源，李追代，熊航赐. 鄂赣湘共建长江中游城市群"组合港"［N］. 湖北日报，2023-04-23（01）.

上海构成，线路总长约 2100 千米，全线设计时速为 350 千米。沿江高铁通道最终要形成多径路、多分支、高标准通道，总投资约 5930 亿元。2020 年 12 月 20 日，长江沿岸铁路集团股份有限公司在武汉挂牌。该公司注册资本 1346 亿元，由国家铁路集团与湖北、上海、江苏、安徽、重庆、四川沿江 6 省（市）共同出资设立，总部设在武汉，负责统筹沿江高铁和铁路货运基础设施建设，以及资产经营管理、投融资改革等工作。2021 年 9 月武汉至宜昌开工，2023 年 12 月底宜昌至涪陵段正式启动，2024 年 1 月合肥至武汉段也开工建设，预计 2030 年全线开通。此条高铁经过长江中游城市群中北部地区，是长江经济带高铁等级最高的主通道。

上述四条高（快）铁与既有的黄金水道及沪蓉、沪渝等高速公路一起，构建沿江东西向的复合交通轴。三省曾团结协作，促成建成浩吉铁路。2009 年，湖北荆州提出建设准荆（内蒙古准格尔—荆州）煤运铁路，湖南得知后以也缺煤为由要求延伸至岳阳，江西后以同样理由要求延伸到吉安。因铁路由内蒙古西部到华中地区，故改名为"蒙华铁路"。2012 年 1 月，蒙西至华中地区铁路煤运通道（"蒙华铁路"）项目获国家发展改革委批准。2015 年 6 月，线路开工建设。2019 年 8 月，线路正式命名为"浩吉铁路"（浩勒报吉—吉安铁路），9 月 28 日浩吉铁路全线通车投入运营。截至 2024 年上半年，已累计发运货物列车突破 10000 列。浩吉铁路的投运，不仅解决了长江中游三省"燃煤之急"，还带动了物流业和煤化工的发展。未来，长江中游城市群将进一步完善纵向铁路交通。除浩吉重载铁路外，还将形成三条普铁高铁复合铁路通道：一是既有的京广普铁、京广高铁构成的京广通道；二是既有的焦柳普铁、在建的呼南高铁构成的呼南通道，三是既有的京九普铁、已规划但湖北境内尚未开建的京广高铁构成的京九通道。

长江中游以高铁为代表的铁路交通建设加速推进，铁路网总规模突破 1.5 万千米，成为助力长江中游城市群协同发展的重要支撑。长赣高铁、呼南高铁宜昌至常德段、武咸昌高铁、长昌（九）高铁等城际项目均取得显著进展；推动开行国际铁路联运班列"天天班"，三省根据实际情况，适时开通湖南长沙、怀化，湖北武汉、襄阳、宜昌、荆门，江西南昌、萍乡等地至广西北部湾的铁海联运班列，以及至老挝、越南的国际铁路联运班列。利用湖南怀化至广西北部湾及老挝、越南的集拼集运及政策优势，协同三省在焦柳线、沪昆线上的城市货源以沿途加挂形式在怀化集并。进一步提高铁路运输能力，率先实施消除铁路"卡脖子"工程，推进既有铁路能力紧张路段能力补强，形成横贯东西、纵贯南北的快速大能力铁路通道。

三、公路和过江通道建设

长江中游三省以协同发展为载体，着力推动规划对接和互联互通，2022年12月签订合作协议，共同加快打通省际交界地区瓶颈路，畅通长江中游地区大循环，在推动长江经济带发展和中部地区崛起中彰显更大作为。

（一）加快推进高速公路省际通道建设

湘鄂两省高速公路通道建设。在已有京港澳、二广、随岳等多条高速公路的基础上，两省加快炉红山（湘鄂界）至慈利高速、呼北高速宜都（全福河）至鄂湘界段建设，确保2024年底前同步建成通车；两省共同推进京港澳高速湘鄂省界段扩容工程尽早实施，湖北省已纳入全省交通运输"十四五"规划，两省共同争取在交通运输部"十四五"规划中期调规时将湘鄂省界段扩容工程纳入规划，提前启动湘鄂省界段扩容工程前期工作；湘鄂两省共同规划研究监利至华容高速公路、沙市（湘鄂界）至安乡高速公路、鹤峰至桑植高速公路、松滋至石门高速公路，积极推动项目实施。

湘赣两省高速公路通道建设。为快速连接两个省会，两省修建昌栗高速。东起南昌西外环高速公路，西接萍洪高速公路，项目总长223千米，2013年12月开工，2016年1月建成通车。这条高速的通车，使得从长沙到江西的行程在时间上节约了大约30分钟，是湘赣省会城市之间最便捷的通道，是沟通南昌、宜春、萍乡的一条横向地方加密线。湘赣两省加快推进沪昆高速公路两省省界段扩容工程建设，力争同步建成通车；两省共同开展兴国—遂川—桂东—郴州—新田高速两省省界段推进工作。

鄂赣两省高速公路通道建设。通山至武宁高速公路对于沟通咸宁与九江具有重要意义，通过与大广高速的转换与联系促进环鄱阳湖城市群、武汉城市圈互连互通。已于2020年11月开工，力争同步建成通车；两省共同推进通城至修水高速公路前期工作，2023年底开工建设；两省共同加快推进黄梅至九江高速公路前期工作，力争"十四五"期间开工建设；湖北省已建成宁德至武汉高速公路湖北省界段（武汉至阳新高速黄石段），江西省加快推进宁德至武汉高速公路省际对接路段对接工作。G105湖北黄梅至江西共青城段一级公路改建工程（含新开至永安过江通道）和九江至湖口跨湖二通道两个项目前期研究工作稳步推进，经过努力，这两个项目已纳入交通运输部"十四五"中期调整项目库。

（二）加快推进普通公路省际瓶颈路段建设

全面梳理三省普通国省道省际通道，加快省际路段提质改造，消除既有省际瓶颈路段。具备条件的普通国省道省界段力争"十四五"末实现二级及以上公路贯通。目前，省际瓶颈路的问题正在逐步得到解决。例如，湖北武穴长江大桥阳新富池连接线上巢至兴富路口段公路工程，2021年开工建设，已于2022年10月建成通车；江西G220瑞昌武穴大桥南互通至金丝村段改建工程与之对接，2022年建成通车。又如，S246崇阳县东流铺至界上段湖北省界段已建成二级公路，江西省S221修水界下至杭口镇段公路改建工程与之对接，现状为四级公路，正按二级公路标准建设，将于2025年建成通车。

优先支持省际农村公路瓶颈路段建设。支持三省相邻市县发挥主体责任，充分对接省际农村公路瓶颈路段建设，三省交通运输厅加强指导和督促，在农村公路建设计划中优先支持。

（三）加快推进省际过江通道建设

推动黄梅与江西九江跨江联通。积极推进小池至九江过江通道、新开至永安过江通道、小池过江隧道、刘佐至湖口过江隧道建设，对接九江市沿江地区，连通庐山旅游线，推动小池融入九江发展，为黄冈与九江协同推动高质量发展提供交通保障。推动武穴与江西瑞昌跨江联通。在武穴港区多式联运项目铁路专用线的基础上，谋划推动该铁路专用线跨江连接武九铁路，加快G220过江通道建设，推动武穴港提档升级，构建大别山区铁路货运大通道。

四、航空基础设施建设

《长江中游城市群发展"十四五"实施方案》要求："推动城市群内机场协同运营，提升武汉、长沙、南昌机场区域航空枢纽功能，完善国际航线网络。建成鄂州专业性货运枢纽机场，发展全货机航班。"长江中游鄂赣湘发挥三省航空枢纽集群优势，利用天河国际机场、鄂州花湖国际机场、黄花国际机场、昌北国际机场等航空枢纽，共同打造"全球123快货物流圈""全国123出行交通圈"。

特别是2022年7月17日通航的花湖机场，是全国第四个、亚洲唯一的国际专业货运机场，已成为长江经济带"空中出海口"。2023年，武汉—鄂州空港型国家物流枢纽成功入选国家物流枢纽建设名单，总投资约109亿元，总占地面积47567亩。2024年3月19日，国务院批复同意湖北鄂州花湖机场对外开放；4月29日，湖北鄂州花湖机场航空口岸通过国家验收；5月15日，民航局批复鄂州花湖机场更名为鄂州花湖国际机场，花湖机场也成为全国首个获批"国际"的专业货运枢纽机场。湖北积极推进武汉天河国际机场、鄂州花湖国际机场协同联动发展，支持武汉天河国际机场构建以"客机腹舱为主、全货机为辅"的国际货运航线网络。2024 年，武汉正依托天河机场客货运航线，逐步建成"东西呼应"的赴美通道、"独立成环"的赴俄通道、"多点进出"的赴欧通道及中东转机的赴非通道。并协同花湖机场大力拓展以全货机航线为主的国际航空货运网络，打造服务全球国际贸易的航空货运大通道。①

湖南加快建设现代化长沙国际枢纽机场。建成长沙机场改扩建工程，提升智慧化水平，增强综合交通枢纽功能，打造集民航、高铁、轨道交通、公路、城市交通等多种交通方式无缝衔接的门户枢纽。推动机场空域资源扩容优化，进一步提升长沙机场高峰小时容量，提高吞吐能力和运输效率。同时，建成运营郴州、湘西机场，新建娄底机场，研究推进永州机场迁建工程，统筹推进干支线机场改扩建。加密张家界机场至北京、上海等重点城市航班及国际航班，其他机场新增加密与省会城市、旅游热门城市间的航线航班，推进省内多级航线网络互补、差异发展，推动国产支线飞机投入运营的干支机场合作模式。充分发挥各机场枢纽作用，发展各具特色的临空产业。

南昌昌北国际机场是一座 4E 级民用运输机场，属于国际机场类别。该机场于 1996 年 10 月 20 日开工建设，1999 年 9 月 10 日建成并投入使用，取代了军民合用的向塘机场。2004 年 2 月，南昌昌北机场通过对外籍飞机开放口岸验收，晋升为国际机场。2006 年，南昌昌北国际机场的二期改扩建工程破土动工，并于2009 年投入使用。目前正在进行第三期扩建。2027 年完工后的南昌昌北国际机场成为 4E 级的国际机场，可以起降除空客 A380 外所有机型，这意味着江西拥有了真正意义上的大型机场，对推动江西经济社会发展起到积极的作用。赣州黄金机场为4C 级支线机场，对助推赣南苏区振兴发展具有十分重要和深远的意义。景德镇罗家机场的"米"字形航空网络基本形成，作为江西机场集团一干六支航空布局的关键一环，景德镇罗家机场是赣东北交通枢纽的重要节点。复航后的九江庐山机场将开启九江市立体交通的新局面，对九江融入长江经济带、振兴江西北大门、打造区域率先发展战略高地，实现高质量跨越式发展有着重要而深远的意义。

合力推进长江中游城市群通用机场建设，推动三省通用航空短途运输互通。长江中游是我国通用航空发展较早的地区。早在 1989 年，湖北荆门就成立了通用航空公司，基地设在漳河机场。2017 年 9 月，经过 3 年多努力，在对原有 800米长陆地、3000 米长水上跑道改造升级的同时，又新建成一条长 1200 米、宽

---

① 高喜明，刘小进，王星予. 武鄂黄黄四市集中签约临空经济项目都市圈航空客货运双枢纽加速发展［N］. 长江日报，2024-06-24（07）.

45 米的陆地新跑道。至此，漳河机场成为国内唯一拥有 2 条陆上跑道和 1 条水上跑道的水陆两用机场。该机场是国内规模最大的通用机场，也是唯一的水陆两栖机场、全国首个通用航空综合体示范区。湖北建成的还有武汉汉南通用机场、仙桃长埫口机场、随州厉山机场、武汉亚心总医院直升机场。湖南已经建成的通用机场包括娄底河山桥机场、株洲芦淞机场、大通湖区通用机场和常德桃花源镇虎形村通用机场。这些机场的跑道长度均为 800 米，能够起降运 12 等飞机。另外，江西规划建设瑞昌通用机场和信丰通用机场等。谋划成立长江中游城市群通用航空产业联盟，以加强合作交流，建立常态化多层次协同机制，在应急救援、信息共享等方面加大合作力度，增强通用航空服务保障能力。

五、综合交通枢纽建设

《长江中游城市群发展"十四五"实施方案》要求："打造武汉国际性综合交通枢纽城市，推动长沙、南昌等全国性综合交通枢纽城市建设，推动各种交通方式无缝衔接、便捷换乘。"

长江中游城市群将共同稳定运营中三角集装箱公共班轮航线，推动全年开行次数达 200 航次，为赣、湘、鄂三地集装箱货物往来提供经济便捷的水上物流通道，打造长江经济带城市间互联互通、区域协同发展示范航线。

支持武汉依托长江黄金水道和沿江铁路，优化畅通东西向开放通道，开通往返主要港口的"水上穿梭巴士"和铁水联运班列，打造统一运营品牌。依托航空客货双枢纽，积极推动空铁联运、陆空联运，打通国际快货物流运输通道。统筹中欧班列资源，支持武汉建设中欧班列集结中心示范工程。

支持长沙、南昌—九江、宜昌、襄阳、黄冈—鄂州—黄石、岳阳、衡阳、上饶等国家综合交通枢纽建设，打造长江中游枢纽集群。大力发展江海联运、水铁联运、水水直达、沿江捎带等现代物流，构建"通道+枢纽+网络"的现代物流体系。

第二节　水利基础设施体系建设

深入贯彻落实党中央决策部署，立足流域整体和水资源空间均衡配置，加强跨行政区河流水系治理保护和骨干工程建设，强化大中小微水利设施协调配套，提升水资源优化配置和水旱灾害防御能力，高标准建设"安澜长江"。

湖北出台《关于加快推进"荆楚安澜"现代水网建设实施意见》，明确了湖北现代水网建设目标任务、保障措施。建设"荆楚安澜"现代水网已作为省级战略，写进湖北省第十二次党代会报告，纳入《关于加快建设全国构建新发展格局先行区的实施意见》专项行动。

一、加快推进现代水网建设

长江中游地区要落实中共中央、国务院印发的《国家水网建设规划纲要》，正确处理需要与可能、除害与兴利、开发与保护的关系，建立目标明确、功能互补、统一衔接、科学完备的水网体系。着力提升水安全保障能力、水旱灾害防御能力、城乡供水保障能力、水资源集约节约安全利用能力，有效管控水生态空间，有效治理水土流失，有效保障生态流量，形成现代化的长江中游水网。

湖北省拥有"三江千湖"，国家级的"两口大水缸"——三峡水库和丹江口水库就在其境内。要统筹运用河道、湖泊、水库、堤防、泵站、蓄滞洪区等各类水工程，长江中下游干堤标准为防御 1954 年型洪水，汉江中下游干堤标准为防御 1935 年型洪水（约 100 年一遇），清江干堤防洪标准为 20~50 年一遇，中小河流防洪标准为 10~50 年一遇。以流域为单元，以长江、汉江、清江及其他重要支流为骨干排洪通道，以蓄滞洪区、大中型水库、重要湖泊为主要调蓄场所，通过长江、汉江干流堤防提质增效，荆江、武湖、涨渡湖等国家级蓄滞洪区建设，洞庭湖四口水系综合整治等，增强洪水调蓄能力，健全城市防洪排涝体系，提升重点易涝区排涝能力，完善防洪非工程体系，构建"蓄泄兼筹、以泄为主"防洪排涝格局，守住防洪安全底线。统筹保障生活、生产、生态等用水需求，城乡供水保障率达到 95%，灌区农业灌溉供水保证率达到 75%~85%。

湖南省对标国家水网建设，加快构建"四纵三横、一圈两带"现代水网格局。"四纵"即湘资沅澧四水，以流域为单元，统筹上下游、左右岸、干支流，加强全流域系统治理。"三横"即引资济涟、引沅补资、沅澧连通等重大引提调水工程，缓解衡邵娄干旱走廊地区、洞庭湖区经济社会发展布局与水资源承载力不匹配问题。"一圈"即环洞庭湖生态经济圈，将重点完善区域耕地灌溉与城乡优质饮用水配置体系，系统推进湖区防洪治理、生态保护修复。"两带"即湘江沿线供水带、衡邵娄干旱走廊供水带。通过优化长株潭城市群、衡邵娄干旱区域供水水源结构，充分利用区域内东江、洮水、水府庙、天子山等水库水源，确保区域供水水质、保障水平和系统抗风险能力。重点加快洞庭湖治理，保持河道畅通和河势稳定，全面提高河道泄洪能力。

江西省要以长江、鄱阳湖和赣、抚、信、饶、修五河等自然河湖为基础，以引调水工程、重要圩堤、中小河流等为通道，以控制性调蓄工程为结点；构建以大南昌都市圈为核心，以赣东北、赣西北、赣中、赣南四大片区为支撑；集流域防洪减灾、水资源优化配置、水生态系统保护等功能于一体，协同水电、航运融合发展的现代水网体系。为更快更好推进江西水网建设，江西省水利厅积极谋划，组织编制了《江西省水网先导区建设实施方案》，以长江干流、鄱阳湖和五河等河湖为重点，深入推进河湖综合治理，持续推进鄱湖安澜百姓安居专项工程和大中型水库建设，实施环鄱阳湖水资源配置工程、数字孪生流域先行先试，大力推进省级骨干网主骨架建设，全面提升水安全保障能力，为长江经济带发展提供有力支撑。①

二、加强防汛抗旱工程和措施建设

加强干支流堤防建设。尽快完成长江干堤重点薄弱环节和连江支堤的达标建设，加强松滋江堤、南线大堤等长江干堤除险加固，研究提高长江干堤防洪标准并适时推进建设。继续实施洞庭湖、鄱阳湖综合治理。加快开展汉江、湘资沅澧四水、赣抚信饶修五河、富水、黄盖湖等主要支流重点河段堤防建设。

加强蓄滞洪区建设。抓紧开展重要蓄滞洪区围堤达标和安全设施建设，重点建设钱粮湖、共双茶、大通湖东垸、洪湖东分块、围堤湖、民主垸、城西垸、澧南垸、西官垸、建设垸、杜家台、康山、华阳河13处蓄滞洪区；逐步实施一般蓄滞洪区围堤达标和安全设施建设。加强蓄滞洪区人口、土地管理和产业结构调整，尽快使蓄滞洪区达到适时适量运用的条件。随着流域防洪体系的不断完善，开展蓄滞洪区布局与调整研究；根据实际情况，适时对蓄滞洪区进行调整。

加强防洪抗旱非工程措施建设。完善气象、水文站网建设，提高暴雨、台风等灾害性天气监测、预警、预报水平；加强国家防汛抗旱指挥系统工程建设，建设山洪灾害监测预警系统和群测群防体系；进一步开展以三峡水库为核心的控制性水利水电工程联合调度，以及以丹江口水库为核心的汉江中下游防洪及水资源调度研究；推进洪水灾害风险管理，编制重点地区、重要防洪城市和居民密集区的洪水风险图并向社会公布，逐步推行城镇和工业园区建设选址的洪涝灾害风险评估。建立健全旱情监测预警和抗旱指挥调度系统、抗旱管理服务体系等。

---

① 参见中国水事2022年9月25日发布的《总投资4838亿元！看这个省如何打造"一核四区"水网空间格局》。

加强河道整治。三峡至葛洲坝间的河道治理，采取兴建整治建筑物、疏浚、清淤等措施改善河势，满足黄金水道建设的需要。以荆江、岳阳、武汉等河段为重点，全面推进河势变化剧烈和制约黄金水道航运能力提升的长江中下游干流河道系统治理，采取岸线守护、护底限流、潜坝导流、局部疏挖等措施，形成主泓及岸线稳定、航道及港域良好的有利河势；积极推进河道治理与航道整治等方面有机结合的河道综合治理工程建设，满足长江黄金水道通过能力提高对河势稳定的新要求。统筹协调防洪、航运和岸线保护利用需要，重点推进支线航道建设密切相关的汉江、湘资沅澧四水、荆南四河、赣抚信饶修五河等主要支流河道综合治理和洞庭湖、鄱阳湖等湖泊洪道整治，以及长江中游河口区域平原河道治理。对目前尚未通航的河流，结合经济社会发展要求，通过河道综合整治为拓展其通航功能提供基础。

加强长江中下游干流洲滩控制利用和管理。树立人与自然和谐的理念，坚持"不碍洪、稳河势、保民生、促发展"的原则，在满足长江防洪总体要求的前提下，妥善处理好行蓄洪与洲滩自身防洪保安、洲滩保护与开发利用、局部与整体、当前与长远等关系，对长江中下游洲滩进行分段控制与分类管理。加强安全设施建设，坚持依法管理，加强日常监督，强化执法监督。

三、加强水资源配置和灌区工程建设

三省要以水资源承载能力为基础，统筹协调人口、资源、环境和经济社会发展需要，按照"开源与节流并重，节流优先，治污为本，科学开源、综合利用"的建设思路，优化水资源配置格局，加强水资源调配工程建设，强化水资源管理，提高水资源保障能力，引导长江中游城市群在水资源和水环境承载能力范围内合理安排产业布局。

要优化水资源配置。推进引江补汉、鄂北水资源配置二期、江西四方井和花桥水库、湖南椒花和犬木塘水库、引资济涟等工程建设。按照以水定发展的要求，切实落实最严格水资源管理制度确定的用水总量、用水效率、限制纳污总量控制指标，在强化节水前提下，合理配置，确保生活用水需求，基本满足生产和生态用水需求。

适时实施水系连通工程。抓紧研究江西省赣江抚河尾闾综合整治工程、九江城区河湖连通工程，湖北省"一江三河"（汉江、天门河、府澴河、汉北河）水资源配置工程、荆门市汉东引水工程、襄阳市九水润城工程，洪湖、斧头湖、梁子湖等通江湖泊水系连通工程，湖南省洞庭湖区河湖连通生态水网工程，提高水

资源水环境承载能力。

加强灌区工程建设。长江中游是我国重要的粮食生产基地，需加强灌区工程建设，促进粮食增产，保障国家粮食安全。推进韶山、漳河水库、东风渠、王英水库、泽口、下内荆河、高关水库、颜家台等大型灌区续建配套与现代化改造，推进一批中型灌区续建配套与节水改造。一是加强已成灌区续建配套与节水改造。重点开展湖北泽口灌区、湖南武水灌区等老灌区改造。二是加强新建灌区建设。积极推进江西省廖坊水利枢纽灌区二期、大坳灌区、峡江灌区、东谷灌区，湖北省长山灌区，湖南省涔天河水库灌区（扩建）、毛俊水库灌区、金塘冲水库灌区、犬木塘水库灌区等建设工程。三是建设小型农田（田间）灌溉工程，包括小型农田和田间高效节水灌溉工程，全面提升农业灌溉的保障程度。实施现有灌区续建配套与节水改造、新建配套灌区及小型农田（田间）灌溉工程，全面提升节水灌溉水平。

推进江湖关系变化应对措施建设。加快洞庭湖四口水系综合整治工程，解决四口水系地区枯水期水环境恶化、水资源短缺问题，改善洞庭湖水生态环境状况，研究论证城陵矶水利枢纽的必要性和可行性；推进鄱阳湖水利枢纽工程建设，科学调整和恢复长江与鄱阳湖的江湖关系，提高鄱阳湖区枯期水资源与水生态承载能力，保障湖区经济社会健康发展。研究三峡库区、丹江口库区及主要入库支流生态修复综合治理工作，保障库区及上下游水生态环境安全。

四、启动规模宏大的运河计划

运河既是水运工程，又是水利工程。三省目前均启动了规模宏大的运河工程计划，在经过充分论证后，择机实施。

湖北：荆汉运河——长江的"截弯取直"。相比同为加强区域协同发展的平陆运河五千吨级、浙赣粤运河千吨级的航道级别而言，荆汉运河万吨级航道无疑更具战略意义和经济效益。一旦建成，预计可缩短航程约 260 千米，将有助于促进成渝城市群、长江中游城市群、长三角城市群融通发展，形成长江干线和运河"双通道"格局，实现沿线城市通江达海。计划投资金额约 748 亿元。

湖南：湘桂运河——双入海通道。湘桂运河是国家规划"四纵四横两网"高等级航道网中纵向汉—湘—桂通道的南段组成部分，打通湘桂运河通道，将沟通长江、珠江两大水系，有效缩短湖南乃至长江中上游地区货物至北部湾水运里程约 1200 千米，对提升湖南省区位优势、构建对外开放新高地具有重要意义。湘桂运河已被密集纳入国家多个相关规划。湘桂运河起于湖南永州市萍岛，经永州市江永县进入桂林市平乐县，全长约 300 千米（湖南段 212 千米，广西段 88 千米），包括 34 千米分水岭地段。根据初步研究成果，湘桂运河将按 2000 吨级标准建设，年通过能力约 8000 万吨，总投资约 1500 亿元。

江西：浙赣粤运河——世界最长的运河。浙赣粤运河由赣粤运河、浙赣运河组成，全长约 1988 千米，在江西境内 1168 千米，约占 60%。其中，赣粤运河规划全长约 1228 千米（江西境内全长 758 千米），规划投资匡算约 1500 亿元；浙赣运河规划全长约 760 千米（江西境内全长 410 千米），规划投资匡算约 1700 亿元。江西作为内陆省份，长期以来在区域经济发展中相对滞后。通过建设浙赣粤运河，江西意图重塑经济地理，实现与长三角、珠三角的直接连接。[1]

五、加强跨区域合作共建

湖北、湖南和江西共同加强"一江两湖"系统治理，推进《长江流域防洪规划》等重要规划修编，强化跨省流域上下游突发水污染事件联防联控、危险废物联防联控、大气环境质量联防联控。湘赣两省推进两轮渌水流域横向生态补偿，湘鄂两省签订长江流域（鄂湘段）横向生态保护补偿协议，省际跨界断面水质明显改善。

2019 年 8 月 28 日，湖南省河长办与江西省河长办在江西省南昌市签署《湘赣边区域河长制合作协议》，构建省级河长制协作机制，实现跨界河流共抓共管。湘赣边区域共有 16 条跨省河流，分别涉及湖南省长沙市浏阳市，株洲市醴陵市，岳阳市平江县，郴州市桂东县、汝城县，以及江西省九江市修水县，宜春市袁州区、万载县，萍乡市湘东区，赣州市章贡区、崇义县、上犹县、南康区，吉安市遂川县、井冈山市、万安县。双方将建立跨省河流信息共享机制、协同管理机制、联合巡查执法机制、河流联合保洁机制、水质联合监测机制、流域生态环境事故协商处置机制，以及跨省河流管护联席会议制度、联络员制度。湘赣双方签约代表表示，将按照《湘赣边区域河长制合作协议》分工，做好各项工作，共同把跨界河流管理好。湖南与周边省市就河流管护合作进行了许多探索：与江西省签订了渌水流域横向生态保护补偿协议，岳阳市临湘市与湖北省咸宁市、赤壁市签订了黄盖湖水环境综合治理联防联动工作方案。[2]

---

① 参见搜狐网 2024 年 7 月 31 日发布的《总投资 6800 亿！中南四省的"运河计划"曝光》。

② 参见《湖南与江西签署河长制合作协议　湘赣边区域 16 条跨省河流将共抓共管》。

第三节　能源保障体系建设

　　长江中游三省煤炭、石油、天然气储量很少，一次能源资源缺乏；水电资源虽较丰富但基本开发完毕，要转向二次开发——抽水蓄能发电；严峻的现实，迫使长江中游城市群大力发展新能源。

一、积极建设抽水蓄能和新能源基地

　　《抽水蓄能中长期发展规划（2021—2035年）》发布以来，长江中游抽水蓄能产业发展持续加快，成为能源转型发展、低碳发展的突破口。三峡集团响应国家号召，充分发挥大水电技术优势，在抽水蓄能超高水头机组、大容量机组、可变速机组、智能建造等方面持续开展科技攻关、技术创新，推动抽水蓄能技术进步，共促行业高质量发展。湖北是全国行动较早的省份之一。罗田白莲河和天堂两座抽水蓄能电站已建成投入商业运行，其中白莲河抽水蓄能电站总装机容量达到120万千瓦，相当于隔河岩水电站规模；平坦原等抽蓄电站开工建设，通山大幕山等38个抽水蓄能电站项目纳入国家抽水蓄能发展规划，总装机3900.5万千瓦（超过三峡水电站的2250万千瓦）。湖南建成平江抽水蓄能电站，开工建设安化抽水蓄能电站，推动安化二期、东江、汨罗、攸县和湘南地区等抽水蓄能工程项目进程。江西省洪屏抽水蓄能电站位于靖安，总装机容量为240万千瓦，是江西省内首座抽水蓄能电站，分两期建设。其中一期工程安装四台30万千瓦单级可逆混流式机组，装机容量为120万千瓦，2011年开工，2016年完成。2023年12月，洪屏二期抽水蓄能电站建设开工。江西还扎实推进奉新、铅山、赣县等抽水蓄能电站建设。

　　抽水蓄能发电还能促进其他清洁能源发展。风电、太阳能发电具有随机性、波动性、间歇性等特点，抽水蓄能电站建设可有效减少风电、光伏等并网运行对电网造成的冲击，提高风电、光伏和电网运行的协调性及安全稳定性。抽水蓄能电站建设不仅可以保障大电网安全、促进新能源消纳、提升全系统性能、助力乡村振兴和经济社会发展，还是为现代能源体系量身打造的绿色巨型"充电宝"。要依托三峡、湘西等大型水电基地的调节作用与输电通道，统筹规划抽水蓄能和周边风电、光伏电站等的建设规模、外送方案与开发时序。充分发挥绿色能源资源优势，发展绿色铝、绿色硅等高载能产业。

要实施新能源倍增行动，支持各省打造百万千瓦级新能源基地，风电、光伏发电成为新增电力装机主体。重点依托一体化基地规模化布局风电，坚持集中式和分布式并重发展光伏发电，鼓励风电、光伏发电与储能融合发展。因地制宜发展生物质发电和地热能，稳步推进氢能等发展，支持武汉建设"华中氢都"，推进建设岳阳氢能示范城市。

二、完善能源输送网络

加快完善能源输送通道和输配网络，充分应用现代信息技术，促进资源在更大范围内高效配置。加快荆门—长沙—南昌、南昌—武汉等特高压交流工程建设，实施金上—湖北、宁夏—湖南、雅砻江中游—江西特高压直流输电及其配套工程，建成豫章、吉安东、赣州东等500千伏输变电工程。打造全国电网联网枢纽，围绕增强外电消纳、省间联络、三峡留存、电源接入能力，加快实施"两线一点一网"，建成陕北—湖北特高压直流输电工程，推进川藏水电入鄂输电工程、鲤鱼江电厂送电湖南，优化三峡近区电网，全面提升城乡供电能力，建成"送受并举、东西互济、智能高效"的坚强电网，长江中游城市群电网达到世界一流水平。

打造全国天然气管网枢纽，建设西气东输三线中段、川气东送二线、新粤浙广西支干线等天然气输送工程，开工建设西气东输二线场站互联互通和反输改造、长江穿越备用通道等工程。推进沿江LNG接收、储运、加注设施建设，构建长江中游天然气输送体系，加快天然气支线、联络线建设，加快建成三峡翻坝运输成品油管道，推进郑州—长沙、长沙—郴州、监利—潜江输油管道、樟树—萍乡、赣州—瑞金、赣州—龙南成品油管道等项目。推进天然气供气服务向乡镇延伸，实施"气化长江"工程。

三、增强能源储备能力

统筹布局区域性煤炭储备基地，鼓励煤炭应急储备项目建设，抓好煤炭清洁高效利用。打造"两湖一江"煤炭物流枢纽，建设以荆州江陵为重点的大型煤炭储配基地，建立华中地区煤炭交易中心，改扩建企业现有储煤场地和设施，煤炭储备能力达到1600万吨。沿主干管道和长江集约化、规模化布局建设储气设施，构建以地下盐穴储气库、大中型LNG储罐为主，地方小型应急储气设施为辅的储气体系，形成潜江、武汉、黄冈三大储气基地，储气能力达到6.5亿立方米。提高火电机组灵活性和调节能力，有序推进抽水蓄能电站建设。加强储能技术装备等研发与应用，实施一批风光水火储一体化、源网荷储一体化示范项目。补齐能源储备短板，提升能源运行调节和风险防范能力。

加强煤炭产运需协调衔接，推进与陕西、山西、内蒙古等重点产煤地区合作，多渠道保障煤炭供应。加快煤炭储备体系建设，依托浩吉铁路运力和临港码头建设襄阳、荆州、岳阳、华容煤炭铁水联运储备基地，在荆门、新余、吉安等地区布局区域性煤炭储备基地，鼓励多式联运型和干支衔接型煤炭应急储备项目建设。加快建设江西新昌电厂600万吨煤炭吞吐储运工程和岳阳铁水集运煤炭储备基地200万吨静态储煤工程，推动年煤炭处理能力达到1000万吨的鄂西煤炭储运基地二期工程投入使用。

四、共同呼吁重启核电站建设

缺煤少水无油气，严重的能源匮乏迫使长江中游三省一直谋划发展核电。2010年前后，三省核电站建设终于开始"梦想照进现实"。

湖南桃花江核电站2008年开始前期准备，计划于2017年4月投入商业运行，每两台机组间隔10个月。4台机组全部建成后，年发电量最高可达380亿千瓦时。2011年3月，与项目开工相关的各项硬件、软件工作全面实施并完成。主要设备锻件投料已全面启动，厂区四通一平、施工配套的基础设施均已完成。累计完成固定资产投资46.3亿元。湖北通山核电项目于2009年全面启动建设，项目规划建设4台百万千瓦级压水堆核电机组。2010年5月15日，核电项目一期常规岛及核电站辅助系统工程总承包等合同一揽子框架协议在武汉签署，中广核工程公司举行了咸宁分公司及咸宁项目部揭牌仪式。2010年11月4日，主场区场平土石方工程完成1610万立方米，占总量的76.1%。1、2号核岛达到厂平标高，施工现场按照2010年底4台机组达到厂平标高的目标推进。2009年10月28日，中国电力投资集团公司与赣粤高速等企业联合组建江西彭泽核电项目公司。

2011年3月11日，日本东北太平洋地区发生里氏9.0级地震并引发海啸，该地震导致福岛第一核电站、福岛第二核电站严重受损。这一灾难性事故发生后，中国政府暂停了内陆建设新核电站的步伐。但上述三个核电项目的处境各不相同。湖南认为，桃花江项目的前期各项准备工作均领先于其他内陆核电项目，完全具备了开工建设的条件，一再呼吁国家恢复建设。2016年3月3日，湖南省决定成立桃花江核电建设项目协调小组。湖北通山核电厂址得到保护，还在咸宁当地的湖北科技学院开设相关核专业，以备随时"激活"。江西根据内陆核电形势，积极探索发展道路，主动调整发展步伐，确立了"开发性保护厂址、实现自我造血功能、成为集团公司核技术应用的重要力量"三步走目标。为开发性保护厂址，江西核电赣核光伏保安电站一期工程项目于 2017 年 6 月底实现并网，二期工程项目于 2019 年 12 月底并网。2020 年 12 月 28 日，三期工程项目完成并网，标志着江西核电全面建成彭泽帽子山核电厂光伏电站。

核电是一种清洁能源。一座百万千瓦电功率的核电厂和火电厂相比，每年可以减少二氧化碳排放 600 多万吨，并减少二氧化硫、氮氧化物和包括汞在内的重金属污染物的排放。面对我国不断增长的能源需求、有限的化石能源和环境污染减排的压力，核电完全可以发挥更大的作用。发展内陆核电是改善我国大气环境质量和治理 $PM_{2.5}$ 等大气雾霾的必要措施。在确保安全的前提下，高效发展核电，建设核电强国是我国应对气候变化、解决当前能源发展与环境保护双重压力的根本途径，也是我国能源发展无可替代的战略选择。随着沿海地区经济发展增速的放缓、发展模式的转型、厂址资源的枯竭，沿海核电发展空间日益缩小，核电发展重心由沿海向内陆转移是必然趋势。核电的安全本无沿海和内陆之分，核电从选址到退役的建设标准、监管要求等也无沿海和内陆之分，全世界运行的核电机组一半以上都建在内陆。

第四节　新型基础设施建设

新型基础设施是培育和发展新质生产力的重要基础。通过建设"数字化、网络化、智能化"的新型基础设施，有助于形成新质生产力，为长江中游城市群高质量发展赋能提速。

一、建设高效泛在信息网络

长江中游地区要加快第五代移动通信（5G）网络规模化部署和拓展应用，推进千兆光纤接入网络广泛覆盖，打造高效泛在信息网络。

加大 5G 网络建设投入力度。推进高速公路、高铁、地铁等交通线路沿线 5G 网络连续覆盖，加强政府机关、商业中心、交通枢纽、产业园区等重点区域 5G 网络深度覆盖。加强 5G 室内分布系统建设。适时开展 5G 毫米波网络建设，加强商务楼宇、交通枢纽、旅游景区等重点场景深度覆盖。优化工业园区、厂矿企业等重要场景 5G 网络覆盖，积极推进 5G 虚拟专网建设，打造一批 5G+工业互联网、车联网等示范应用。加快推进 5G 网络向县城、乡镇和重点行政村延伸覆盖。深化 5G 网络共建共享，积极推进 5G 网络异网漫游、农村地区低频 5G 网络广域覆盖，加快实现农村地区一网托底，热点地区多网并存的网络格局。推进 5G 等网络设施与新建建筑物统筹规划、同步建设、同步验收，推动既有建筑物信息基础设施升级改造。推动各级财政投资建设的建筑物、道路、路灯、杆塔等向通信网络设施免费开放，加快建设多功能智能杆塔。

推进 IPv6 规模化部署。推进 IPv6 网络、应用及终端建设，提升 IPv6 网络服务水平，扩大服务范围，推进内容分发网络和云服务平台 IPv6 升级改造。增强固定终端 IPv6 支持能力，促进基于 IPv6 网络的终端协同创新发展。引导应用生态向 IPv6 升级，推动各主要应用商店开展 IPv6 支持度检测与标识工作。全面推进互联网协议第六版（IPv6）商用部署和单栈试点，推动武汉、南昌国家级互联网骨干直联点建设。

升级完善电子政务网络设施，实现省、市、县、乡、村纵向全覆盖和横向全接入。推动工业互联网标识解析二级节点建设，鼓励升级改造工业互联网内网、工业企业外网。推进物联网持续延伸覆盖，增强社会服务支撑能力。积极承接国家低轨通信卫星建设任务，统筹布局卫星互联网地面设施和卫星导航定位地基增强系统，完善天地时空一体化信息网络。

二、建设新技术基础设施

聚焦人工智能、区块链等新一代通用信息技术，构建长江中游城市群开放协同、应用广泛的新技术基础设施集群。

深入推进物联网全面发展。按需扩展窄带物联网（NB-IoT）网络覆盖范围，增强 NB-IoT 接入支撑能力，加快推进 5G 物联网应用，构建 NB-IoT、4G、5G 协同发展的新一代移动物联网体系。积极推动存量 2G/3G 物联网业务向 NB-IoT、4G、5G 网络迁移。重点面向城市管理、城市建设、公共安全、医疗卫生等领域，推广应用低功耗、高精度的智能化传感设施。统筹各行业感知设施共性点位，在商业中心、城市道路、广场、公园、旅游景区等公共区域部署多功能杆、柱、桩等新型智能感知设施。推进物联网在工业领域的应用，完善武汉工业互联网标识解析国家顶级节点功能，加快建设二级节点。

加快空间基础设施建设。积极参与全国空间基础设施建设，强力推进湖北省域时空大数据平台建设，支持武汉航天产业基地"行云"工程和国家卫星通信组网工程，推广部署天基互联网、物联网系统地面设施，加快建设天地一体化信息网络。推动"北斗+5G"高精度位置服务平台建设，在武汉、长株潭、南昌三大都市圈推广"北斗+5G"协同精密定位和位置服务应用示范。加快北斗与互联网、物联网、5G、大数据等深度融合，丰富北斗卫星数据综合服务。

构建人工智能基础设施。加大基础数据平台、应用体验中心、开源软硬件基础平台、云计算服务平台、智能网联云控平台、检验检测服务平台等开放创新平台建设，满足人工智能产业发展对计算资源、数据资源和技术服务等的需求。依托武汉大学、华中科技大学、国防科技大学等单位，建设人工智能应用系统安全对抗测试验证平台，为人工智能大规模应用提供基础性测试验证平台。在智能工程机械、生物特征识别等领域建设一批人工智能创新平台，强化对人工智能研发应用的基础支撑。

打造区块链基础设施。建设自主可控区块链基础服务平台，实现与国家区块链服务网络对接。建设与国产软硬件相适配的自主技术区块链底层平台，推进区块链与5G、数据中心、工业互联网等新型基础设施融合发展，建设安全可控的区块链底层平台，构建基础性区块链技术研发平台、产业发展公共服务平台等国产区块链公共服务平台。

支持武汉、长沙、南昌率先建设城市群级人工智能应用公共服务平台，加快推进人工智能技术在智慧城市、智慧政务、智能安防、智慧环保、智慧教育、智慧医疗、智慧司法等领域形成特色应用，推动人脸识别、行人重识别等典型应用场景落地。

三、优化算力基础设施布局

"十四五"期间，长江中游城市群抢抓国家布局算力基础设施的机遇，推进智能计算基础设施布局，提升数据中心多任务负载能力和海量异构数据计算能力。

湖北依托中国宝武集团、三峡集团、中国水电集团等龙头企业，推进武汉、襄阳、宜昌等大数据中心集群建设。以武汉、宜昌、恩施为中心构建长江大保护一体化大数据中心，以襄阳、十堰为中心构建汉江流域大数据中心，以恩施为中心构建清江流域大数据中心，依托一体化大数据中心开展跨区域公共服务、社会治理等领域协作。建设省内大数据中心，对接市州级、行业级大数据中心，形成政务、交通、水利、农业等主题数据库，推动数据互通共享、融合应用。武汉人工智能计算中心于2021年5月31日投入运行，为企业、组织机构、科研院校等提供公共智算服务。算力规模从最初的 100P（1P＝每秒 1000 万亿次浮点运算能力），扩容至目前的 400P。毗邻武汉人工智能计算中心，有一栋形似巨型"CPU"的建筑——武汉超算中心，于 2022 年 11 月 23 日投入运行。一期建成 50P 高性能计算（HPC）算力系统，总体规划建设算力 200P。位于未来科技城的武汉智算中心与超算中心功能定位各有不同。其中，智算中心服务器以 GPU 芯片（图形处理器）为主，主要用于 AI 大模型训练；超算中心服务器以 CPU 芯片（中央处理器）为主，强在复杂运算和逻辑控制，主要服务科技研发。双强联合，算力超群。湖北省数字基建"国家队"瞄准智算领域同向发力——2024 年 4 月 16 日，在武汉市东西湖区，中国电信中部大数据中心（网安基地）工地焊花飞舞，一期两栋智算大楼主体结构封顶。2024 年底投产后，中国电信在武汉将形成中部智算中心（武昌基地）、中部大数据中心（汉口基地）、中部大数据中心（网安基地）"一中心三园区"算力网。中国移动智算中心（武汉）系中国移动全国首个落地运营的区域中心节点，立足武汉、辐射湘鄂赣三省，现已建成 1500P 智算服务能力。到 2024 年底，该智算中心将扩容至 6800P。位于未来科技城的中国移动智算中心（武汉）湖北联通在金银湖数据中心、华中智云数据中心建立了两个大规模省级行业云池，以及 13 个市州级行业云池，实现全省"一城一池"算力全覆盖。宜昌市点军区人工智能算力中心"点亮"运行，阿里云、燧原科技等一批行业龙头落户，智算、超算融合算力产业园建成，培育引进东土科技、升哲科技等 15 家国家高新技术企业。[①] 湖北省将积极争取布局大数据中心国家枢纽节点。充分发挥湖北省跨区域数据协同多、范围广的优势，构建全国一体化大数据中心中部地区枢纽节点，推动跨区域数据汇聚和按需使用。

湖南依托中科曙光 5A 级智算中心，建成湖南 AI 算力规模最大的长沙人工智能创新中心。2024 年 8 月 28 日，长沙市新一代智算产业生态联合体在尖山湖畔成立，集聚起北京大学长沙计算与数字经济研究院、湖南大学、华为技术有限公司、景嘉微、湘江鲲鹏、长沙人工智能创新中心等 14 家智算行业领军力量，将聚焦平台共建、资源共享、价值共创，在智算基础软件与生态、超算智算融合、智算中心与算力网建设、大模型与 AI 场景应用等领域开展深度合作。1400 多家先进计算骨干企业在长沙串珠成链、聚链成群，拥有国家级创新载体 35 个，形

---

① 刘天纵，刘丽，许国胜. 看我算力超群！湖北算力规模和质效跻身中部第一［N］. 湖北日报，2024-04-28.

成涵盖硬件、软件、系统、整机的产业生态，本地配套率达90%。算力支撑能力不断夯实。长沙市新一代计算系统产业集群是全国45个先进制造业产业集群中，唯一一个以"计算"命名的集群；长沙也是目前全国唯一实现核心芯片全类型设计国产自主的城市。① 湖南将鼓励建设国家级区域数据分中心，加快"天心数谷"等一批公共服务、重点行业和大型企业数据中心建设。优化数据中心存量资源，提高长沙、株洲、郴州等地大型数据中心利用率和运行效能，整合提升各市州低小散旧数据中心。加强超级计算、分布式计算基础设施建设，加快升级国家超级计算长沙中心，形成按需配置、资源共享、支持多学科应用的高性能计算集群。

2023年10月20日，由江西省科学技术厅联合江西省智能计算产业技术创新战略联盟、江西省虚拟现实（VR）产业技术创新战略联盟、江西省计算中心等单位承办的世界VR产业大会算力新生态分论坛闭幕。会上发布了《江西省算力白皮书（2022）》，显示全省算力总规模为3600PFlops，全国占比为2.57%，排全国第12位。② 江西将持续聚焦于算力建设和算力相关产业发展，充分利用算力赋能效应，以算力为核心融合多种产业技术，构建创新开放的算力生态。

四、数字化改造传统基础设施

长江中游三省加快交通、水利、能源、市政等传统基础设施数字化改造，加强泛在感知、终端联网、智能调度体系建设。加强通信网络、重要信息系统和数据资源保护，增强关键信息基础设施安全防护能力。

湖北大力推进桥梁、隧道、管廊管道和水库大坝等大型基础设施的数字化改造。以湖北交投智能检测股份有限公司为例。该公司推动智慧检测和绿色交通"两翼融合"跨越式发展，奋力建成国内一流"交通基础设施数字化服务商"。以打造"交通基础设施全生命周期数字化服务商"为目标，开展实施"数字经济跃升工程"，推动传统的交通基建产业数字化转型，立足公路全生命周期进行顶层设计，实现数字化平台全范围覆盖。施工前，通过公路水运试验检测信息化平台对建设原材料进行管控，将不合格的原材料挡在门外；施工中，通过桥梁施工监控、路面施工智慧管控等系统对施工进行过程控制，确保施工质量；在施工完成后，通过交竣工系统对公路质量进行评价，并将这些数据作为运营期的初始

---

① 刘攀．角逐算力江湖，长沙"心中有数"［N］．长沙晚报，2024-08-29（02）.
② 参见《江西算力总规模为3600PFlops 全国占比为2.57%》。

档案存储；运营期，通过健康监测系统实时掌控运营安全，通过路桥隧大数据与智能决策系统发现病害、分析原因，智能推荐养护对策。通过这些数字化的手段，确保了工程质量更优、效率更高、费用更省。① 湖北还将提升各类市政、园区、社区、医院、学校和商业楼宇等城市设施互联感知能力。推进智能交通灯、智能潮汐车道、智能停车诱导等智慧治堵手段广泛应用。加快智慧公路建设，推进全省重点公路智能化、网联化改造，进一步推动充（换）电站、加氢站、智能充电桩等新型车用能源基础设施建设。发展智慧能源，提高能源供需匹配精准化、智能化水平。加快智慧物流建设，推进物流园区、大型仓储基地等数字化改造。

湖南推进物联网基础设施全面部署。推动工业制造、农业生产、交通物流、安防消防、市政管理等领域的城市级物联网公共服务平台和感知设施部署，加快建立全省统一的感知设施标识和编码标准规范，推动物联网基础设施跨行业、跨领域集约部署和共享互通，促进感知设施统一接入、集中管理和数据共享。

江西推动物流基础设施数字化改造升级。加快全省物流大数据中心、省交通运输物流综合公共信息平台建设，促进物流与铁路、民航、海关、商务等部门数据交换共享，实现全省物流信息化率达到90%以上。加快万佶、天合、四顺等智慧物流服务平台建设，支持万佶物流构建国家物流大数据中心。推动省级物流公共信息平台与大型物流企业数据互联互通，整合分散的社会物流资源，构建县乡村三级智慧物流网络。鼓励城乡配送、冷链物流、药品物流等大数据平台发展。推动省内物流园区与国家骨干物流园区"互联互通"工程对接，促进物流资源协同、交易撮合。加快物流设施智能化改造，加强AGV、无人机、巡检机器人、分拣机器人等智能设备在物流园区和大型仓储中心应用推广。推动京东南昌亚洲一号、苏宁易购电商物流中心等开展基于"信息系统+货架+托盘+叉车"的智能仓储设施建设。推进口岸设施和仓储设施智能化改造，推动九江港"5G+智慧港口"、赣州国际智慧陆港建设。加快快递智能分拣设施建设，支持南昌、赣州、鹰潭、吉安、上饶等地建设快递智能分拣中心。拓展智能末端配送设施覆盖范围，加快智能取件箱布局，实现城市住宅小区无接触智能快件箱覆盖率达90%。

---

① 王文静，高晓红. 奋力建成一流"交通基础设施数字化服务商"：湖北交投智能检测公司铺就智慧检测、绿色交通"两翼融合"之路［N］. 湖北日报，2022-06-20（19）.

第六章　长江中游城市群产业协同发展

城市群一体化发展，产业和市场是关键。为推动产业和市场一体化发展，三省政府间积极开展共商共建。早在 2015 年 4 月，三省就达成以石化、汽车为突破口加强产业合作的共识。在进入高质量发展的新阶段，三省要加强合作，共同推动长江中游城市群制造业、服务业和农业协同发展。

第一节　共建先进制造业基地

继承"汉冶萍"历史血脉，推动长江中游城市群制造业深化合作，联手打造 21 世纪"汉冶萍"，建立健全长江中游城市群现代化产业体系。

一、永载史册的"汉冶萍"

1889 年张之洞总管湖北和湖南的军民政务，因两省在明朝时同属湖广省而通称为湖广总督。张之洞督鄂之后，湖北、湖南近代化进程明显加快，三省的经济联系进一步增强。以汉冶萍公司为例，成立于 1908 年的汉冶萍公司全称"汉冶萍煤铁厂矿股份有限公司"，统辖汉阳铁厂、大冶铁矿、萍乡煤矿、大冶铁厂等厂矿，兼炼铁、采矿、开煤，它是当时亚洲最大和最早的钢铁联合企业，可谓"中国钢铁工业的摇篮"。到辛亥革命前夕，该公司员工 7000 多人，年产钢近 7 万吨、铁矿 50 万吨、煤 60 万吨，占全国年钢产量的 90% 以上。由于汉冶萍公司是清政府唯一的新式钢铁联合企业，控制该公司实际上等于控制了清政府的重工业。1938 年因为抗战将其大部设备运往重庆，另立新厂，为重庆钢铁集团前身。其公司总部设在上海四川路，厂矿企业跨越湖北、湖南、江西、安徽、江苏、河北、辽宁等省，还与日本九州制钢所合资，在日本东京和大阪、英国伦敦设有办事处，可谓中国最早的跨国企业。

以汉冶萍公司的创建为契机，三省之间的交通联系大为改善。1898年3月，为了解决汉阳铁厂燃料问题，张之洞和盛宣怀合奏清廷，开办萍乡煤矿，成立"萍乡等处煤矿总局"，萍乡煤矿位于江西萍乡，与湖南醴陵、浏阳、攸县等接壤。煤焦运输主要靠水道，即由萍河起运，经渌江转入湘江到湘潭，再转载汉阳。1899年，修通了从萍乡宋家坊萍河边至安源的萍安铁路；1904年，萍安铁路延至湖南株洲，称株萍铁路；1909年又与新筑的粤汉铁路接轨，运输大为改观。

"汉冶萍"是中国第一代新式钢铁联合企业，也是长江中游三省制造业合作的滥觞。"汉冶萍"作为一家企业已消失在历史的长河中，但"汉冶萍"合作精神永存，必将有力地促进长江中游产业协同发展、城市群一体化发展。

二、现代化产业体系新蓝图

湖南省委、省政府部署打造"4×4"现代化产业体系，即围绕现代石化、绿色矿业、食品加工、轻工纺织四大传统产业，工程机械、轨道交通、现代农业、文化旅游四大优势产业，数字产业、新能源、大健康、空天海洋四大新兴产业，以及人工智能、生命工程、量子科技、前沿材料四大未来产业。但重点是打造三大具有全球影响力的产业集群：工程机械、轨道交通、航空动力。通过不断推动技术和产品迭代创新，提高全球竞争力，努力形成世界级产业集群。工程机械方面，加快智能化发展，强化关键零部件配套，提升大型、超大型工程机械产品竞争力，积极发展特种工程机械，推动主导优势产品迈入世界一流行列；轨道交通装备方面，加快新一代轨道交通整车及控制系统、关键部件研发和产业化，推进新型动车组、电力机车、磁悬浮列车等规模化发展；航空动力方面，扩大中小型发动机和地面燃气轮机生产能力，加快民用飞机起降系统和通用飞机制造产业化，壮大无人机产业，建设航空发动机和关键零部件产业集群。

湖北省委、省政府部署打造"51020"现代化产业体系。5个万亿级支柱产业：新一代信息技术（光芯屏端网）、汽车制造、现代化工及能源、大健康、现代农产品加工；10个五千亿级优势产业：高端装备、先进材料、节能环保、现代纺织、绿色建材、低碳冶金、现代金融、现代物流、研发设计和科技服务、商务服务；20个千亿级特色产业集群：新能源与智能网联汽车、新能源、北斗及应用、航空航天、高技术船舶与海洋工程装备、高端数控装备、轨道交通装备、智能制造装备、智能家电、安全应急10个先进制造业集群，以及光通信及激光、集成电路、新型显示、智能终端、信息网络、软件及信息服务、人工智能、电子信息材料、生物医药及医疗器械、数字创意10个战略性新兴产业集群。其中，以光电子信息为代表的电子信息产业成为湖北第一大产业。2022年、2023年，湖北省电子信息产业营收连跨两个千亿量级，分别达到7655亿元、8209亿元。2023年，全省光纤光缆产量约占全国市场的50%、全球市场的25%，光电器件约占全球市场的12%，激光设备品种占全国的70%以上。2024年1~8月，全省电子信息产业营收已达5970亿元，同比增长13.53%。

江西省提出重点产业链现代化建设"1269"行动计划。即电子信息、有色金属、装备制造、新能源、石化化工、建材、钢铁、航空、食品、纺织服装、医药、现代家具12条制造业重点产业链现代化水平全面提升，打造电子信息、铜基新材料、锂电和光伏新能源、钨和稀土金属新材料、航空、炼化一体化和化工新材料6个综合实力和竞争力强的先进制造业集群，全省规模以上工业营业收入年均增长9%左右，统筹制造业质的有效提升和量的合理增长取得明显成效。主要举措是：进一步健全产业链链长制运行机制，省级层面由省政府省长担任总链长，省政府其他省级领导担任各重点产业链链长，探索推行"链长+""链主+"工作模式。推行"链长+链主"工作模式，建立链长与链主常态化互动机制，支持链主企业发展；链主企业带动产业链发展，联动链上企业及时向链长反映重大发展诉求。推行"链长+园区"工作模式，链长指导市、县、园区融入全省产业链布局，研究制定针对性政策措施，协调解决重大问题；市、县、园区集中资源力量推进本区域产业链项目建设、企业培育、招商引资、补链强链，打造产业集群。推行"链主+基金"工作模式，组建省产业链发展基金，开展基金大招商、招大商；探索建立"产业链+链主企业+产业基金"运作机制，鼓励链主企业强化资本带动，引领产业链提能升级。推行"链主+平台"工作模式，支持链主企业联动链上企业完善技术、服务等平台体系，推动各类产业链创新机构和平台市场化运营，着力打造一批具有较强竞争力的产业创新链。[1]

三、联手打造21世纪"汉冶萍"

湖北打造"51020"现代产业集群，湖南打造国家重要先进制造业高地，江

---

[1] 《江西省人民政府关于印发江西省制造业重点产业链现代化建设"1269"行动计划（2023-2026年）的通知》，江西省人民政府网2023-07-14。

西全力建设现代化产业体系。长江中游三省在产业链条和科技创新上谋篇布局、错位发展，引导城市群内部强链补链、协同联动，逐步勾勒出分工明确、层次合理的现代化产业体系，形成了装备制造、汽车（新能源汽车）、航空航天、有色冶金、石油化工、生物医药、电子信息等超千亿超万亿的产业集群。

（一）协力发展战略性新兴产业

一是突破性发展芯片产业。2018 年以来，美西方拼命打压芯片产业，我国不少企业被美国围剿，武汉的长江存储被列入"实体清单"。习近平总书记在武汉讲"要加快在芯片技术上实现重大突破，勇攀世界半导体存储科技高峰"，不仅是对湖北的嘱托，也是对湖南、江西等有条件的地方提出的要求。长江存储踔厉奋发，成功量产了 232 层 3D NAND 闪存芯片 X3-9070，这一成就使其成为全球首个进入零售市场的 200+层 3D NAND 闪存解决方案，领先于三星、美光、SK 海力士等存储巨头。这一技术突破，使长江存储在全球存储芯片市场中的地位显著提升，从 2016 年的市场份额 0 起步，到 2022 年左右市场份额达到约 5%，成为能够与全球存储巨头竞争的重要力量。产品的性能提升和成本优势，使其在国际市场上具有一定的竞争力。长江存储的技术突破还带动了相关产业链的发展。例如，国产半导体设备企业在长江存储的项目中标中占据了重要位置，这不仅为相关企业带来了订单和业绩弹性，还促进了国产半导体设备技术的发展。长江中游三省牢记总书记嘱托，城市与城市、企业与企业加强芯片领域协同创新，推动产学研用深度融合，共建芯片产业生态系统，发挥创新院、研究院、中试平台等公共服务平台作用，产业链上下游紧密合作；各城市明确分工定位，产业优势互补、协同发展。2023 年底，湖北的存储器芯片占国内集成电路市场近 30.7%；长沙是国内少数实现国产芯片、整机、基础软件、网络安全等全链条全类型自主设计的城市；南昌围绕集成电路、半导体分理器件的先进封装测试，开展关键技术研究和开放公共服务等。长江中游三省要不断进行技术创新，通过与上下游企业的紧密合作，为我国构建一个完整的、安全的半导体生态圈，使美国剿灭我国的企图彻底破产。

二是改造提升汽车产业，这是三省已经达成的共识。汽车是湖北的重点产业。自 1969 年"二汽"落子十堰，历经 50 多年发展，已集聚 25 家整车企业、1600 多家零部件企业，成为全国汽车产业化程度最高、产业链最完整的省份之一。近几年，湖北每年推出新能源车型 10 款以上。目前，湖北已成为全国重要的新能源与智能网联汽车产业基地。被称为"中国车谷"的武汉经开区，3 年投产 4 个新能源整车工厂，仅 2023 年就新增新能源汽车产能 20 万辆。岚图、路特斯、猛士、小鹏、东风本田新能源等造车新势力、新实力齐头并进、竞相发展。2024 年第一季度，湖北新能源汽车产量同比增长 109%，高于全国的 81 个百分点。借助整车厂云集的优势，以动力电池为特色的湖北新能源产业迅速崛起。中创新航、宁德时代、亿纬锂能、比亚迪等动力电池巨头纷纷落户扎根，湖北已初步形成涵盖上游原材料、中游电芯和 PACK 企业、下游回收利用较为完整的动力电池产业链，正全力打造链条最完整、规模最大的动力电池产业基地。湖南长沙比亚迪新能源汽车产量达 72.3 万辆、增长 64.3%。比亚迪新能源汽车、上汽乘用车二期正式投产，整车产量突破 100 万辆。2020 年 4 月，华工激光研发的三维五轴激光切割机在南昌江铃汽车集团车间上岗，替代了此前的进口设备。这款切割设备精度堪比绣花针，运行时定位精度可达 0.03 毫米，能实现 7 天 24 小时连续稳定运行。①

三是加快发展新能源产业。三省分工协作，相互促进。近年来，江西新能源产业发展呈"井喷"之势。统计数据显示，2022 年，江西新能源产业实现营业收入 4065.1 亿元，增长 120.3%，占规模以上工业比重为 8.4%，比 2021 年提高 4.2 个百分点。江西重点发展两大新能源产业。一方面，着力打造锂电产业。引导各地合理有序布局锂电产业，促进产业链协同配套，防止内部恶性竞争、低水平重复建设。在区域布局上，重点打造宜春、新余赣西锂电产业发展核心区，创建全国领先的锂电制造业先进集群；支持赣州、南昌、上饶、抚州、九江、萍乡等地依托基础禀赋，培育发展各具特色优势的锂电产业集群。在产业环节上，重点提升锂资源开发和锂电池生产制造能力，巩固提升锂盐、负极材料、电解液、隔膜、铜箔等材料及电池回收领域优势，补齐正极材料、锂电设备、储能应用等环节短板。新余市加强技术攻关、延伸产业链，产业覆盖从上游锂资源开发到下游锂电池生产，以及电池及磷酸二氢锂等重点新产品，瞄准海外市场在锂电池四大关键材料、动力与储能电池及产品应用、回收利用等环节发力，立足差异化、特色化产品定位，全力冲刺锂电产业超千亿元目标，打造"中国储能谷""全球锂电产业高地"。另一方面，着力打造光伏制造产业。全力打造上饶光伏先进制造业集群，发挥龙头企业的引领带动作用，发展大尺寸硅片技术、推动隧穿氧化层钝化接触太阳能电池等 N 型高效电池及组件大规模产业化，进一步提升硅片、电池片、组件优势产能规模。强化多点布局，以新余、赣州、宜春、南昌、抚州

---

① 吴曈，王谦，汪洋，等. 长江中游三省省会城市互联互通共进共享 武汉至长沙高铁平均 12 分钟一趟［N］. 长江日报，2021-09-10.

等设区市为重点，加大专精特新企业的支持培育力度，引进异质结（HJT）等 N 型高效电池和组件项目，进一步扩大先进产能，提高产品附加值。

四是重点发展高端装备制造业。2023 年初，湖北印发实施《湖北省突破性发展高端装备产业三年行动方案（2023—2025 年）》。与其他省份不同，湖北省并未将光电子信息和汽车产业纳入高端装备制造业的统计口径，而是聚焦了智能制造装备、绿色智能船舶、航空航天、高端能源装备四大细分赛道，正向又一个新的 5000 亿产业赛道"进军"。2023 年 6 月，武汉研制的一艘名为"快舟·锐科激光号"的固体运载火箭在酒泉卫星发射中心点火升空。该艘火箭部分零部件使用的焊接、切割、清洗等技术浓缩了中国激光器从跟跑到并跑再到领跑的发展历史。湖北省还依托华中数控、武重集团等龙头企业和各类创新平台，大幅提高数控机床、工业机器人、增材制造装备等智能制造装备的自主创新能力。其中，武重集团改变了船舶"心脏"燃气轮机关键零件机匣长期受制于人的局面，成功研制出五轴立式铣车机床，可使机匣加工精度达到 0.002 毫米；武汉国创科光电装备有限公司研发的国内首台 G4.5 新型显示喷印装备已进入武汉华星光电中试生产线，以全新"打印"技术来生产显示面板；华工激光三维五轴激光智能装备首次进入汽车金属零部件世界头部企业海斯坦普集团供应链。[①] 湖南高端装备制造业发展迅猛，长株潭三市抱团建设国家先进制造业高地，打造工程机械、轨道交通装备、中小航空发动机及航空航天装备等高端装备制造业集群。长沙工程机械产业集群资产总额、营业收入、利润总额连续 13 年全国第一；"株洲造"电力机车出口六大洲 70 多个国家和地区，市场占有率全球第一；株洲中小航空发动机和轻型运动飞机的国内市场占有率分别达 90%、75%。

（二）重视发展数字经济

湖北用算力激活新质生产力，释放数字经济高质量发展新动能。纳入全国数据中心综合信息管理平台的在用数据中心超过 130 个，其中大型/超大型数据中心（规模大于或等于 3000 个标准机架）达到 11 个，数量中部领先。算力"解锁"了多项行业难题——华大时空组学技术创新，绘制了迄今为止最精细的小鼠胚胎与脑时空图谱；中国气象局武汉暴雨研究所建立了长江流域定量降水监测预报平台，实现分钟级的天气预报；湖北九同方微电子有限公司利用 AI 模拟，打造了国际领先的射频类芯片电磁仿真 EDA 软件。在算力质效上，经中国信息通信研究院评测，湖北综合数据中心服务器上架率、电能利用效率（PUE）等指

---

① 参见《"上天入地"高端装备竞逐的湖北模式》。

标，在中部地区排名第一。要依托运力和存力，建设一批未来产业孵化器和先导区。由武汉大学与华为团队联合打造的全球首个遥感影像智能解译专用深度学习框架"LuoJiaNET"和业界最大遥感影像样本库"LuoJiaSET"，被誉为"LuoJia双子"。前者像刷题的学生，后者像海量的题库，题库越大，刷题越勤，遥感影像解译的精度就越高。"LuoJia双子"有望孵化百亿产业，为湖北形成全球遥感产业"向心力"。

湖南着力推进制造业的服务化和智能化改造。据湖南省工信厅数据显示，2022年至2024年5月，全省新认定省级智能制造标杆企业29家、智能制造标杆车间89个，24家企业成功入选国家智能制造示范工厂揭榜单位名单，47家企业的69个场景入选国家智能制造优秀场景。11个项目入选国家智能制造系统解决方案"揭榜挂帅"名单，入选数量位居全国第四，中部第一。湖南构建起更加完善的数字产业生态体系，为数字经济的高质量发展提供有力保障。例如，数字产业"优等生"长沙，在软件、互联网、智能制造等领域形成了集聚效应，吸引了众多知名企业入驻，推动了产业链的完善和协同发展。[①]

江西实施数字经济核心产业创新提升行动，做强核心元器件、关键电子材料、终端制造等关键链条，加快补齐专业芯片、软件等短板弱项。统筹网络、算力、应用等数字基础设施布局和建设，开展"信号升格"专项行动，大力发展人工智能、VR、物联网等有竞争力的数字产业链群，支持链主企业、平台企业等牵头搭建产业互联网平台。实施以生产线数智化改造为重点的制造业数字化转型升级计划，定期发布数字技术应用场景"机会清单""产品清单"，培育数字化转型服务商和系统解决方案供应商，大力开展中小企业数字化赋能行动，提升产业数字化发展水平。

加强三省数字经济合作。武汉数字经济占全市GDP比重超过40%，并且呈现占比持续增加趋势，长沙高端装备制造业发达，智能制造装备产业集群入选国家首批战略性新兴产业集群，有产业数字化巨大需求，而南昌正在全力打造数字经济创新引领区，依托在移动智能终端、北斗、智能网联汽车等产业上的特色优势，进一步打造以电子信息、相关设备及核心零部件等为主导的智能制造产业基地。在同一赛道上如何围绕产业链协同布局、实现竞合，打造具有国际竞争力的数字产业集群，还值得深入探讨。

2023年，三省协力推进武汉、长沙、南昌国家级互联网骨干直联点建设，

---

① 张米.乘"数"奋进、快"数"转型话湖南［J］.新湘评论，2024（16）：18-19.

全面提升存力、算力、运力水平，推动数据合规高效流通、赋能实体经济，以组合拳融入"东数西算"。长沙高新区、南昌高新区、武汉东湖新技术开发区等8个开发区入围2023年先进制造业百强园区。三省科技部门共同开通运营"长江中游城市群综合科技服务平台·共创云"，拓展科技成果转移转化的渠道。

（三）跨区域共建产业园区

现在三省内部已有跨市的"飞地园区"。湖北洪湖市新滩新区紧邻武汉市汉南区，行政区划属荆州市，不在武汉都市圈范围内。2012年1月15日，在湖北省和荆州市的大力支持下，洪湖市与武汉经济技术开发区达成了合作共建新滩新区的协议。2014年4月，武汉经济技术开发区与洪湖市签订协议，全面托管69平方千米的洪湖新滩新区50年。托管后，保留新滩新区整体建制，行政区划不变，功能不变，两区实行统一领导、统一规划、统一建设、统一招商，通过托管，逐步实现两区融为一体。鉴于两区合作基础较好，资源优势互补，武汉经济技术开发区与新滩新区"联姻"后，将在产业布局、基础设施、规划建设等方面实现一体化发展。2016年8月，省委编办正式批复设立武汉经济技术开发区洪湖新滩经济合作区管理委员会。到2023年，新滩经合区已建成投产项目63个，其中规模以上工业企业31家，初步形成绿色新材料、医药化工、汽车零部件三个产业板块。医药化工板块引进以一泰科技为龙头的企业9家，绿色新材料板块引进以长利玻璃为龙头的企业30家，汽车零部件板块引进以三立车灯为代表的企业9家。目前，新滩经合区正在向新能源新材料百亿产业园区迈进。

"飞地园区"也是长株潭产业协同的"经典之作"。首个长株潭"飞地园区"——长沙雨花经开区（韶山）智能制造产业园落地湘潭韶山以来，精密制造、轨道交通装备、机械电气设备等智能制造企业扎堆入驻、茁壮成长。在长株潭，更多"飞地园区""飞地片区"在乘势起飞。湘江新区是个"大块头"，经济体量居国家级新区第6位，南延北拓规划布局湘阴、湘潭九华新片区，组建长株潭创新联盟，共享科学仪器设施5671多台（套），提速建设湘江科学城。如果说"飞地园区"带动产业集群外溢，"配套园区"则更注重从延链补链寻找价值。株洲石峰区田心街道，一个看似不起眼的地方，却是"中国电力机车摇篮"，中车株机、中车株洲所、中车株洲电机等轨道交通龙头企业集聚于此。从田心街道出发，仅18千米就到达湘潭天易经开区。占地1100余亩的柏屹自主创新产业园内，150多家企业主要为株洲轨道交通装备、风电装备等产业配套，深度融入长株潭轨道交通产业链。

除依托省会城市外，还探索发挥其他大中城市的带动作用，跨省合作建设产业园区。黄冈以黄梅小池、武穴田镇为突破口推进与九江产业协作。以黄梅小池江北工业园为主要载体，推动黄梅与九江产业协作，依托九江 PTA 产能，重点发展化纤面料及绿色印染、光通信新材料、临港物流等特色产业，加快建设绿色印染产业基地，共同推动新技术研发、共建合作创新中心和量产基地，构建以产业链、供应链、产品链、技术链为纽带的跨江合作产业联盟。以武穴田镇"两型"社会建设循环经济试验区为主要载体，推动武穴与瑞昌产业协作，协同发展化学品制造、建材制造等产业，在建立循环型产业体系、循环型生产方式等领域加强基础研究，共同打造循环经济产业聚集区。

湖南、江西市县之间，依托产业园区加强合作。湖南醴陵县与江西萍乡共建的电瓷产业园及炎陵、茶陵、永新、莲花 4 县联手打造的电子信息合作产业园发展势头强劲，浏阳、醴陵、上栗、万载共建全国烟花爆竹转型升级集中区，烟花爆竹产量占全国市场份额达 85% 以上。2023 年 7 月，上栗县赣湘合作产业园正式加入长株潭都市圈园区发展联盟。近年来，因花炮而兴的上栗县聚焦电子信息、装备制造等领域持续推动产业转型升级，大力建设赣湘合作产业园。短短几年时间，赣湘合作产业园聚集企业 140 余家，形成了以电子信息产业为主导，新能源、新材料等战略性新兴产业齐头并进的多元化产业格局，为湘赣边区域的经济发展注入了新的活力。萍乡市湘东区是江西的西大门，也积极与湖南合作。其中江西嘉沃家居日用品有限公司陶瓷智能工厂，就是由湖南客商投资 5 亿元建设，作为湘东区推进赣湘产业合作的典型项目，目前正在打造全球首家日用陶瓷智能工厂。2024 年 7 月，湘潭市、萍乡市提出深化战略合作协同配合、强化产业转型对接协作、促进商贸流通互利合作等重点任务，明确两市加强国家产业转型升级示范区建设合作交流，重点推进先进钢铁材料、新能源汽车、先进电池材料、电机电控电传动等产业对接合作，形成优势互补、分工协作的产业集群。[①]

要建立健全"飞地经济"财税利益分配机制。将"飞出地""飞入地"的经济捆绑发展，探索"存量不动+增量分成"的区域利益分享模式。建立跨区域项目财税利益分配机制，对于跨区域的项目建设、产业转移、投资活动等，采取联合共建、股份化运作等方式和途径，实现利益分成和利益共享，促进中心城市产业生态圈向城市群产业生态圈拓展。

---

① 帅才，余贤红，明星，等．三省共下"一盘棋"：湘赣鄂区域协同发展调查［N］．经济参考报，2024-07-16（05）．

第二节　建设现代服务业集聚区

现代服务业是现代产业体系的重要组成部分。长江中游三省开展服务业合作历史悠久，并且已经取得佳绩。在长江中游城市群协同发展中，要携手开展商贸流通、现代物流、金融保险等领域的合作，共建现代服务业集聚区。

一、商贸业合作

2017年11月1日，商务部有关领导同志在湖北省社会科学院召开座谈会，首次全文发布《长江中游区域市场发展规划（2017—2020年）》。

三省商贸流通很早就开始合作。2004年12月29日，武商集团走出武汉踏出湖北的第一家省外百货店——武商岳阳购物中心开业。武商岳阳购物中心面积达3万平方米，由武商集团租赁岳阳当地物业并全额投资全面托管。在岳阳当地，武商岳阳购物中心与先期进入岳阳的马来西亚百盛购物中心鼎足而立，建设岳阳顶尖的中高档购物中心。湖北国有控股上市公司武商集团先于沃尔玛进入岳阳，湖北国有控股上市公司华新水泥进入岳阳，基本上是同一时间段。

2019年4月，《南昌市进一步激发商贸消费潜力促进商贸消费升级三年行动方案（2019—2021年）》提出，加大商贸领域招商引资力度，引进路易威登、普拉达、范思哲等国际高端品牌落户；吸引国际一线品牌在南昌设立品牌首店、形象店。南昌急需的首店招商力，正是武商集团的"强项"。2020年，武商MALL共吸引近百家首店入驻。该项目定位高端商业综合体项目，引入众多国际一、二线高端品牌，大多为首次登陆江西市场。除此之外，还引入高端国际化妆品牌、高阶潮牌、设计师品牌，打造包括正餐、奶茶、轻餐、文创、武商超级生活馆等综合购物体验场景的"武商里"。2021年9月13日，武商集团宣布收购在建的南昌苏宁广场。武汉与南昌之间的商贸交流强度逐年提升。

总部在武汉的良品铺子是一家致力开发与推广特色休闲食品的全国直营连锁企业，自2006年8月创立以来，就确立了"占领华中，辐射全国"的发展战略，现已成为中国最大的休闲食品连锁零售企业，高居"全国十大零食店品牌（2024年）"之首。截至2024年9月，良品铺子已在全国拥有近5000家专卖店，其中一半以上在湖北、湖南和江西三省。居"全国十大零食店品牌

（2024年）"第三位的"零食很忙"2017年创办于长沙，居第九位的"新零食"2020年也创办于长沙，两者全国专卖店分别达到4000多家和1400多家，超过半数分布在湘鄂赣三省。

欧亚达集团董事长兼总裁徐良喜是江西丰城人，创办的欧亚达是赣商在鄂最大企业，是一家以家居商品流通业为主体，多元化、跨行业的大型企业集团，经营领域涉及家具制造、连锁商场管理、企业并购、房地产开发、古玩市场等。欧亚达集团产业包括欧亚达家居集团有限公司、欧亚达家居连锁商场、欧亚达家具制造公司、欧亚达家具街有限公司、欧亚达徐东古玩城、欧亚达广告发展有限公司、欧亚达房地产开发公司等。2007年欧亚达集团成功收购中国电子器材中南有限公司，2008年又成功收购武汉蔬菜集团。欧亚达在长沙开有高桥店、欧亚达第一国际。

2019年6月，成立3年的武汉中百罗森选择长沙开设省外首店。2021年以后，中百罗森落子长沙步伐明显加快，2021年9月16日中百罗森在湖南长沙第100家门店在开福区东风路开业，平均每周开一家新店。江西、湖南商业企业走进湖北步伐也在加速。[①] 2020年，长沙茶饮品牌茶颜悦色将"出省"第一站选在武汉，不到一年在武汉的门店数已达35家。在武汉的每一家茶颜悦色门店内，还能买到印有武汉元素的笔记本、手提袋、明信片，汉味十足。在武汉各大火车站，来自江西的卤味品牌"煌上煌"，还有"瓦罐鸡汤"，也吸引了不少湖北人打包。

2022年12月28日，2022武汉（汉口北）商品交易会、全球数字贸易大会在武汉市隆重开幕。花卉、海鲜、调味品、粮油等一批特色新型消费品供应链落户武汉国际贸易城，汉口北鲜花小镇、味道小镇、名车小镇等专业商贸小镇同期开业，构建消费提质升级新平台。汉口北国际商品交易中心是全国建筑规模最大、交易额第二的现代商贸物流中心。产业集聚、辐射能力强，形成了功能强大的消费品现代供应链管理中心，是湖北武汉融入"双循环"新发展格局、加快构建全国统一大市场的枢纽市场、创新试验区和重要产业载体。

二、物流业合作

三省确立构建中三角战略后，企业纷纷响应。2012年3月中旬，湖北著名民

---

① 肖丽琼. 长江中游三省商业名企交叉布局：武商在南昌打造武商MALL 中百罗森到长沙开了100家门店 [N]. 湖北日报，2021-09-16（06）.

营企业——卓尔控股集团，在湖南开工建设长沙物流总部基地。该项目总投资12亿元，吸引国内大型企业湖南分部、湖南省内中型企业总部入驻，同时成为卓尔控股旗下汉口北国际商品交易中心分销平台和阳逻港货物收集平台。

2016年12月15日，武汉新港管委会宣布，正式开通中三角省际集装箱公共班轮航线。打通了武汉—岳阳—九江三港之间物流新通道。实行定港停靠、定线运行、定班发航、定时靠港、定价发布等"五定"班轮模式，运营初期拟投入船舶2艘，航行区间为岳阳—武汉—九江，在岳阳城陵矶港、武汉阳逻港、江西九江港之间穿梭运行。2023年4月11日，武汉市交通运输局、武汉市财政局印发《武汉长江中游航运中心航运航线补贴办法》，专列"中三角省际集装箱公共班轮航线补贴"一条，补贴对象为经营中三角省际集装箱公共班轮航线的航运企业。补贴与航班准班率挂钩，对84小时（下行72小时）以内完成航班，季度准班率达到85%以上的，每单程航次给予2万元补贴。航线延伸至南昌（长沙）后，每单程航次给予2.5万元补贴。

2012年10月，武汉开通了"汉新欧"班列，成为全国继渝新欧之后第二个开通的中欧班列。"汉新欧"开通后，积极服务"中三角"建设，运回的西伯利亚优质木材，相当一部分分拨给了湖南、江西客户。江西省在"十三五"规划纲要中就提出"稳定开行赣欧（亚）国际货运铁路班列，主动对接'汉新欧''渝新欧'国际班列"。三省达成共识：积极推进口岸通关和航运一体化，推动湘新欧、赣新欧、汉新欧国际铁路货运班列对接合作，努力形成三省互动、联结周边、通达世界的开放通道。

2021年5月13日，一列满载湖南醴陵工业园企业原料的货运专列缓缓驶入位于萍乡市湘东区的赣西国际港，标志着湘赣边货运专列正式开行。作为重大交通互通项目的物流中心，赣西国际港正逐步成为湘赣边湖南企业首选的物流转运站。赣西国际港不仅联通国内，还获批开行国际联运中欧、中亚、东盟班列，为湘赣边企业走向世界搭建了广阔平台。2021年10月，国家发展改革委正式发布《湘赣边区域合作示范区建设总体方案》。随着赣湘区域合作不断深化，越来越多的湖南企业将毗邻的湘东区作为转运枢纽，以此降低企业物流运输成本，湖南企业货物占比超过60%。

2022年12月，三省签署《发挥西部陆海新通道及中老铁路作用 融入共建"一带一路"新格局的协议》，商定利用湖南怀化国际陆港对外通道和对接东盟品牌优势，协同三省焦柳线、沪昆线上的城市货源在怀化集并，统一国际贸易"单一窗口"用户管理和身份认证，实现用户"一次注册、三省通用"。

2022 年 7 月正式投入运营的鄂州花湖国际机场，被称为"中国的孟菲斯"。截至 2024 年 8 月初，机场 2024 年的货邮吞吐量已突破 50 万吨，为 2023 年全年的 2 倍，仅次于上海浦东、广州白云、深圳宝安、北京首都四大机场，排名升至全国第五。截至 2024 年 8 月底，机场已开通货运航线 73 条，其中国际货运航线 22 条，国内货运航线 51 条，形成覆盖全国，连通亚洲、欧美和非洲的轴辐式航空货运网络。鄂州花湖国际机场服务范围包含湖南、江西等省，湖南岳阳等市纷纷到机场对接，共商航空物流及口岸相关事宜。鄂州花湖国际机场货邮吞吐量近几年超过四大一线城市机场是大概率事件，远期规模将达到 900 万吨，远超美国的孟菲斯（现居世界第一）。湖南、江西各个城市要抢抓机遇，加强物流业合作，借"机"起飞。

三、金融业合作

利用中国人民银行武汉分行正好管辖湘鄂赣三省的有利条件，开展长江中游城市群银行业合作。积极推动区域内城市商业银行、其他中小金融机构跨行政区设立分支机构，扩大业务范围，增强实力。支持汉口银行、湖北银行到湖南和江西设立分行，支持长沙银行到湖北和江西设立分支机构，支持南昌银行到湘鄂两省发展业务，支持九江银行参与对岸湖北小池滨江新区开发。加快完善和推广电子商业汇票系统，促进商业票据在三省的流通，提高流通速度。积极鼓励和支持异地贷款、银团贷款，促进区域信贷市场的发展。以全国统一的企业和个人信用信息基础数据库为依托，积极支持和推进长江中游地区信用体系建设，着力改善区域金融生态环境。

积极培育区域性股权交易市场，支持武汉农村综合产权交易所扩大辐射范围，支持武汉航运金融中心、长沙科技金融中心、南昌金融服务中心建设。支持鼓励类产业企业上市融资，支持符合条件的企业通过债券市场直接融资。开展非上市股份公司股权转让试点，发展壮大金融后台服务产业。通过共享区域产权交易所，进一步便利区域中小企业、高新技术企业开展产权交易及投融资活动。继续大力发展本土的产业投资基金和私募股权基金，联合推进跨境贸易及投资中人民币运用有关工作。支持长江证券、湘财证券等三省证券公司异地开办业务，进一步做大做强。支持三省风险投资和金融辅助机构联合发展，共同发展。

2015 年 7 月国务院批准《武汉城市圈科技金融改革创新专项方案》后，湖北积极探索，建立科技金融改革创新的"东湖模式"，中国人民银行武汉分行出台了支持科技金融发展的 22 条落实政策，湖北证监局提出以科技金融创新为主线实现科技资源与资本市场有效对接的政策，均收到较好效果。长江中游城市群可以复制"东湖模式"，推进科技金融创新。建立科技企业信息共享机制和信用增级机制，平衡金融机构的风险与收益，引导更多渠道资金进入科技金融领域，形成多元化、多层次、多渠道的高科技产业投融资体系。2024年9月4日，武汉都市圈资本市场服务基地正式启用。要面向长江中游地区加快上市后备企业培育，推动上市公司做大做强，打造多层次资本市场建设的全国新标杆、科技金融改革创新的全国新高地、资本市场引领经济高质量发展的全国新名片。

打造全国碳金融中心。抓住全国碳排放权注册登记系统在湖北营运的机遇，逐步将武汉打造成全国乃至全球最大的碳金融中心。以武汉光谷联交所为运行平台，联合湖北省清洁发展机制（CDM）服务中心，争取湖南、江西两省支持，共建中三角碳金融交易系统。然后，逐步向外拓展，努力形成全国碳金融中心，提供碳排放指标、准CDM项目、碳基金、碳期货等交易的碳金融产品。

第三节　再现"湖广熟、天下足"盛景

2024年3月20日，习近平总书记在长沙召开的新时代推动中部地区崛起座谈会上强调确保粮食等重要农产品稳定安全供给。2024年5月27日，中共中央政治局审议通过的《新时代推动中部地区加快崛起的若干政策措施》，将"我国重要粮食生产基地"作为中部地区第一个战略定位。长江中游三省要充分发挥自身优势，扛牢政治责任，打造我国重要农产品生产基地，再现"湖广熟、天下足"盛景。

一、共推种植业"量"向"质"的转变

湖南、江西、湖北都是全国产粮大省，湖南、湖北还是全国水稻科研高地。要继续发挥国家粮食主产区的优势，实施全国新增千亿斤粮食生产能力规划，实质性推进"单改双"，大力推进高产创建，提高粮食综合生产能力。发挥三省种植业优势，湖南重点做强湘米产业，扩大双低油菜生产面积，加强优质棉制种加工基地建设；湖北稳定发展水稻、小麦生产，扩大玉米、大豆、马铃薯等旱粮生产，建设国家重点棉花种植基地，积极构建双低油菜籽生产新模式；江西充分发挥水稻主产省优势，在主攻籼稻的基础上，适当扩大糯稻、粳稻种植。改善三省

种植业经济效益偏低的问题，推动长江中游城市群农业由"量"向"质"的突破性转变，建设国家高效、优质、经济的粮棉油基地。

在合力推动三省在蔬菜、茶叶、中药材、苎麻和蚕茧等经济作物合作的基础上，积极发挥地方特色，如湖北的魔芋、食用菌等，湖南的烟草、柑橘等，江西的脐橙、花卉苗木等。积极推进经济作物的基地建设，提升长江中游地区经济作物种植在全国的地位。同时，加快经济作物产业化的步伐，推动特色农产品深加工，实现板块基地与龙头企业对接，以龙头企业为主体，按照高产、优质、高效、生态、安全的要求，建设一批标准化原料加工基地，培育一批专业大户、家庭农场、农民专业合作社和龙头企业等规模经营主体，力争将长江中游地区建设成为全国农业产业化示范基地。

二、共同打造全国畜牧水产品基地

发挥长江中游生猪养殖的优势，以长江干流沿线城市为重点区域，建设全国生猪养殖基地。加快转变传统养殖方式，不断提高规模化、标准化养殖水平。完善良种繁育体系，扩大良种猪产能，提高种猪品质。扩大生猪屠宰加工能力，提高产品的安全性，开发适销加工产品。瞄准"珠三角"作为主外销区，开拓"长三角"新外销区。

湖北淡水产品产量已连续28年居全国第一，湖南、江西也分别居全国前5、6位。要以长江为主轴，环鄱阳湖、环洪湖和环洞庭湖为重点区域，在稳定发展"青、草、鲢、鳙、鲤、鲫、鳊、鲂"八大常规当家品种的基础上，按照区域化、专业化、标准化、产业化的要求，大力推进特色水产品养殖。以湖北为龙头，突出小龙虾、河蟹、斑点叉尾鮰三大出口优势水产品和龟鳖、乌鳢、鲇鱼、鲌鱼、大鲵、胭脂鱼、鲟鱼等特色品种。环鄱阳湖区突出虾蟹、鳜鱼、黄颡鱼（乌鱼）等名优鱼养殖，洞庭湖突出三角帆蚌和鳝鱼等特色。加快无公害水产品生产示范基地建设，加大对水产加工龙头企业的扶持和培育力度，推进形成"公司加基地，基地连农户"的产加销一体化格局，把长江中游建设成全国最大的优质淡水水产品生产基地和商品基地。

2024年8月，农业农村部公布对政协第十四届全国委员会第二次会议第02458号提案答复摘要：农业农村部将会同有关部门，继续加大对湖南、湖北农业农村领域政策支持，在品牌培育、种业创新、产业发展等方面持续优化投入机制，提升粮食综合生产能力，推动农业农村高质量发展。根据摘要，农业农村部近年来会同有关部门，围绕品牌建设、品种推广、产业发展等领域，不断加大粮食生产支持政策力度，将湖南、湖北共 14 个区域公用品牌纳入农业品牌精品培育计划，支持湖南开展水稻育种攻关、湖北开展油菜等重要物种育种联合攻关，累计支持两省建设了 23 个国家现代农业产业园、17 个优势特色产业集群和 158 个农业产业强镇，支持湖南累计新增库容 104.86 万吨，湖北新增库容 65.14 万吨。①

三、支持联合打造跨省区域品牌

"湘赣红"是由湖南、江西两省共同打造，覆盖湘赣边区 24 个县（市、区）的农业区域公用品牌，以湘赣两省革命老区红色基因文化内涵、地域特性及产业发展特色为基础，致力于推动湘赣边区现代农业协同发展。"湘赣红"推动农业产业高质量发展，湘赣两省联合创立的"湘赣红"农业公共品牌授权产品近 400 款、年产值近 30 亿元。据 2021 年 2 月 6 日在长沙举行的"湘赣红"农产品区域公用品牌发布会发布的消息，"湘赣红"品牌正式授权的企业有 84 家，其中湖南省 57 家，江西省 27 家；授权产品涵盖粮食、蔬菜、水果、茶叶、畜牧等八大类 156 款。湘赣红天猫官方旗舰店当日也正式上线，也是湖南省农产品在天猫商城的第一个卖场型旗舰店。

第四节　以科技创新引领产业协同发展

习近平总书记在南昌主持召开进一步推动长江经济带高质量发展座谈会时强调，"要坚持创新引领发展，把长江经济带的科研优势、人才优势转化为发展优势""要加强科教资源的优化组合和科技创新协同配合"。习近平总书记在长沙主持召开新时代推动中部地区崛起座谈会时强调，"要以科技创新引领产业创新，积极培育和发展新质生产力"。长江中游城市群作为长江经济带与中部地区的重合区，要深入贯彻两次座谈会重要精神，以科技创新引领产业协同发展，为推动长江中游三省高质量发展提供有力支撑。

---

① 参见《农业农村部：将加大对湖南湖北农业农村领域政策支持》。

一、加快建设科技创新共同体

区域协同创新是推动区域高质量发展、提升区域整体优势的关键所在。京津冀协同发展、长三角一体化发展、粤港澳大湾区建设、成渝地区双城经济圈等都提出了建设区域创新共同体，《长江中游城市群发展"十四五"实施方案》对建设科技创新共同体也作出了部署。

早在 2012 年 3 月，湖北、湖南、江西三省科技厅共同签署了《长江中游城市集群科技合作框架协议》，科技部领导出席签字仪式。确定三省在建立科技联席会议制度、做强高新技术产业、争取国家科技计划支持、推动产学研合作、实现科技创新资源共享、加强科技计划管理与协调、开展区域可持续发展战略研究、设立中三角科技创新论坛等方面开展广泛深入的合作。2012 年 9 月 17 日至 18 日第八届中国·湖北产学研合作项目洽谈会在武汉科技会展中心举行，该届洽谈会首次设立中三角展区，展示中三角地区科技与产业合作的最新成果。集中展示一批战略性新兴产业前沿成果、国家重大科技成果转化项目及一批突破性科学技术成果，总数达近 5000 项。

启动于 2019 年的"长江中游城市群综合科技服务平台研发与应用示范"项目，已成长为三地高校、科研院所和企业共享的科技服务资源整合平台。2021 年 6 月，首届长江中游城市群技术经纪人大赛在武汉启动，成为全国范围内首次以区域联动的形式开展的专门针对技术经纪人的重要赛事。2021 年 6 月 23 日上线的湖北省技术交易大厅收储专利成果 1325 项，技术开发、技术转让、技术融资三类细分企业需求 396 条，湖北省技术交易大厅接通湖南、江西资源，真正实现三省科技要素互联，共收储各类创新资源 30 余万条。2021 年 7 月 9 日，长江中游城市群科技服务联盟在长沙正式成立，湘、鄂、赣三省政府部门代表共同签署了《长江中游城市群科技服务联盟合作框架协议》，并对 30 余家联盟会员单位举行了授牌仪式。此外，长江中游城市群综合科技服务平台也正式启动上线，全面助力实现跨区域仪器资源共享。2023 年 9 月，湖南省代表团赴江西、湖北考察，进一步深化科技创新大走廊、现代化产业体系建设等方面合作。深化长江中游城市群知识产权合作，成立长江中游城市群科技服务联盟，累计促成科技服务交易 327 笔，实现平台交易 1.21 亿元。共同推动组建长江中游国家技术创新中心，萍乡（长沙）飞地科创中心建成运营，入驻企业 15 家。

协同布局建设若干重大科技基础设施。共同推进"三区"（东湖、长株潭、鄱阳湖国家自主创新示范区）、"三走廊"（光谷科技创新大走廊、长株潭科技创新走廊、赣江两岸科创大走廊）合作对接。加快武汉信息光电子、株洲先进轨道交通装备等国家制造业创新中心建设，新培育一批产业创新中心和制造业创新中心。打破区域行政界限，依托创新廊道统筹考虑，将研发—孵化—中试—投产—成果等环节在创新廊道内进行统筹布局，推进科技型企业将研发总部放在武汉、长沙、南昌，支持将中试基地和创新成果产业化新基地向周边区域布局，带动区域创新能力提升。建设产业技术联盟能够鼓励跨区域创新合作模式。产业联盟将共用相同的资源、具有共性技术及面对相同市场的企业集聚起来，通过共建研发平台、培训机构、服务中心等实现跨区域创新合作。推动企业与高校、科研院所将各自资源和人才重新配置，形成新的创新联合体。

支持湖南、湖北共同组建的杂交水稻国家重点实验室和湖南、江西共同组建的南方粮油作物协同创新中心加快发展，推动中国科学院在长江中游城市群布局更多科研平台，进一步做大做强中国科学院武汉分院。鼓励将在京部属高校和科研院所尤其是从外地迁入北京的优先向武汉、长沙、南昌疏解。共建更多创新大平台和协同创新中心，共建一批国家重点实验室，在武汉已有一个国家实验室的基础上，争取共创 1～2 个国家实验室。支持领军企业跨区域组建创新联合体，带动中小企业创新活动。鼓励区域内高校发挥各自优势，建立区域间校地、校企、校校合作体系。深化产学研合作，相互开放国家级和省级重点实验室、中试基地等试验平台。组建产业技术创新战略联盟，联合开展产业重大共性关键技术科研攻关，推动科技成果转化和产业化，推进大型科研仪器设备和重大科研基础设施向广大创新创业者开放共享。

二、加强知识产权保护合作

科技创新和知识产权之间的关系密不可分。科技创新是打造知识产权的前提，是知识产权的源头，没有科技创新就没有知识产权的产生和发展；知识产权制度通过法律手段保护创新者对其成果的专有权，从而为创新活动提供了强大的动力。在激励创新方面，知识产权制度具有至关重要的作用。

2023 年 7 月 18 日，湖北省宜昌市、荆州市、荆门市、恩施州跨区域知识产权保护工作交流暨合作签约活动在湖北省荆州市举行。此次活动是建立"宜荆荆恩"跨区域知识产权保护协作机制，大力实施知识产权强国战略，积极探索新形势下高效便捷的知识产权执法维权保护合作机制，大力提升知识产权保护能力的重要举措。

2023 年 8 月 16 日，湖北省黄石市、黄冈市、鄂州市、咸宁市，江西省九江市、景德镇市，安徽省池州市、安庆市，湖南省岳阳市九市的市场监督管理局（知识产权局）在湖北省黄石市联合签订《四省九市市场监管政务服务"跨域通办"暨知识产权跨区域保护合作协议》，进一步畅通政务服务一体化，营造知识产权大保护环境。政务服务"跨域通办"合作协议主要内容为建立线上线下多渠道通办模式、建立审批事项联络员制度和轮值制度；知识产权跨区域保护合作协议主要内容为建立知识产权保护会商研讨机制、知识产权保护协作机制、知识产权协同办案机制、知识产权保护资源共享机制、区域人才培养合作机制、知识产权重点保护名录机制等，强化知识产权海外护航和建立知识产权成果交流制度。

三、开展脑科学和类脑智能领域科技和产业创新

2021 年，我国正式发布"中国科技创新 2030"——"脑科学与类脑研究"重大项目，简称中国脑计划（China Brain Project）。基础较好的武汉、长沙有关高校院所积极参与，取得重大进展。

在脑科学方面，武汉以华中科技大学脑研究所、神经系统重大疾病教育部重点实验室为依托实体，成立脑科学中心。瞄准脑科学国际前沿，牵头承担"中国脑计划"重点任务，聚焦"人脑工作原理""功能可视化与类脑计算""脑疾病诊疗"三个主要研究领域，全面开展脑科学与类脑研究。湖北省进一步提出，实施人形机器人突破工程，加快突破"大脑、小脑、感知、躯干、四肢"关键技术，尽快实现"从 0 到 1"的突破，并进入"从 1 到 10"的产业化轨道。2021 年 11 月 18 日，中南大学湘雅医院正式成立脑科学与人工智能研究中心。未来 3~5 年，中心将持续与国防科技大学计算机学院、国家超级计算长沙中心等机构合作，致力于推进脑科学产学研一体化进程，探索精神心理疾病的脑机制，发展以人工智能技术为导向的数字心理疗法，推动脑疾病和精神心理障碍的诊断、治疗、康复、预防，并在人脑智能与潜能的开发等领域进行开拓性的研究。

在类脑智能方面，将以计算建模为手段，通过研究人类大脑的工作机理，模拟出近似人类一般的具有思考、学习能力的机器人或系统。武汉是我国类脑智能研究重镇，武汉人工智能研究院依托中国科学院自动化研究所的技术与人才优势，建立国际领先的人工智能研究和成果转化平台，抢占国际智能科技产业制高点；武汉大学人工智能研究院是依托于计算机学院，联合多个学院和实验室共同建设的大型跨学科研究平台，致力于人工智能领域的深入研究；华中科技大学在人工智能领域也有深厚的研究基础和强大的师资力量；武汉理工大学入选国家卓

越工程师学院建设高校，聚焦人工智能等关键领域的人才培养和科学研究。长沙基础较好，国防科技大学、中南大学、湖南大学致力于开展脑认知与神经计算、类脑多模态感知与信息处理、类脑芯片与系统、量子人工智能、智能机器人等技术的研发和工程化，进一步研制出类脑芯片、人工智能量子模拟器、类脑智能机器人等原型产品并产业化。长江中游城市群要不辱使命，加快建设类脑智能技术应用研究平台，支撑开展脑认知与神经计算、类脑多模态感知与信息处理、类脑芯片与系统、量子人工智能、智能机器人等技术的研发和工程化。更多地在智能信息处理、智能机器人、类脑芯片与系统等重点研究方向取得一批关键技术成果并成功转化，加快构建类脑智能技术与应用领域自主知识产权和标准体系，形成可持续的产学研协同创新机制，为推动类脑智能的技术进步和产业发展提供技术支撑。

四、开展量子信息领域科技和产业创新

量子保密通信，基于量子不确定且不可克隆的物理特性。量子密钥生成后，利用其对信息进行加密，就可以实现信息的安全传输。简言之，量子保密通信为信息加密，且加密方式极其安全可靠。利用量子保密通信网络，可以保护用户打电话、发邮件、传输文件等，不需要担心信息被盗破译。这也决定了它的应用领域广泛，在政府、银行、能源等领域都能保障通信安全。

着眼量子科技广阔的发展前景，湖北在全国率先起跑，从原始创新到场景应用，量子产业跻身全国第一梯队。多年来，位于武汉的中国科学院精密测量科学与技术创新研究院完成了多项"从0到1"的历史性突破，其完成的我国首台钙离子光频标，105亿年偏差不到一秒。长江量子（武汉）科技有限公司生产的量子安全蓝牙耳机、量子安全电脑，能自动在终端上完成加密和解密，有效防止信息泄露。据业内人士透露，同样是分解300万大数据的任务，目前万亿次的经典计算机，大约需要15万年，而使用量子计算机只需1秒。湖北交投集团是湖北省量子科技产业的"链主"企业，由其承建的湖北省量子通信骨干网总里程已超过1700千米，鄂州花湖国际机场智慧高速也被打造为全国首条具备量子保密安全能力的智慧高速公路。2023年11月15日，湖北省政府新闻办召开发布会，提出推动光谷量子化，依托武汉光谷打造"量子谷"，深化与合肥、上海、北京等地量子科技产业协同、错位竞争。根据《湖北省加快发展量子科技产业三年行动方案》，要实施场景应用示范工程、产业融合发展工程，打造"量子+科技"城市、"量子+新基建"基础设施、"量子+智慧交通"、"量子+金融安全"、"量

子+综合 PNT（综合定位、导航与授时）"五大应用场景，推进"量子+新能源与智能网联汽车""量子+生命健康""量子+高端装备""量子+电子信息""量子+北斗""量子+电力电网"等现代化产业融合发展。[①]

长沙市积极响应国家战略部署，将量子科技作为三个未来产业之一，依托高校资源优势，大力发展量子科技，着力引进国内外一流研发机构，组建了长沙量子测量产业技术研究院。希望以该项目为契机，让更多项目布局长沙、让更多人才留在长沙、让更多技术转化在长沙，为长沙量子产业快速发展提供更加有力的支撑。2024 年 6 月 14 日，长沙全球量子研发中心项目签约落户望城经开区，项目总投资 3 亿元，计划建设全球量子研发中心及中试基地，开展量子相关的算力及部分量子技术应用场景搭建。该项目计划在 2024 年 7 月启动建设，12 月实现整体投运，3 年内可实现量子探针、光学锁频腔 2 个产品的成果转化，2030 年前累计实现上述 2 个产品在内的 5 个孵化项目的产业化，预计年产值达 10 亿元以上。[②]

五、开展基因技术领域科技和产业创新

生物基因工程技术是一个新兴的高技术产业，该产业具有高成长、高风险和高收益的特点。基因行业在技术上涵盖以下范围：基因芯片、测序、PCR、光学图谱、核酸质谱等序列取读、基因编辑、基因合成、DNA 存储等技术，获取、解读、改写和构建生物信息，同时延展到多组学，和医学影像、可穿戴设备、数字技术等结合构建数字化生命健康。

在武汉"光谷生物城"，云集华大基因等众多基因科技企业。其产品和技术广泛用于生命科学和医学基础研究、DNA 司法鉴定、健康筛查、临床基因诊断、农业分子育种、新药研发，以及新型数据存储材料及智能化等方向。2024 年 3 月 8 日，光谷高农生物园内主题为"基因编辑"的沙龙活动，云集了武汉生物育种界的众多大咖。现代育种正发生革命性的变化，分子生物学等现代技术的应用，正推动育种的精准化、高效化和规模化。中国种子集团生命科学技术中心是水稻研发创新的国家队。应用现代生物技术，定向改良的水稻品种超过 80 个，涉及的基因超过 100 个。[③]

①　马文俊. 打造"量子谷"，提速"量子+"，湖北出台三年行动方案：青云直上无限"量"[N]. 湖北日报，2024-05-23（01）.

②　罗杨. 长沙全球量子研发中心项目落户望城经开区 [N]. 长沙晚报，2024-06-14.

③　李先宏. 产业化扩面提速　武汉种企布局生物育种赛道 [N]. 湖北日报，2024-03-12.

支持武汉打造"中国种都"。这里，研制出世界第一条克隆鱼、世界第一支试管藕、世界第一个双低油菜品种、世界第一张水稻全基因组育种芯片；构建动物生物制品产业创新链，行业龙头企业科前生物年产值突破 10 亿元；推动先正达中国、丰乐种业、湖北省种子集团等 60 余家种企成立种业联盟，年推广种植面积超过 1000 万亩；引导打造湖北省武汉市种业全产业链，2022 年全市种业全产业链产值达到 640 亿元；强化生物饲料添加剂产业转化链，龙头企业新华扬的饲料酶远销欧盟、东南亚的 40 多个国家和地区，市场占有率亚洲第一。一连串耀眼的成果和数据，勾勒出武汉国家农创中心科技创新发展的不懈努力和质的突破。为破解科研与经济"两张皮"问题，武汉国家农创中心借鉴中国光谷科技创新及成果转化先进经验做法，打破阻碍、拆掉藩篱，全力打通科技创新与经济社会发展通道。①

支持长沙依托吉因加基因研究院，打造合成生物技术、单细胞组学技术、慢病防控技术、多组学大数据分析于一体的创新平台；基于已具备的科研和产业优势，建立高标准的医疗器械产业化基地和医学检验大平台，拓宽业务赛道。在医学领域依托长沙高端医疗器械中心及优质的高校和科研院所资源，打造行业首个 NGS 全流程智能化的 IVD 诊断系统，在临床端推进广泛使用，赋能中国精准医疗行业发展；在科技领域充分发挥长沙保税区政策优势，建立 NGS 全球服务中心，基于 T20+T7 实验室，打造中国最大的测序服务平台，提供面向全球的临床+科研服务；在健康领域携手当地政府、医疗机构、行业伙伴加强合作，成为国内首个打通肿瘤全病程管理服务体系的公司，做到服务人人健康的互联网医院。②

六、开展 6G 领域科技和产业创新

6G，即第六代移动通信标准，一个概念性无线网络移动通信技术，也被称为第六代移动通信技术，可促进产业互联网、物联网的发展。"3G 改变习惯，4G 改变生活，5G 改变社会，6G 改变世界"体现了人们对 6G 的极高期望，也显示出 6G 的先进和强大。我国在 6G 战略布局与技术研发方面均处于世界前列。早在 2019 年就建立了完善的 6G 推进组织，由工信部牵头成立中国 IMT-2030（6G）推进组，为产业界、研究机构、基础运营商等搭建产学研用平台，加强国际合作交流和技术研发；由科技部会同有关部门成立了国家 6G 技术研发推进工

---

① 孙眉. 世界上第一条克隆鱼、第一支试管藕、第一张水稻全基因组育种芯片，多个第一都来自这里〔N〕. 农民日报，2023-08-16.

② 参见《湖南长沙：聚焦医疗健康研发新领域　以基因科技服务大众健康》。

作组、国家 6G 技术研发总体专家组。中国电信、中国移动、中国联通三大运营商与华为、中兴等主流设备商和各类通信企业也紧跟国家发展战略，积极布局探索 6G 愿景需求、潜在技术方向和应用场景，通过组建研发团队、开展技术交流、搭建产业合作平台、参与国际组织研究项目等方式推动 6G 关键技术、标准研究、技术测试和实验验证。在全球 6G 专利排行方面，我国以 40.3% 的 6G 专利申请量占比高居榜首，美国以 35.2% 紧随其后，日本以 9.9% 排名第三。① 由此可见，我国在 6G 研发和探索方面，保持了 5G 以来的全球领先优势。

但是我国 6G 产业必要支撑环节的部分基础核心技术基础薄弱，如毫米波/太赫兹通信、空天地融合移动通信、通感一体等，特别是在前沿原创性技术方面有待加强。又如，武汉智能网联汽车比较发达，其开放测试道路辐射面积 3000 多平方千米，远超全球第二大自动驾驶示范区硅谷的服务面积，但汽车的感知能力主要依靠本地多种传感器，包括摄像头、毫米波雷达、GPS、激光雷达等，虽然综合精度达到厘米级甚至毫米级，但因为感知范围受限和感知精度不足，应对突发事件的响应能力不足，仍无法满足自动驾驶需求。6G 提供的 0.1 毫秒的超低延迟和厘米级的定位精度，将使无人驾驶、沉浸式通信、各种专用机器人进入普通人的工作生活中。

2024 年 5 月 9 日，湖北省政府新闻办召开新闻发布会宣布，实施"211"工程。"2"指的是 5G-A（5G 网络的演进和增强版）规模提升和 6G 技术攻关"双线并进"。第一个数字"1"和第二个数字"1"，就是推进"双十大行动"。第一个十大行动，是 5G-A 规模提升十大行动，主要包括在智能制造、智慧交通、智慧医疗、智慧教育、智慧枢纽、智慧文旅、城市管理 7 个领域率先开展 5G-A 示范应用，做大做强通信设备、核心元器件和智能终端 3 大产业；第二个十大行动，是开展 6G 核心技术十大攻关行动，聚焦 6G 智能空口链路、超维度天线、被动式通信、芯片、光器件、内生智能网络、通感算融合、星地融合移动通信、高精度定位追踪与同步成像、确定性网络 10 个重点领域，组织开展技术攻关。

湖南等地也有一定的 6G 研发基础。长江中游城市群要借鉴我国 5G 产业发展的成功经验，充分利用 5G 产业链的基础设施和资源，整合移动通信领域产学研用力量，以商用需求为牵引，带动上下游产业链形成 6G 产业发展合力，推动 6G 产业链协同发展。

---

① 周钰哲，滕学强，彭璐. 6G 全球最新进展及启示［J］. 中国工业和信息化，2023（7）：14-19.

七、开展氢能与储能领域科技和产业创新

氢能，燃烧产生的能量可达到等量汽油的 3 倍，但只排放出水，被誉为"21 世纪终极能源"。当前，全球正兴起氢能发展热潮，我国也将氢能产业作为未来国家能源体系的重要组成部分、战略性新兴产业，多项促进氢能产业发展的重磅政策陆续出台，氢能在引领能源消费模式转变方面的潜力日益凸显。湖北是全国重点氢能发展地区。具备约 50 万吨/年工业副产氢能力，其中武汉市青山区迄今已有 60 多年工业副产氢历史，被誉为"华中氢都"。青山拥有全国重要的钢铁、石化制造业基地，钢铁化工副产氢资源丰富，形成了一个以工业副产氢回收和非能源利用的"氢能上游产业"，制氢产业已经具备相当规模，年产能接近 20 万吨。围绕制、储、运、加、用等环节打造高效完善的氢能产业政策体系，优化氢能产业空间布局。未来还可以参考天然气和汽油、柴油的管理规定，针对氢气的"制—储—运—加—用"各个环节，建立专门的氢能产业管理政策体系，完善相关安全标准和技术要求。持续推动能源、电力、化工、钢铁、船舶等领域氢气制备和应用重点项目建设，逐步实现氢气跨区域、规模化、分布式供应，构建面向未来的区域一体化的氢能供应网络。

2024 年 4 月，TERA-Award 智慧能源创新大赛结果公布，淳华氢能源科技（湖南）有限公司从全球 59 个国家和地区的 450 个项目中脱颖而出，晋级前五并摘得"成长之星"单项奖。在这项全球能源界"诺贝尔"赛事中展现出株洲氢能装备的强劲实力。株洲氢实力不仅于此。2024 年 4 月，中车株洲电力机车有限公司与国家能源集团联合研制的我国首台大功率氢能源动力调车机车完成首次万吨装车实验，标志着我国重载铁路大功率氢能源动力装备市场化运用取得关键突破。接着，中车株洲电力机车研究所有限公司发布新一代柔性绿电制氢系统，上万标方电解槽订单接踵而至，氢能装备从概念变为产值，有了更强的说服力。

第七章　长江中游城市群生态文明协同发展

生态协同的共治共享，是长江中游城市群发展的"绿动力"。要深化生态环境系统治理、协同治理，推动城市群绿色低碳转型，实现人与自然和谐共生。

第一节　共同构筑生态屏障

要充分发挥江西国家生态文明试验区和武汉城市圈、长株潭城市群全国"两型"社会建设综合配套改革试验区的引领和示范带动作用，着眼推动生态文明建设和提升可持续发展能力，建立跨区域生态建设和环境保护联动机制，共同构筑生态屏障，实现生态文明建设与经济发展良性互动。在此过程中，城市群要统筹发展和安全目标下的生态空间与城镇空间交织相融，致力于共建多元共生的生态系统，以幕阜山和罗霄山为主体打造城市群"绿心"，加强鄱阳湖、洞庭湖保护，深化长江及汉江、湘江、赣江治理，筑牢大别山、大巴山、雪峰山、怀玉山、武夷山生态屏障，构筑"一心两湖四江五屏多点"生态格局。

一、协同推进"三线一单"生态环境分区管控

2022年2月，国家发展改革委印发《长江中游城市群发展"十四五"实施方案》，明确指出统筹划定并严格落实永久基本农田、生态保护红线和城镇开发边界，协同实施"三线一单"生态环境分区管控。这一机制有效地防止了生态环境的破坏，促进了可持续发展。

"三线一单"是指生态保护红线、环境质量底线、资源利用上线和生态环境

准入清单四个部分，是推进生态环境保护精细化管理、强化国土空间环境管控、推进绿色高质量发展的一项重要工作。2017 年 12 月，环境保护部印发《"生态保护红线、环境质量底线、资源利用上线和环境准入负面清单"编制技术指南（试行）》（环办环评〔2017〕99 号），长江中游城市群积极响应号召，陆续成立了相关协调小组，组建了技术单位与团队，严格落实生态保护红线、环境质量底线、资源利用上线，制定生态环境准入清单，不断强化生态环境分区管控在生态环境源头预防制度体系中的基础地位和作用。

湖北省根据国家要求制定了本省的"三线一单"实施方案，并通过省政府会议等形式进行部署。2020 年 12 月，湖北省出台了《湖北省人民政府关于加快实施"三线一单"生态环境分区管控的意见》，明确了成果应用、更新调整的工作要求，并建立了跟踪评估机制，每五年对全省的"三线一单"实施情况进行评估，进一步压实各级地方政府的主体责任。基于生态敏感性和重要性评估，湖北划定了生态保护红线，明确了自然保护区、湿地公园等重要生态系统的严格保护范围。为解决突出的环境问题，湖北省建立了"1+17+N"的生态环境分区管控体系，其中"1"代表省级总体管控要求，"17"代表各市州的管控要求，"N"则代表 1076 个环境管控单元的生态环境准入清单。到 2022 年，湖北省已划定 1076 个环境管控单元，并形成了省、市、单元三级生态环境准入清单，涵盖优先保护单元、重点管控单元和一般管控单元三类。该体系在推动全省产业转型升级过程中发挥了重要作用，严格审查产业布局和项目选址，确保与生态环境准入清单的符合性。对于不符合国家产业政策和地方性法规的落后产能，坚决不予准入，从而确保了自然保护区、水源涵养区等重要生态区域的严格保护。2022 年 2 月，湖北省向各地市生态环境局开放了"三线一单"数据共享平台查询功能，并根据反馈情况对平台进行了优化调整。通过该平台，湖北省为交通、水利等重大项目的选址和选线进行了叠图分析，同时完成了省级矿产资源"十四五"规划项目的查询分析，并针对存在冲突的部分提出了优化调整建议。截至 2022 年，全省 17 个市（州）共对 2700 多个建设项目和规划进行了相符性分析，并对 15 个项目进行了调整，以确保其符合"三线一单"管控要求。下一步，湖北省将出台"三线一单"生态环境分区管控管理办法，为"三线一单"实施应用、更新调整及评估考核等工作提供技术支撑，进一步巩固"三线一单"管控成效。

湖南省于 2020 年 6 月印发了《关于实施"三线一单"生态环境分区管控的意见》，明确了总体要求、基本原则和主要目标，标志着全省"三线一单"工作的全面启动。要求到 2025 年，建立较为完善的生态环境分区管控体系；到 2035 年，建成完善的生态环境分区管控体系，实现生态环境质量根本好转，并基本实现环境治理体系和治理能力现代化。各市州随后根据省级指导文件制定了相应的实施细则，确保政策落地。到 2021 年初，湖南省 14 个市州全部完成印发"三线一单"生态环境分区管控意见及清单，成为全国首个发布全域环境管控单元生态环境准入清单的省份。湖南省的"三线一单"生态环境分区管控体系，确定了全省的生态环境分区管控体系框架，划定了环境管控单元，构建了"1+4+14+860"的生态环境准入清单体系。这 860 个环境管控单元涵盖优先保护单元、重点管控单元和一般管控单元，实现了全省国土空间的全覆盖。在此基础上，湖南省从空间布局约束、污染物排放管控、环境风险防控和资源利用效率等方面明确了准入、限制和禁止的要求。2020 年 11 月，湖南省生态环境厅经省政府印发了《湖南省"三线一单"生态环境总体管控要求暨省级以上产业园区生态环境准入清单》。14 个市州在省级框架基础上，进一步细化"三线"管控和要求，明确各市州的管控重点和特色要求，以解决突出生态环境问题为导向，将 860 个环境管控单元的具体要求落实到生态环境准入清单中，提出了针对性和可操作性的管控措施。以株洲市炎陵县为例，2021 年到 2023 年 6 月，该县共完成 43 个建设项目的审批，全面落实"三线一单"管控要求，管控要求的执行率达 100%。

江西省在实施"三线一单"生态环境分区管控方面采取了系统性的规划和执行步骤。2020 年 8 月，江西省政府发布了《关于加快实施"三线一单"生态环境分区管控的意见》，为落实生态保护红线、环境质量底线和资源利用上线提供了明确的指导方针。全省按照优先保护单元、重点管控单元和一般管控单元进行分类管理，共划定了 1030 个环境管控单元。其中，优先保护单元 191 个，占全省面积的 34%；重点管控单元 581 个，占 26%；一般管控单元 258 个，占 40%，涵盖了优先和重点管控单元之外的区域。江西省的"三线一单"管控体系主要从空间布局约束、污染物排放管控、环境风险防控和资源利用效率等方面明确了各区域的准入、限制或禁止要求，建立了生态环境准入管控体系。省级层面对优先、重点和一般管控单元实施差异化管理，提出了原则性的准入要求。各设区市根据《关于加快实施"三线一单"生态环境分区管控的意见》要求，制定了市级的管控要求和具体管控单元的生态环境准入清单。最终，形成了"1+11+1030"的管控体系："1"是全省生态环境分区管控意见，包括生态环境质量改善目标、管控单元划定结果及总体要求；"11"是各设区市的生态环境管控要求；"1030"则是全省具体的环境管控单元生态环境准入清单。随后，各地市根据省级指导意见，制定了具体的实施方案，并将任务细化到各相关部门。虽然"三线一单"的编制为高质量发展划定了框架、制定了规则，但实施应用是关键所在。为实现"三线一单"的有效应用，江西省还重点推动了以下三个方面工作：一是推动成果数据共享共用。江西省建立了"三线一单"数据应用系统，将成果固化在图上并进行动态管理，整合过去分散的要求，实现全省信息共享。通过这一系统，各项管控要求变得清晰可见，方便实际应用。二是规范开发建设活动。省内在专项规划编制、产业布局和重大项目选址时，将"三线一单"作为重要依据，确保与生态保护红线、环境质量底线和资源利用上线的衔接与协调，推动科学开发。三是优化生态环境治理与监管。强化"三线一单"在污染防治、生态修复和环境风险防控中的应用，将其作为监督开发建设行为的重要依据。优先保护和重点管控单元成为生态环境监管的重点区域，管控要求则是监管的重要内容。

二、实施森林质量提升和河湖湿地修复工程

"十四五"时期，长江中游城市群坚持走科学、生态、节俭的绿化发展之路，高质量实施国土绿化、生态资源保护、生态系统修复、林业生态文化等重点工程，加快森林城市和森林城市群建设，保护培育森林生态系统和湿地生态系统，不断提升生态系统质量和稳定性，提升绿水青山颜值，实现金山银山价值。

早在2016年，湖北省就全面停止了天然林商业性采伐。省委、省政府相继出台政策，并加大资金投入，推动实施了一系列重大生态工程，如"绿满荆楚"行动、精准灭荒工程和长江两岸造林绿化等。2013年以来，全省累计完成人工造林1800多万亩，森林抚育3331万亩，退耕还林还草132万亩，石漠化治理304万亩。2021年，湖北省政府办公厅正式发布了《湖北省林业发展"十四五"规划》，明确了"十四五"期间林业保护与发展的总体思路、目标及重点任务。全省林业系统积极推进生态保护和绿色发展，重点实施14个林业重大生态工程，构建"三江四屏千湖一平原"的生态安全格局，推动大规模国土绿化行动，加快建设长江、汉江、清江等绿色生态廊道。同时，全面推行林长制，强化自然保护地的建设和监管，助力美丽湖北建设，推动绿色崛起，使其成为湖北省高质量发展的底色。截至2020年，湖北省森林覆盖率已达42%，森林蓄积量为4.2亿立方米，林地保有量保持在876.09万公顷，湿地保有量为144.5万公顷。全省308个自然保护区、森林公园、湿地公园、地质公园的总面积达181.4万公顷，占全省面积的 9.76%。

2023 年 11 月，《湖北省湿地保护规划（2023—2030 年）》正式发布。该规划提出，到 2025 年，湖北省计划修复退化湿地 10 万亩以上，新增国家（国际）重要湿地 3~5 处，新增省级重要湿地 3~5 处。湖北省还实施了一系列湿地保护修复项目，如金湖湿地生态修复工程，通过系统工程方法，统筹实施了流域源头减污、退渔还湖、水系连通等综合治理措施，有效治理上游的外源污染及湖泊养殖的内源污染。项目对上游 106 平方千米进行了生态治理，完善污水处理设施，关停沿线畜禽养殖场，推动乡村"厕所革命"和农业面源污染治理；同时，通过收回湖泊承包经营权、取缔网箱养鱼和修复湿地等措施，实现了退渔还湖。此外，通过连通东湖、西排渠及周边沟渠，增强了水系纵向连通性和水动力条件，提升了河湖间的互联互通。项目实施后，金湖水质由 2018 年的劣 Ⅴ 类提升到 2022 年的 Ⅳ 类，部分区域水质优于地表水 Ⅲ 类标准。生态环境改善促使湿地生物多样性大幅提升，植物种类由 198 种增加到 204 种，鸟类从 141 种上升到 184 种，新增多种国家保护物种，展现了"绿水青山就是金山银山"的生态价值。项目还通过建立水质考核奖补机制和智慧监管系统，实现了流域水环境的长效治理，并入选国家山水工程优秀典型案例，成为全国生物多样性保护的典范。

湖南省自 2017 年开始实施森林质量精准提升工程，逐步解决了人工林过密和过纯的问题。通过天然林保护、退耕还林还草等措施，结合"自然解决方案"的理念，全面推进森林抚育和退化林修复项目，显著提升了森林覆盖率，进一步优化了森林结构。2021 年 4 月，湖南省市场监督管理局发布《森林质量精准提升技术规程》，规定了森林质量精准提升技术要点基本要求。到 2022 年，湖南省已完成 41 万亩森林质量精准提升任务，实现由人工纯林向异龄复层混交林转变，由单一的木材生产经营向森林多功能近自然全周期经营转变，有效遏制人工林退化，恢复增强生态屏障防护功能。以常德市为例，市政府积极推进森林质量提升工作，秉持生态优先、自然修复为主的原则，坚持数量与质量并重、质量优先的方针，实施了一系列森林质量精准提升工程。全市范围内，先后在河洑国有林场、花岩溪国有林场、安乡黄山头国有林场等地开展了相关项目，覆盖总面积达1.9 万亩。在这些项目实施过程中，常德市特别注重选用乡土优势树种，同时合理配置具有观叶、观花、观果等景观功能的树种，打造具有地方特色的"色彩常德"森林景观。例如，临澧县烽火乡将军山社区的省级生态廊道建设示范地，采用带状割灌、穴垦整地造林的方式，优先栽植闽楠、青冈、榉木、红椿、水杉、银杏、木荷等乡土珍贵树种。根据树种的生物学特性和立地条件，科学选择适宜性强、抗逆性高的树种进行混交栽植，确保物种之间的协调发展。此外，这些项目还注重恢复和保护地带性森林植被，适当引入经济价值高、市场前景广、景观效果优良的经济树种，助力当地群众增收致富，推动农村经济发展。

在河湖湿地修复方面，湖南省采取了一系列有效措施，形成了系统性的保护和管理体系。首先，通过实施《湖南省湿地保护修复制度工作方案》和《湖南省湿地保护条例》，建立了湿地保护修复的制度框架，并将湿地保护率纳入生态文明建设考核，成为绿色发展的重要指标。同时，地方性法规的出台促进了"一区一法"和"一园一法"的实施，使湿地保护管理逐步规范化。其次，湿地保护体系的建立也得到了加强。"十三五"期间，湖南省新建了5块国家重要湿地和18处湿地公园，形成了国际、国家和省级湿地的完整保护网络，新增湿地保护面积达47.25万亩，湿地保护率达75.77%。此外，湖南省湿地保护中心的成立，进一步明确了各级湿地保护管理机构的职责，提升了管理能力。在洞庭湖治理方面，湖南省采取了积极的生态修复措施，清退了保护区内的欧美黑杨，实施了生态修复工程，有效改善了洞庭湖的生态环境。同时，湖南省还大力推进湿地生态修复工程，通过退耕还湿、湿地保护与恢复等项目，修复了大量退化湿地，提升了湿地的生态功能。与此同时，湿地生态修复工作也取得了积极成效。通过实施湿地保护与恢复工程，累计修复退化湿地面积达128.13万亩，提高了湿地生态系统的服务功能。此外，退耕还湿试点项目的推广，显著改善了水质，减少了入河排污总量。在生态监测与监管方面，湖南省建立了系统的监测体系，开展湿地公园质量管理评估和生态监测，为湿地保护提供了科学依据。同时，洞庭湖越冬候鸟数量逐年增加，反映出湿地生态状况的持续改善。2022年10月，湖南省针对湿地保护修复制定并发布了《湖南省湿地保护修复"十四五"专项规划》，旨在构建"一区四带一网多点"的湿地保护空间，以洞庭湖区为核心，围绕湘资沅澧及其一级支流打造湿地生态涵养带，并以湿地公园、湿地类型自然保护区、重要湿地等构建全省湿地保护网络。在洞庭湖区，湖南省计划恢复和重建退化湿地1.2万公顷，恢复湿地野生动物栖息地1万公顷，并提质改造现有14处生态矮围。对于"四水"流域，规划开展退化湿地恢复和生态系统重建3000公顷，恢复湿地野生动物栖息地1000公顷，并建设小微湿地4000公顷。这些措施体现了湖南省对湿地保护的重视，旨在通过系统的保护和修复工作，维护湿地生态平衡，保护生物多样性，并为实现区域可持续发展提供生态支持。

江西省位于中国东南部，拥有丰富的森林资源和众多河湖湿地。近年来，江西省政府高度重视生态环境保护，实施了一系列森林质量提升和河湖湿地修复工程，旨在增强生态系统的稳定性、提高生物多样性，并促进可持续发展。2022 年 8 月，江西省自然资源厅、省发展改革委发布了《江西省"十四五"国土空间生态修复规划》，明确提出通过重点防护林建设、退化林修复、森林抚育、公益林和天然林保护等生态工程，进一步保证森林资源总量和质量的稳步提升。在全国率先启动森林质量提升工程，担负起全国森林可持续经营试点重点省建设任务，通过建设森林可持续经营样板、珍贵树种示范基地和林相改造更新试点，打造了一批森林质量提升样板。截至 2024 年，全省森林覆盖率已达 63.35%，森林面积达到 1035.4 万公顷，活立木蓄积量为 70979.6 万立方米，乔木林的平均每公顷蓄积量从 49.2 立方米提升至 82.0 立方米，阔叶林和针阔混交林的面积比重从 31.9% 提高至 52.4%，森林资源的数量持续增加、质量稳步提高、功能不断增强。在国土绿化工程方面，江西省先后在重点区域推进森林"四化"、生态保护修复、长江"最美岸线"建设、国家储备林和低质低效林改造等项目，连续三年成功争取中央财政国土绿化试点示范项目落户江西。"十四五"以来，江西累计完成人工造林面积 451.96 万亩，封山育林 287.47 万亩，退化林修复（低产低效林改造）696.72 万亩，森林抚育 987.45 万亩。同时，江西省持续开展森林城市、森林乡村、乡村森林公园和小微湿地示范点建设，实施了 100 个"百村千树"乡村绿化美化项目，城乡绿色空间得到了前所未有的拓展。2024 年，全省11 个设区市和 2 个县成功创建国家森林城市，成为全国首个实现设区市"国家森林城市"全覆盖的省份，拥有 69 个省级森林城市、1105 个国家或省级森林乡村、599 个乡村森林公园及 136 个小微湿地保护与利用示范点。如今，江西的城市林木交融，乡村绿意盎然，居民在自然美景中感受幸福与满足。例如，宜春市在春季造林黄金期积极推进整地造林工作，同时高质量建设森林四化和乡土珍贵树种培育项目示范基地，强调彩叶、珍贵树种搭配，注重乔灌结合，以此打造景观生态林，推进森林经营示范基地建设。

江西省城乡分布着丰富的河湖湿地和小微湿地，承担着重要的生态服务功能，尤其是鄱阳湖湿地在全球生物多样性和长江流域生态安全方面发挥着不可替代的作用。2018 年，江西省林业局启动了《长江经济带干流绿色廊道质量提升工程实施方案》的规划编制工作，以提升长江干流及赣江、抚河、信江、饶河、修河"五河"沿岸重要湿地的修复、复绿和森林质量。该方案涵盖九大治理区域，包括长江干流及"五河"沿岸重要湿地修复、沿岸码头区域（含已废弃码头）的绿地恢复、废弃厂矿及堆积地的绿地恢复、现有林地中的"天窗"修复、裸露地的绿化美化、部分区域的景观改造、滑坡体治理后的绿化美化、沿线山地第一重山脊林地的森林质量提升，以及沿岸堤外 50~150 米绿化质量的提升。以南昌市为例，2023 年，南昌市自然资源和规划局发布了《南昌市国土空间生态修复专项规划（2021—2035 年）》。该规划以"一江、一湖、两河、三屏"的自然本底和南昌市"水都、绿谷、蓝带"的生态本底为依托，构建了"一核一带三网五区"的国土空间生态修复总体格局，以筑牢生态安全底线。其中，一核为鄱阳湖湿地与生物多样性保护修复核，旨在通过自然恢复与人工修复相结合，合理构建生态缓冲区，恢复湿地生态功能。一带则是赣江沿岸的绿色生态廊道，重点推进河道清淤和湿地公园整治修复，强化水系连通及生态缓冲带建设。三网包括水网、林网和鸟网，关注水系连通、林地资源修复和鸟类栖息地保护，形成水陆协同的生态网络。五区涵盖鄱阳湖南岸、赣江（南昌段）、抚河（南昌段）、峤岭—梅岭及环军山湖等生态修复区域。为解决突出生态问题，规划实施了六个重大生态修复工程，包括鄱阳湖南部湿地保护、生物多样性保护和赣江流域一体化保护等，旨在恢复受损生态系统，改善生态环境质量，保障生态安全。

三、落实长江禁渔，保护濒危水生物种

长江十年禁渔是党中央、国务院从中华民族长远利益出发作出的重要决策，是推进长江大保护的历史性、标志性、示范性工程。长江流域自 2021 年 1 月 1 日起实施为期十年的禁渔政策，旨在恢复水生态和保护水生生物多样性。禁渔范围涵盖了"一江一口两湖七河"等重点流域，涉及 11.1 万艘渔船和 23.1 万名渔民的退捕上岸。长江中游城市群是实施"长江十年禁渔"计划的关键区域，在落实长江禁渔和保护濒危水生物种方面采取了一系列积极措施，并取得显著成果。

湖北省作为长江干流流经最长的省份，为确保全面的禁捕退捕政策顺利实施，省政府成立了由省委副书记和省长担任组长的长江流域重点水域禁捕退捕工作领导小组，并组建了专门的工作团队，以确保禁渔政策的有效落实。在实施过程中，湖北省通过职业培训和经济补偿，帮助退捕渔民顺利转产就业，并延长了退捕渔民的过渡期，以保障其生计。到 2022 年底，成功回收并拆解了 16818 艘渔船，确保 3.1 万余名退捕渔民全部上岸。同时，湖北推进了"天网工程"，在79 个地区搭建了省、市、县三级的信息化监控管理系统，显著提高了执法效率。此外，湖北省与其他省份签署了交叉水域联合打违协议，加强了联合执法，形成了共治共管的局面。为了进一步支持渔民转产就业，湖北省争取了中央财政资金 23.53 亿元，并获得省、市、县财政配套资金 35.32 亿元，专门用于禁捕退捕和渔民安置，确保了退捕渔民的基本生活。2024 年 7 月，湖北省人民政府办公厅发

布了《关于坚定不移推进长江十年禁渔工作的实施意见》，以进一步推动长江十年禁渔工作。该意见强调，优化工作机制至关重要，需强化组织领导和责任落实，完善禁捕退捕工作机制，并通过联合调研与督导加强执行情况的检查。同时，应强化安置保障，建立动态监测帮扶系统，支持退捕渔民就业创业，落实养老保险政策。此外，执法监管方面应建立跨区域协作机制，强化船网管理，严厉打击违法行为及违规垂钓，提升执法能力。生态修复则应重点关注珍稀物种保护与栖息地修复，开展水生生物完整性评价。最后，通过多渠道宣传，引导公众积极参与禁渔，确保政策有效实施。

湖南省在禁渔和保护濒危物种方面做了大量工作。根据国家部署，湖南省自2020年1月1日起率先对45个水生保护区实施禁捕，并于2021年1月1日起全面禁止长江湖南段、洞庭湖及湘资沅澧四条主要河流的捕捞活动。2021年12月，湖南省人民代表大会常务委员会通过了《关于促进和保障长江流域禁捕工作的决定》，以保护和恢复长江水生生物资源，维护生态平衡。该决定明确将长江流域水生生物保护区、长江干流湖南段、洞庭湖及相关河流等划为禁捕区，全面禁止水生生物保护区内的生产性捕捞，同时在其他禁捕区域内也限制天然渔业资源的捕捞。在这些禁捕区域内，水生生物保护区和饮用水水源一级保护区禁止垂钓，其他禁捕区则对垂钓行为进行了规范，如禁止多竿多钩和使用辅助装置等。湖南省还加强了禁捕工作的领导，将其纳入河长制范围，规范执法队伍建设并保障经费。已退出的20457艘渔船和注销的19154本捕捞证书均已完成，渔船网具的回收和处置也已到位。为了支持退捕渔民，湖南省建立了实名制信息库，并为其提供就业帮扶和参保绿色通道。此外，湖南省加强与相邻省市的禁捕工作信息共享与行政执法协作。监测评估工作专班负责水生生物资源的监测体系建设，并已在覆盖"一江一湖四水"的区域设立了40个监测点。这些措施提升了珍稀濒危水生野生动物的监测频次与数量，长江江豚的分布范围和种群规模也有所扩大。值得一提的是，湖南省四大家鱼的鱼苗量连续上升，区域性代表物种在渔获物中的比例增加，显示出良好的生态恢复趋势。

江西省长江流域重点水域禁捕工作也取得了显著进展，有效保护了濒危水生物种，促进了长江生态系统的恢复与生物多样性保护。根据国家要求，江西省细化了禁渔实施方案，并设立专门工作小组监督禁渔工作的落实，确保渔民上岸后的生产和生活问题得到妥善解决。各级政府加强了禁渔执法监管，保持高压态势，确保禁捕秩序稳定。2020年，江西省成功完成了退捕渔船100%回收和退捕渔民100%离水上岸的任务，6.3万名退捕渔民享受养老补助，参保率达到

100％；转产安置退捕渔民 5.1 万人，就业率达到 98％。每年 6 月 6 日，江西省开展"全国放鱼日"增殖放流活动，以促进水生生物资源的恢复。此外，江西省加大了对水生野生动物的保护力度，严厉打击破坏水生资源的违法行为，并鼓励退捕渔民转向乡村旅游和特色农产品种植等行业，提供资金和技术援助。2023 年 12 月，江西省人民政府发布《江西省"五河"干流禁捕退捕工作实施方案》，明确自 2024 年 1 月 1 日起至 2030 年 12 月 31 日，对赣江、抚河、信江、饶河和修河"五河"天然水域实施常年禁捕。同时，江西省提升了外来入侵物种的防控管理，建立了厅际协调机制，成功铲除 9 万亩的加拿大一枝黄花，并多元化治理 136 万亩福寿螺。禁渔措施实施后，鄱阳湖及其连接的赣江、信江、抚河等水域的鱼类数量逐渐回升，监测数据显示，一些经济鱼类和土著鱼类的种群规模有所增加。随着生态环境的改善，珍稀濒危物种如长江江豚在鄱阳湖中被更频繁地观察到，其数量已达到 492 头，显示出积极的恢复趋势。江豚的活动范围也从鄱阳湖扩展至更多支流地区，表明其生活环境显著改善。禁渔后的鄱阳湖及周边自然景观吸引了大量游客，促进了当地旅游业的发展，同时提高了公众对生态保护的认识与支持。江西省还加大了对鄱阳湖生态系统的科研与监测力度，建立了完善的监测网络，持续跟踪评估禁渔政策的效果及生物多样性变化。

第二节　协同推进环境治理

2021 年 9 月 10 日，首次长江中游三省协同推动高质量发展座谈会在湖北武汉举行。会议审议通过了《深化协同发展　加快绿色崛起——长江中游三省战略合作总体构想》，明确要在"共抓生态保护，建设中国绿心"领域加强合作。近年来，长江中游城市群在协同推进环境治理与高质量发展方面的合作不断深化。

一、协同推进长江水环境治理

2022 年 2 月，国家发展改革委印发了《长江中游城市群发展"十四五"实施方案》。该方案明确提出，要深入实施长江经济带生态环境保护修复，加强河湖生态保护，强化河湖水域、岸线空间管控，持续实施污染治理"4+1"工程（城镇污水垃圾处理、化工污染治理、农业面源污染治理、船舶污染治理及尾矿库污染治理）。强化"三磷"污染治理，加强长江干流湖南湖北段总磷污染防治。完善城乡污水垃圾收集处理设施，大力实施雨污分流、截污纳管，深入推进入河排污口监测、溯源、整治，基本消除城市建成区生活污水直排口和收集处理设施空白区，到 2025 年城市生活污水集中收集率达到 70% 以上，加快推进工业园区污水集中处理设施建设。加强沿江城市船舶污染联防联控，完善船舶水污染物转移处置联合监管制度，主要港口基本实现船舶水污染物接收、转移和处置的全过程电子联单管理，加快推进船舶靠港使用岸电，推动新能源清洁能源动力船舶发展。推进长江及主要支流沿岸废弃露天矿山生态修复和尾矿库污染治理。有序推进农业面源污染综合治理。这些措施旨在全面提升长江中游地区的生态环境质量和可持续发展能力。

（一）荆州与岳阳的水污染联防

荆州市与岳阳市作为长江中游城市群的重要组成部分，在水环境治理方面展开了紧密合作，推进了一系列水污染联防联控措施。2022 年 9 月 26 日，荆州市与岳阳市在洞庭湖畔共同开启了区域党建合作共建的篇章。在一江两岸党员干部代表的见证下，双方签署了区域党建合作框架协议，旨在通过党建引领，加强在生态保护、产业融合和社会治理等领域的合作，共同推动长江经济带的绿色发展。2023 年 3 月，湖北荆州与湖南岳阳的生态环境系统召开了党建合作创新项目会商会暨流域综合治理和区域联防联控签约仪式。在会上，双方协商通过了建立"一商四联"机制。"一商"是召开荆岳两地生态环境保护工作会商会，建立常态化交流机制，促进多领域、多层次的开放合作，以"共商、共建、共享"为理念，进一步整合两地生态环境保护资源，畅通信息渠道，搭建互联互通的合作平台。"四联"则包括执法联合行动、大气联防联控、水质联合分析和应急联合处置。在达成一致意见的基础上，双方共同签署了包括《荆州市生态环境局、岳阳市生态环境局藕池河、华容河跨流域突发水环境污染事件联防联控协议》《岳阳—荆州大气污染联防联控合作框架协议》《岳阳市与荆州市生态环境执法联动工作方案》《荆州市与岳阳市水质联合分析方案》四项合作协议，确保在突发水污染事件中能够迅速协调应对，共同推动流域综合治理和区域联防联控。经过多年的努力，两地水质显著改善，长江"共治段"国控断面水质稳定在Ⅱ类，水质达标率同比提高 17%。在联合执法方面，双方查处了 20 余起非法盗采砂石、非法捕捞和非法倾倒危险废物等违法行为，生态环境质量总体得到改善。

（二）"一江两湖"系统治理

为推动"一江两湖"（长江、洞庭湖、鄱阳湖）的保护与治理，2022 年 12 月，鄂湘赣三省水利厅共同签署了《长江中游三省推进"一江两湖"系统治理合作协议》，旨在通过系统性工程措施和管理手段改善长江中游地区的水生态环境。在协议的实施基础上，三省水利部门建立了跨区域协调机制、联合研究机制和信息共享机制，确保各方及时获取最新科研成果、最佳实践案例和监测数据，促进区域规划的协调一致、重大项目的协同推进及管理能力的整体提升。江西省与湖南省在鄱阳湖和洞庭湖的保护方面深入合作，特别加强了入湖河流的水质监控。同时，三省沿江城市如武汉、岳阳和九江等地共同参与长江干流及主要支流的水质保护项目，通过设置多个监测站点来跟踪和评估治理效果，并定期举行联席会议和技术研讨会，讨论监测过程中遇到的问题，分享最佳实践，并协调下一步行动计划。这些举措为改善水生态环境奠定了坚实基础。

二、加强环境污染联防联控

2021 年 4 月，中共中央、国务院出台了《关于新时代推动中部地区高质量发展的意见》，明确要求加强生态环境共保联治，要深入打好污染防治攻坚战，共同解决区域环境突出问题，并以城市群、都市圈为重点，协同开展大气污染联防联控，推进重点行业大气污染深度治理。2022 年 2 月，国家发展改革委印发《长江中游城市群发展"十四五"实施方案》，进一步指出要深入推进重点行业大气污染治理，有序开展钢铁行业超低排放改造，完善污染源排放清单数据库，推进细颗粒物（$PM_{2.5}$）和臭氧（O_3）协同控制，基本消除重污染天气。加强移动源污染防治，加快淘汰老旧车船。严控重金属污染物排放，开展土壤污染风险管控和修复。加快推进垃圾分类，扎实开展白色污染治理，有序实施生活垃圾填埋场封场维护，加强恶臭污染防治，统筹布局建设垃圾焚烧设施，推进"无废城市"建设。开展新污染物治理试点。加强环境噪声污染治理。完善大气污染、危险废物等领域联防联控机制，健全突发环境事件应急响应机制，开展跨区域联合环境执法。

（一）长江中游生态环境治理司法协作

2021 年 4 月，《长江中下游环资司法协作机制框架协议》在九江签订，参加签订协议的六地市法院共同探索以流域、自然保护地等生态功能区为单位的环境资源跨区域一体化保护，为长江中下游区域生态环境资源保护和绿色发展提供更加优质高效的司法服务和保障。该协议规定，建立司法协助、审判执行、交流合作、工作保障等九类工作机制，涵盖环境资源案件跨域立案服务、一体化处理、专项审理、矛盾纠纷多元化解、跨域联合执行、交流会商、信息资源共享、联合业务培训、共建修复基地等多个领域。六地市法院将从环境资源纠纷诉源治理到生态环境修复，从审执业务到信息资源共享全方位开展合作，不断突破环境资源保护区域壁垒，全力打造跨流域、跨区域司法协同。

2022年2月，湖南省长沙市中级人民法院、武汉海事法院在长沙联合签署《长江中游跨区域环境资源司法协作框架协议》，就依法审理环资刑事案件、加强环资民事审判、依法监督支持行政机关履行环境监管职责、跨区域环境公益诉讼和生态环境损害赔偿诉讼、恢复性司法实践、信息资源共享、环保禁止令、司法事务协作、生态修复协同、业务交流协作、完善环资行政执法与司法衔接、环资审判共享专家库、新闻宣传协作机制13个方面的内容达成全面合作。

2023年5月，湖南、湖北、江西三省高级人民法院共同签署《长江中游生态环境司法保护协作框架协议》。根据该协议，三省将组建成立长江中游生态环境司法协作工作领导小组，发挥法院环境资源审判职能，打破行政区划界限和壁垒，推动长江中游全流域联动，构建起区域互动合作的司法保障新机制。进一步促进长江中游地区江河湖泊、干支流、左右岸区域联动互补，特别是针对长江流域环境污染和破坏渔业、林业、矿业、野生动植物等资源犯罪，组织开展专项调研，统一法律适用标准和裁判尺度，为长江生态环境保护提供更加优质高效的司法保障。该协议的签订可以促进跨省的区域协作，打破相关部门和地区的限制，为环境保护提供有力支撑。

2023年9月，湖北省黄冈市人民检察院、黄梅县人民检察院和安徽省宿松县人民检察院公益诉讼部门共同举办了长江流域、龙感湖流域跨区域生态环境保护公益诉讼协作机制座谈会。通过磋商，三方最终明确了建立办案信息共享制度、线索移送反馈制度、开展专项行动等多项具体协作内容，联合会签了《建立长江流域、龙感湖流域跨区域生态环境保护公益诉讼协作机制》。旨在充分发挥检察机关职能，综合运用打击、预防、监督、教育、保护等法律监督手段，加强长江流域、龙感湖流域生态环境和资源保护，坚决制止和惩处破坏生态环境和资源保护行为，破解长江流域、龙感湖流域保护"上下不同步、两岸不同行"等难题。三地检察机关正式开启跨区域公益诉讼协作工作，通过建立信息互通、工作交流、案件协作、联合行动等机制深化跨区域合作层次，提升合作质效，共同推进长江流域、龙感湖流域生态环境和资源保护领域综合治理，为流域生态文明建设提供高效服务和有力保障。

（二）湘鄂武陵山酉水河联动协同立法

2011年10月，经国务院批准成立武陵山龙山来凤经济协作示范区，成为当时全国14个集中连片特困地区唯一的跨省经济协作示范区。流经来凤、龙山的酉水河由于流域内的无序开发，工农业生产、生活废水及垃圾污染，导致水土流失严重，生态环境日益恶化。为了解决酉水河跨行政区域环境污染问题，从2015年起，湖北省恩施和湖南省湘西成立酉水河保护立法工作协调小组，通过充分协商，形成立法共识，两州分别按立法程序同步立法，《恩施土家族苗族自治州酉水河保护条例》《湘西土家族苗族自治州酉水河保护条例》先后出台。通过协作立法，解决了过去多头执法问题，建立了跨行政区域联动协调保护机制，形成了县市之间、州内州外共同保护酉水河的格局。龙山、来凤两县围绕城区酉水河段协作共建龙凤双城酉水河景观带，两岸纳入自然保护地和湿地管理，两岸第一层山脊内林地全部纳入公益林管理，25°以上坡度耕地全部纳入退耕还林还草范围。两县共同全面推进长江流域禁捕退捕工作，持续抓好河长制工作，清理河道网箱、封存船舶、上岸渔网，水质达标率100%。两县共同实施沅江酉水干流（龙凤示范区）水生态修复与治理，全面加强小微水体综合整治和城乡污水处理，建立完善河（库）和污染源企业"问题、目标、措施、责任"4张清单，整合关闭露天采石场，复垦复绿，城市环境空气质量优良率达95.5%以上，生态环境持续向好。

三、建立跨省、跨区协调机制

长江中游城市群在地理位置上紧密相连，共同面临生态环境保护与修复的挑战。《长江中游城市群发展"十四五"实施方案》强调，建立生态保护修复省际协调机制，联合申报实施全国重要生态系统保护和修复工程。应充分发挥江西国家生态文明试验区及武汉城市圈、长株潭城市群的示范作用，推动生态文明建设与可持续发展，构建跨区域生态建设与环境保护联动机制，实现生态保护与经济发展的良性互动。

早在2012年，三省政府在武汉签订了《加快构建长江中游城市集群战略合作框架协议》，开启了省际协商合作的新篇章。在省委、省政府的高度重视与推动下，三省共同签署了一系列合作文件，如《关于建立长江中游地区省际协商合作机制的协议》和《长江中游地区省际协商合作行动宣言》，协同推进跨界河湖保护工作，联合巡查和执法打击跨省河流的非法采砂等违法行为，显著改善了长江河道边界水事秩序。此外，三省共同签署深化产业合作交流的倡议书，推动产业优势互补与协作发展机制的建立。2021年9月，长江中游三省协同推动高质量发展座谈会上，长江中游三省协同发展联合办公室正式揭牌，11名工作人员均由三省发展改革委协调选派，集中办公，负责合作事项的综合协调和督促落实。

同时，会议确立了三省主要领导座谈会和常务副省长联席会的常态化工作机制，标志着三省协商机制的进一步完善与合作联系的紧密。

2022 年，通城、平江、修水三县联合编制《长江中游三省"通平修"绿色发展先行区总体规划》，积极开展生态环境共保共治。首先，实施"一江两河"共治，开展流域水土保持和综合治理工程，提升汨罗江、隽水河和修河的水环境质量与生态功能。重点推进河床清淤疏浚和堤坝修复，加快通城县水系连通及水美乡村项目，强化大溪水库、黄金洞水库等重要水库的水土保持，保护水体自然岸线，落实岸线用途管制，实施生态恢复工程。同时，推进河长制，联合巡河，打击破坏水环境和非法采砂等违法行为，制定江河生态流量管控办法，确保河湖水体的生态用水。其次，推动环境污染的协同治理。制定跨区域生态环境联保专项方案，完善应急预案及响应机制，实施生态环境标准、监测体系和执法"三统一"制度，建立数据共享平台，实现智能化监测管理。合力打赢蓝天保卫战，加快区域大气监测平台建设，实时共享 $PM_{2.5}$、氮氧化物和挥发性有机物监测数据，推动重点企业的污染治理改造，并建立重污染天气应对机制，定期开展交界区的大气污染治理和联合执法行动。

2024 年 5 月，为进一步强化跨区域检察公益诉讼协作，共筑长江流域生态环境和资源保护安全屏障，临湘市检察院、云溪区检察院、洪湖市检察院和赤壁市检察院四地检察机关齐聚赤壁市陆水河，联合开展"长江大保护专项行动"的巡河公益保护活动。活动会议明确了生态优先、绿色发展的目标，以期达成检察机关跨区域协作的共识，共同保障长江生态环境的健康发展。该次联合巡河活动是落实跨区域生态环境保护公益诉讼联合体协作机制的重要举措。2023 年至2024 年 5 月，四地检察院已共同开展联合巡河（湖）3 次，刑事检察和公益诉讼检察业务交流 6 次，并在沿江湿地保护和水生态环境保护等领域办理了一系列有影响力的案件，显著打破了区域壁垒。

第三节　推进生态产品价值实现

《长江中游城市群发展"十四五"实施方案》明确要求，建立健全长江流域横向生态保护补偿机制，完善流域生态保护补偿标准等，推动渌水流域补偿机制常态化运行，健全鄱阳湖、洞庭湖补偿机制，推进江西生态综合补偿试点省份建设。全面完成自然资源统一确权登记，开展生态产品信息普查和动态监测，形成生态产品目录清单。先行开展以生态产品实物量为重点的价值核算，探索将生态产品价值核算结果应用于相关绩效考核、生态保护补偿等方面，开展针对特定地域单元的生态产品价值评估探索。支持武汉建成运行全国碳排放权注册登记系统。鼓励申办生态产品推介博览会。推广生态资源资产经营管理模式。大力发展绿色金融。

一、建立健全流域横向生态补偿

（一）鄂湘段流域横向生态补偿

2023 年 1 月，湖北省与湖南省签署了长江干流鄂湘段首个流域横向生态保护补偿协议，两省每年分别出资 1 亿元，设立补偿资金，以长江干流跨省界断面水质为依据，共同构建"成本共担、效益共享、合作共治"的流域保护治理新机制。根据协议，两省以长江干流跨省界荆江口、城陵矶（右岸）断面 12 个月水质类别为依据，测算全年补偿资金。这确保了水质的持续监测和评估，为资金的分配提供了科学依据。同时，协议强调了"生态优先、绿色发展、保护责任共担、流域环境共治、生态效益共享"的原则，突出了生态保护的重要性，强调责任共担，旨在通过加强沟通协调、信息共享、应急响应、执法协作等举措，共同构建"成本共担、效益共享、合作共治"的流域保护治理新机制，共同呵护"一江碧水向东流"。

（二）渌水流域横向生态保护补偿协议

2019 年 7 月，江西与湖南两省签订了《渌水流域横向生态保护补偿协议》，标志着两省在渌水流域建立了正式的横向生态保护补偿机制。协议规定，基于水质监测数据，如果江西注入湖南的水质达到或优于国家Ⅲ类水标准，湖南将对江西进行补偿；反之，江西将对湖南进行补偿。首轮实施期为 2019 年 7 月至 2022 年 6 月，并且在此基础上，两省继续签订了第二轮补偿协议，实施期延长至 2025 年底。自协议签订以来，渌水流域的水质得到了显著改善。2020 年以来，流域内所有地表水国省考监控断面水质优良率保持 100%，渌水水质从曾经的Ⅳ类甚至劣Ⅴ类快速提升至Ⅱ类，流域内 12 个地表水断面水质达标率 100%。在首轮"对赌"中，由于萍乡市所有地表水国省考监控断面水质优良率保持 100%，湖南省作为受益方，对江西进行了补偿。萍乡市获得首轮渌水流域上下游横向生态补偿 3000 万元。2023 年 11 月 30 日，江西、湖南同步审议通过《萍水河——渌水流域协同保护条例》，首次实现协同立法，开启了跨省生态保护的新探索。

《萍水河——渌水流域协同保护条例》于 2024 年 1 月 1 日起实施，这是两省协同立法的首次尝试，也是全国首部跨省设区市法规文本相同的地方性法规。此外，两省还以协议为纽带，切实加大萍水河流域上下游协同联动，签订了《萍水河、渌水河跨省界流域水污染事件联防联控合作框架协议》和《萍乡市湘东区、株洲市醴陵市生态环境保护区域合作框架协议》，建立了协调沟通、信息共享、监测预警、应急响应、执法协作、合力治污等联防共治机制。

二、"通平修"全面拓展点绿成金的"渠道空间"

在推进生态产品价值实现过程中，"通平修"三县积极探索生态产品价值实现的模式和路径，致力于将三县打造为湘鄂赣地区的典型示范区。

一是破解度量难题。2022 年 7 月，平江县与中国科学院生态环境研究中心签订框架协议，积极构建 GEP 核算体系，率先在"通平修"三县开展生态产品价值核算试点，实现区域内自然资源的可量化管理。根据地方实际，平江县建立了 137 种生态产品目录，并储备了 230 个生态产品价值实现项目。

二是破解交易难题。"通平修"三县致力于生态产业化和产业生态化，打造全国知名的无公害、有机特色农产品基地，共享"通平修"农产品品牌。多元化价值转化模式不断探索，如"矿山整合+资本引进""生态修复+旅游观光"等，九狮寨、谷雨烟茶等企业已被认定为实践创新基地。此外，通城县黄袍山绿色产品有限公司依托油茶加工，推动三县 30 余家企业合作，每年收购鲜油茶籽 20 多万吨。

三是破解变现难题。平江县将生态产品价值实现由县域合作扩展至"通平修"区域，推动生态产业向绿色矿山转型和工业固废循环利用等领域延伸。2022 年推出了年度"十大示范工程"，累计投资超过 100 亿元，以促进生态产业升级与新型城镇化建设。

四是破解抵押难题。平江县出资 1000 万元，与岳阳市财政局和融资担保公司签订风险补偿金担保协议，设立岳阳市生态产品价值风险补偿基金，已发放风补基金 1800 万元。同时，平江县与农业银行等四家金融机构签订绿色金融授信合约，引导合作银行加大对生态产品经营主体的贷款支持，缓解融资和抵押难题。

三、探索生态产品价值实现路径

鄂州市被誉为"百湖之市"，其中的梁子湖是全国十大名湖之一。然而，由于钢铁和水泥等产业比重过高，以及传统珍珠养殖业大量投肥投料影响水质，鄂州市的生态环境一度亮起"红灯"。2016年，鄂州市坚定实施"生态优先、绿色发展"的理念，借助湖北省首批自然资源资产负债表和领导干部自然资源资产离任审计试点的契机，开展生态价值工程。在生态价值计量、生态补偿、生态资产融资和生态价值目标考核等方面，进行制度设计和实践探索，取得了显著成效。2020年4月，鄂州市被自然资源部遴选为全国推荐的11个生态产品价值实现案例之一。

第一，建设自然资源资产核算评级系统。作为湖北省唯一开展全域自然资源资产负债表编制试点的地级市，2017年8月，鄂州市印发《生态价值工程实施方案》，明确了要编制自然资源资产负债表，对自然资源进行定量统计，并将不同自然资源对生态的服务贡献统一换算为货币单位。通过开展全域自然资源资产核算，完成了2011~2021年土地、林木、水、生物、矿产等自然资源资产负债表的编制，编制层级从市级延伸到区级、乡镇、村级，推进自然资源资产确权，建立起了完整全面的自然资源资产数据统计资料库和自然资源资产产权制度。以不动产统一登记为基础，建立统一的确权登记系统，形成完整全面的自然资源资产数据统计资料库。

第二，建立市域生态补偿机制。依据"谁污染、谁补偿、谁保护、谁受益"的原则，通过财政转移支付构建生态价值补偿制度。以各区财政支付能力为基础，先期按照实际提供生态服务价值总额的20%权重进行生态补偿，且市政府给予70%的补贴，剩余30%由接受生态服务的区转移支付，逐年增大权重比例，逐步降低市政府补贴比例。同时，实行领导干部自然资源资产离任审计，加强审计结果运用，建立生态服务价值年度目标考核制度，确保生态责任制度化。

第三，生态产品价值金融化方面取得了显著进展。一是扩大农村"五权"抵押融资规模，鼓励金融机构将农村土地承包经营权、林权、水域滩涂养殖权、集体建设用地使用权和农村居民房屋所有权作为抵押，丰富生态资产抵押的种类。二是探索生态资产收益权转让融资，允许林权、矿权、排污权等生态资产的所有者或经营者在农村产权交易场所挂牌转让其未来收益权，以拓宽融资渠道。例如，2018年8月，武汉微福言吉科技有限公司通过摘牌成功获取林权证的收益权，鄂州锦然绿化工程有限公司则成功融资150万元。三是创新生态资产融资模式，通过与国开行、农发行等政策性金融机构的对接，构建稳定的现金流和还款来源，以获得融资支持。这一模式有效促进了生态保护与经济发展的有机结合。2018年2月，鄂州市水务集团成功与国开行湖北分行合作，把水库灌溉权作为融资标的物进行质押贷款，成功获得全国首笔此类贷款 2000 万元。随着生态价值探索工作的深入，梁子湖区获得超过 2.25 亿元的生态保护补偿资金，并依托政府投资平台，以自然资源资产为抵押，向国开行和农发行申请了 10 亿元的生态项目贷款。

第四节　加快绿色低碳转型

《长江中游城市群发展"十四五"实施方案》明确指出，长江中游城市群要深入践行"绿水青山就是金山银山"理念，大力推进生态文明建设，把修复长江生态环境摆在压倒性位置，构建绿色低碳的生产生活方式和建设运营模式。推动重点行业绿色转型，开展重点行业和重点产品资源效率对标提升行动，推进园区循环化改造，坚决遏制"两高"项目盲目发展，创造条件尽早实现能耗"双控"向碳排放总量和强度"双控"转变，加快形成减污降碳的激励约束机制。

一、创建绿色发展示范区

长江中游右岸 152 千米属江西省九江市、163 千米属湖南省岳阳市，其余 700 多千米和左岸约 1000 千米均属湖北。国家明确武汉、九江、岳阳为长江经济带绿色发展示范区。创建城市后，武汉市正式提出"建设百里长江生态廊道"；九江市按照"水美、岸美、产业美、环境美"的要求，坚持水岸联动、标本兼治，全面启动了打造长江"最美岸线"工作；岳阳市提出打造"长江百里绿色经济发展走廊"。建议三省携起手来，共同实施"长江中游千里绿色廊道"建设工程。

（一）武汉百里长江生态廊道

武汉百里长江生态廊道项目自 2020 年底启动以来，已经成为一项展现城市生态保护和更新的宏伟工程。该项目沿着长江和汉江约 170 千米的岸线展开，通过生态修复和景观提升，将昔日的工业废弃地和破旧码头转变为充满活力的绿色生态廊道和市民休闲胜地。项目启动之初，武汉市即以生态优先、绿色发展为指导原则，采取"连断点、补空点、提亮点"的策略，旨在构建世界级滨水城市，打造长江经济带的生态文明示范区。经过数年的精心建设，汉阳江滩、八铺街堤、汉阳碧道、江北碧道、洪山江滩等多个项目已经完工，为市民提供了亲近自然、享受休闲的理想场所。此外，杨泗港都市 T 台、青山湿地一期、南岸嘴节点改造等工程正在紧锣密鼓地推进，进一步提升了城市的生态环境和居民的生活质量。项目还包括对长江和汉江的护堤护岸、防洪墙和闸口进行修复和改造，加强了城市的防洪能力。在全市域规划中，武汉市坚持系统观念，统筹考虑"山、水、路、岸、产、城"等空间关系，编制了长江大保护滨江带空间规划，覆盖长江岸线 284 千米、汉江岸线 112 千米，并与城市腹地 1~3 千米相衔接。规划分为城区段、城郊段和农村段，分别沿着长江和汉江展开，着力打造"安全廊、生态廊、交通廊、文化廊、发展廊"。

这些生态廊道的建设不仅美化了城市景观，还增强了防洪能力，贯通了慢行系统，让市民能够更方便地享受两江四岸的自然美景。随着项目的深入实施，武汉的长江干流水质总体达到了优级，生态环境得到了显著改善。武汉百里长江生态廊道已经成为城市绿色发展的一张亮丽名片，彰显了武汉市在推动生态文明建设和实现人与自然和谐共生方面的坚定决心和实际行动。这一项目的建设不仅提升了城市的生态环境质量，还增强了市民的获得感和幸福感，成为武汉市推动绿色发展、实现人与自然和谐共生的一个缩影。

（二）"通平修"绿色发展先行区

"通平修"绿色发展先行区是指在湖北通城、湖南平江、江西修水三县全域共同建设的区域，是长江中游三省协同推动高质量发展的重要组成部分，旨在探索推动生态文明与经济社会发展的新路径。2021 年 9 月，湖北、湖南、江西三省共同签署了《长江中游三省"通平修"绿色发展先行区建设框架协议》，明确了三县的发展目标是到 2025 年，"通平修"三县地区生产总值达到 1300 亿元，年均增长 11%；人均生产总值突破 5 万元；高新技术产业增加值占地区生产总值比重达到 20%；区域森林覆盖率达到 65% 以上，常住人口城镇化率达到 60%。三县共同签署了《2022—2023 年度绿色发展协同推进实施要点备忘录》，涉及区域互联互通、产业互助互兴、生态共保共治、民生共建共享等方面的 27 项重点任务。在交通互联方面，三县推动平益高速建成通车、通修高速开工建设，着力破除三县省际农村路瓶颈，实现旅游公路畅通。在产业发展方面，一是三县依托各自的自然资源优势，形成了以油茶、茶叶、中药材等为主的特色农业产业。例如，通城大力发展油茶种植，成为全国油茶种植大县；修水则以其悠久的宁红茶品牌闻名。二是三县围绕云母材料、电子信息、食品饮品、矿产建材等相似产业，建立了三县行业协会对接机制，引导差异化布局、迭代化发展。例如，湖北鸿旺鞋业有限公司在平江和修水设立了加工车间，生产环境友好型产品。三是依托丰富的自然景观和文化资源，如石牛寨景区，大力发展生态旅游和红色旅游。朱丁保投资建设的石牛寨梦幻谷就是一个典型的例子，该项目促进了三县旅游业的发展。在生态保护方面，三县以幕阜山为主体，以沿江、沿湖和主要交通轴线绿色廊道为纽带建设生态屏障，共建长江中游生态绿心。在公共服务方面，加大教育、卫生、养老、社保等方面的合作力度，实现"一体服务、同城待遇"。

（三）幕阜山生态示范区

幕阜山生态示范区位于湖北省咸宁市，涵盖通山县、崇阳县、通城县等地，致力于通过生态保护与修复、绿色产业发展、文化旅游融合等多项举措，打造成为国家生态保护与建设的示范区。2018 年 8 月，《幕阜山绿色产业带建设总体规划》发布，明确提出将该区域建设成集生态、旅游、文化和发展于一体的绿色产业带。该规划充分利用幕阜山咸宁片区的资源和生态优势，以绿色发展为核心，产业为主导，项目为支撑，企业为主体，依托幕阜山生态旅游公路 288 千米主线（通城县天岳关至通山县慈口乡）及支线（通山县通羊镇至九宫山风景区支线和崇阳铜钟乡至小山界公路支线），力争将通山、崇阳、通城三县的 21 个乡镇、约 3800 平方千米的土地建设成"生态带、旅游带、文化带、发展带"。该规划明确了将该区域打造为国家级绿色发展与生态保护示范区、中国"中部绿心"展示区、湖北省脱贫致富先行区及鄂东南城乡统筹协调发展引领区的总体战略定位。

第一，打造特色产业体系。产业发展遵循"生态为基、农业为本、旅游为核、工业为辅"的战略思路，构建"一轴两翼"的沿线绿色产业经济带。在特色生态农业方面，加速推进农业结构性改革，重点发展创意农业、观光农业、休闲农业、体验农业和"互联网+农业"，推动农业产业链和价值链的拓展与升级。在绿色新型工业方面，以"特色化、生态化、科技化"为主线，实施工业强基工程，重点发展特色农产品精深加工、推动传统产业改造升级、培育轻工业和发展新型能源产业。旅游产业以全域旅游为抓手，打造"旅游+生态、文化、农业、康养、养老、村镇、水利"等多元化旅游产品体系。同时，制定产业发展限制清单和淘汰名录，设立严格的产业准入门槛，确保产业发展健康有序。

第二，建设美丽乡村。通过打造一批生态保护好、田园风光好、村镇风貌好、基础设施好、文化传承好的"五好"村镇，全面提升村镇建设水平，改善人居环境，推动生态环境保护。在城镇规划中，坚持尊重自然、顺应自然、保护自然的生态文明理念，优化城镇空间布局，控制城镇规模，划定增长边界。在特色小（城）镇建设方面，采用"梯级培育"的模式，推动省、市、县各级规划建设。在村庄规划中，根据古村旅游保护型、鄂南民居培养型、美丽乡村整治型、生态保护搬迁型、扶贫易地搬迁型五大类型，分类实施引导，并推广《咸宁市村镇个人住宅建筑设计图集》。在公共服务设施方面，遵循均衡化布局的原则，统筹配置教育、医疗卫生、文化、体育及社会福利等设施。在市政基础设施建设上，重点推进水厂及供水管网的升级改造，特别是污水处理设施的建设，实现幕阜山绿色产业带乡镇生活污水治理全覆盖。

二、共推绿色循环经济模式

《长江中游城市群发展"十四五"实施方案》发布后，各省也纷纷出台配套政策，湖北省发布了《湖北省"十四五"循环经济发展规划》，湖南省则制定了《湖南省绿色制造体系建设管理办法》，有序推动区域循环经济建设。

在工业领域，长江中游城市群大力推进循环化改造，尤其是在工业园区的循环化建设上成效显著。武汉东湖高新区作为典型代表，通过建设生态工业园区，推动企业间的物质流交换，形成了完整的产业链条。企业间通过将生产过程中产生的废弃物转化为其他企业的原料，实现资源高效利用和废弃物减量化。长株潭都市圈的工程机械产业集群采用闭环供应链管理，大幅减少了资源消耗，并推动零部件再制造和循环利用。南昌高新技术产业开发区则借助光伏产业的发展，不仅推动了清洁能源的使用，还在光伏组件的回收利用方面取得了进展，实现了能源和循环经济的双重提升。此外，各地政府支持构建循环经济相关的研发平台，推动技术创新与成果转化。华中科技大学与武汉多家企业合作，开发出高效的废水处理技术，有效缓解了企业的生产性环境污染。产学研合作模式的深化进一步加强了高校、科研机构与企业的协同，推动了循环经济相关技术的进步，为循环经济的可持续发展提供了强有力的技术支撑。

农业领域的循环经济也在迅速发展，特别是在绿色农业和生物质能源开发方面取得了显著成效。江西省上饶市采用稻鱼共生模式，不仅提高了土地利用率，还减少了化肥和农药的使用，显著降低了农业活动对环境的负面影响。湖北荆门市的企业通过利用农作物残余物和畜禽粪便生产生物质燃料，为农户提供了清洁能源。各地积极推进有机农业和循环农业的实践，鼓励农户减少对环境的影响，并通过绿色农业提高土地的可持续利用能力。

服务业领域的循环经济发展迅猛，尤其在共享经济和包装物循环使用方面表现突出。共享单车和共享汽车在长江中游城市群内广泛普及，有效减少了私家车的使用，降低了碳排放。同时，快递物流企业推广可循环使用的快递箱，减少了一次性包装材料的消耗，提升了包装资源的循环利用率。多个城市也积极推行垃圾分类制度，增强了居民的环保意识和参与度。武汉市率先全面实施生活垃圾强制分类，在社区内设置了厨余垃圾、可回收物和其他垃圾的分类收集容器，大幅提升了垃圾资源化利用率。长沙市的餐厨垃圾处理设施则采用厌氧发酵技术，将餐厨垃圾转化为有机肥料和沼气能源。一些大型餐饮企业已实现了餐厨垃圾的就地处理与资源化利用。

倡导绿色低碳生活，抓好绿色发展示范。加快大宗货物和中长途货物运输"公转铁""公转水"。提高公共交通出行比例，推动城市公交和物流配送车辆电动化，统筹布局电动汽车充换电配套设施。推广装配式建筑、钢结构建筑和绿色建材。加强节水型社会建设。总结推广国家生态文明试验区（江西）经验，支持武汉、九江、岳阳等长江经济带绿色发展示范区深化探索实践，推动丰城绿色产业示范基地建设，支持通（城）平（江）修（水）绿色发展先行区建设。

三、共同打造"双碳"城市群

实现碳达峰、碳中和是一场广泛而深刻的经济社会系统性变革，长江中游城市群作为中国中部地区崛起战略、深化改革开放和推进新型城镇化的重点区域，在中国的区域发展格局中具有重要地位。探索"双碳"目标下的发展路径既是必由之路，又是亟待解决的难题。2021 年，在长沙召开的长江中游城市群碳达峰与碳中和峰会上，正式发布了《长江中游城市群碳达峰碳中和绿色宣言》。该宣言聚焦"双碳"目标下的绿色低碳高质量发展路径，呼吁区域协同发力，通过产业低碳化、能源结构转型、技术创新共享、市场协同运行及低碳生活方式的推广，共同加快构建节约资源和保护环境的产业结构、生产方式、生活方式和空间格局。

为推动"双碳"目标的实现，中国社会科学院、长沙市人民政府、中节能工程技术研究院等联合成立了长江经济带创新与绿色发展智库，致力于将理论研究与现实应用相结合，推动绿色技术创新及成果转化，并探索城市转型的新模式。首先，需要优化低碳循环经济布局，构建产业发展共同体。要积极推动国家绿色产业示范基地的建设，联合创建国家数字经济创新发展试验区。同时，依托湖北碳排放交易中心，探索构建区域一体化的碳交易体系，并推进水权、排污权等资源的跨省交易制度。通过优化财税政策和金融支持，推动区域绿色低碳经济的一体化发展。其次，建立清洁低碳、安全高效的能源体系，形成能源改革共同体。通过共建世界级清洁能源基地，推动区域能源协同合作，提升城市群电网的资源配置能力与安全性。同时，推动煤炭产供销一体化信息共享，建立煤炭调度和监测机制，加速能源消费的绿色低碳转型。运用大数据、云计算等技术，构建"源网荷储"协调发展的能源互联网，提升能源系统的智能化水平。最后，推动低碳技术成果共享，构建协同创新共同体。将绿色低碳科技创新纳入《长江中游鄂湘赣三省区域协同创新合作框架协议》，组建绿色产业技术创新战略联盟，协同实施重大绿色技术研发项目，并创建国家级绿色低碳技术研发实验室和创新示范区。通过建立"双碳"高端人才引进机制和创新产学研合作体系，推动长江中游城市群打造碳达峰、碳中和的典型应用场景。

协同推动跨区域绿色低碳转型。以江西九江与湖北小池为例，两地政府制定了协同发展的一体化规划，并将小池纳入九江长江经济带绿色发展示范区的创建中。2024 年 3 月，江西九江经开区与湖北黄梅签订了《合作共建小池江北工业园框架协议》，进一步推进两地实现资源共享和优势互补。在工业领域，九江市推进了绿色工厂建设和产业升级改造。诺贝尔陶瓷有限公司与三峡水利合作建设绿色低碳工厂，通过节能降耗措施减少碳排放。九江石化则投资 70 亿元实施油品质量升级改造，提升资源利用效率，推动了全行业的绿色转型。农业方面，两地也在探索循环经济的发展路径。例如，九江及其周边地区发展有机农业，减少化肥和农药的使用，提高土地利用效率，推动农业的绿色转型。同时，生物质能源项目也在快速推进，为农户提供清洁能源，促进可持续发展。新能源开发与应用是两地绿色转型的重要组成部分。九江市积极推进风电、光伏等新能源项目的建设，并探索分布式能源系统，如屋顶光伏发电，提高清洁能源的比例。这不仅优化了能源结构，还有效降低了碳排放。交通领域的绿色转型也在同步推进。九江市加速推进绿色交通体系建设，逐步实现公共交通和货运领域的新能源替代，完善充电设施布局，构建智能高效的绿色交通网络。同时，两地的跨江交通改善项目，如新建桥梁和隧道，也推动了人员往来和物流畅通，并融入了绿色设计理念。

第八章　长江中游城市群民生事业协同发展

在发展中保障和改善民生是中国式现代化的重大任务。长江中游城市群要携手完善基本公共服务制度体系，共同加强普惠性、基础性、兜底性民生建设，推动社会事业协同发展，发挥其辐射西部的作用，让更多人享受到公共服务共建、共享的红利。

第一节　基本公共服务便利共享

从解决好长江中游三省人民群众最关心最直接最现实的利益问题入手，推动基本公共服务便利共享，不断满足人民对美好生活的向往。

一、打造共享都市圈

都市圈是长江中游城市群推进公共服务便利共享的最佳平台和载体。这是因为都市圈是城市群内部以超大特大城市或辐射带动功能强的大城市为中心、以1小时通勤圈为基本范围的城镇化空间形态，而长江中游城市群的日常运行正是以武汉、长株潭、南昌、宜荆荆等都市圈为依托进行的。

长株潭城市群通过完善跨区域信息共享机制，建设互通互认的区域性公共服务平台，共建数字长株潭。推进教育、医疗、社保、养老等领域信息服务一体化。深化长沙优质教育资源向株洲、湘潭延伸，打造一批合作办学的示范性学校，推广一批合作办学的经验模式。要探索以社会保障卡为载体建立居民服务"一卡通"，在交通出行、旅游观光、文化体验等方面率先实现"同城待遇"。推动以长株潭为中心，带动岳阳、常德、益阳、娄底、衡阳的"3+5"智慧城市群有序发展。依托长株潭国家自主创新示范区、国家创新型城市建设，构建区域创新共同体，共建全方位高层次开放平台，充分发挥对接粤港澳大湾区、长江经济带、成渝地区双城经济圈等重点区域的龙头效应。

2023 年以来，武汉都市圈扎实推进落实市域内医保服务"同城办理"工作，同步推进各市基层医保公共服务体系建设，进一步打造"十五分钟医保服务圈"。积极推进门诊慢特病医保待遇和"双通道"药品使用在武汉都市圈互评互认工作。加快推进"圈内三个扩容"，即服务范围由原来的"武鄂黄黄"4 个市扩展到"1+8"城市圈，服务事项由原来的 10 个高频事项扩容到 24 个服务事项，各市服务网点在市、县（区）服务大厅的基础上不断向乡镇（街道）和村（社区）便民服务中心（站）延伸。目前，武汉都市圈公共服务同城化呈现出服务意识更统一、服务标准更细化、服务事项更优化、社会效果更显著和服务创新典型事迹更感人的特点。

湖北省除了有国家级的武汉都市圈外，还有省委、省政府力推的宜荆荆都市圈、襄阳都市圈。其中宜荆荆都市圈由宜昌、荆州、荆门三市组成，三者都是长江中游城市群成员城市，其核心区范围包括宜昌市辖区、宜都、枝江、当阳、远安、秭归、荆州市辖区、松滋、公安、江陵和荆门市全域，面积 3.26 万平方千米，2023 年末常住人口约 900 万人。恩施土家族苗族自治州和宜昌、荆州两市其他区域为协同发展区。宜荆荆都市圈不断提升中心城市综合承载力和公共服务能力，增强都市圈宜居宜业水平，并统筹开展流域综合治理，确保江河安澜、社会安宁、人民安康；以创新推动产业升级，促进文化旅游消费等服务业融合发展，着力打造共享都市圈。2023 年 11 月 24 日，襄阳都市圈"襄十随神"医保公共服务同城化工作推进会在湖北省襄阳市召开，襄阳市、十堰市、随州市、神农架林区签订医保公共服务一体化战略合作协议，医保政务服务"四城通办"逐步成为现实。

二、推进社会保障一体化

2012 年以来，长江中游城市群在社会保障、就业创业等领域开展持续合作，部分区域已实现居民社保跨区域互通，参保人员可无障碍跨地区转移接续。三个省会打破城乡分割，推动社会保险一体化建设，为农村人口进入城市和实现城镇化提供支持。加强社会保险各项制度的衔接，推进区域内社会保险规范化、标准化、一体化建设，实现区域内无障碍转移接续。专业技术职务任职资格三市互认合作协议强调，共同构建一体化人才市场。通过打造统一的人才交流服务品牌，开展市场交流的联动。

武汉、长沙、南昌三市着力构建一体化的就业创业服务体系。通过构建一体化综合信息服务平台，为求职和创业人员提供人力资源市场用工情况分析、企业用工需求、各类高校人才供给、优惠政策发布、地方产业布局、培训等综合信息。围绕三市工程机械、汽车制造、电子信息、生物医药、新材料等优势产业集群，致力于服务劳动者创业。同时三市创业者还在创业服务、创业培训、税费减免、小额担保贷款、项目审批等享受同等政策。

三省省会城市共同建立了科技服务资源共享平台，实行公积金异地互认互贷和转移接续政策，124 项政务服务事项实现省会城市跨市通办。2021 年 6 月 3 日，三省高级人民法院负责人在汉签署《关于构建长江中游城市群审判工作协作机制的框架协议》，构建全方位协作体系、促进法律适用标准统一、建立资源共享和工作联动机制，还探索建立应急联动合作机制，扎实落实跨区域知识产权行政保护协作协议，共同签署了外事合作备忘录，共享国际友城、友好组织等对外资源。

养老服务也是区域合作的重要内容。2023 年 12 月 11 日，湖北省宜荆荆都市圈养老公共服务标准共建共享联席会议在湖北省宜昌市召开。会上，宜昌、荆州、荆门、恩施四地签署《宜荆荆都市圈养老公共服务共建共享合作协议》，四地将推动养老服务标准规范共同执行、养老公共服务人才共同培训、养老公共福利跨区共同享受。

三、推动更多跨省跨市通办

2021 年以来，湖北、湖南、江西紧扣"协同"和"高质量"，加速推动更多设施互联、更多产业互融、更多服务互通，让"跨域无感"再添新体验。更多"软环境"上的互通使三个"好邻居"手牵手、心连心。2021 年长江中游城市群建设合作重点事项清单中，政务服务优化被列为重点。长江中游城市群省会城市共建"长江链"公共资源交易区块链服务平台，促进数字证书跨省域互认，公共资源交易各类数据跨省域共享，推进公共资源交易一体化合作。推进"一网通办"平台建设，加快跨区域政务服务网互联互通、电子证照信息共享，探索营商环境重点领域、民生领域等"一地受理、一次办理"。推动三省毕业生就业创业信息网络共享，共同举办中三角区域协同发展网络招聘会。

2021 年 12 月，"红色传承，绿色发展"湘鄂赣 22 县（市、区）"跨省通办"

线上签约仪式正式举行，标志着湘鄂赣革命老区跨省通办合作正式拉开帷幕。2023 年三省共同推进"鄂汇办""湘易办""赣服通"政务服务跨省 APP 联盟建设，公积金异地转移接续、机动车违法处理等高频事项实现三省通办；三省相邻高速卡口通行车辆数据实现实时共享，省会城市市场监管执法标准和处罚制度实现统一，三省多家医院建立急危重症病人转诊绿色通道。① 目前，公积金异地互认互贷和转移接续政策参与城市扩展至 20 个，机动车违法处理等 19 项交管业务和户口迁移等 6 类户籍业务，以及孤儿、事实无人抚养儿童和残疾人两项补贴资格认定申请实现三省通办，124 项政务服务事项实现省会城市跨市通办。

一时难以在长江中游城市群或者三省实现通办的，则在都市圈范围或者省会城市之间先行先试。例如，长株潭已实现三市 260 种以上电子证照（证明）互通互认，180 项以上政务服务事项"跨市通办"。379 项政务服务事项实现省会城市跨市通办、建立长江中游城市群高校联盟、中南大学湘雅医院江西医院（国家神经疾病区域医疗中心）惠及湘赣患者。近年来，湘鄂赣积极推动高频政务服务事项"跨省通办""一网通办"，进一步提升公共服务共享水平。2023 年 2 月 21 日召开的长江中游城市群省会城市第九届会商会上，武汉、长沙、南昌、合肥签订了《长江中游城市群省会城市"一码通域"合作框架协议》。"一码通域"是指通过连通区域内数个城市的居民数字身份认证体系，打通城市间"一码通"等基础服务平台，在保证数据安全前提下，实现居民数字身份认证互通互认，推动区域城市基本公共服务一体化发展，进而"一码"畅行整个区域，实现区域内"同城待遇"。通俗地讲，"一码通域"就是把长江中游省会的城市移动服务 APP 平台打通了。你只要是其中一个城市移动服务 APP 的认证居民，就可以在来到其他城市时，切换到"长江中游省会城市服务"，然后像当地人一样，享受到交通、电子证照、医保等城市基本公共服务。

第二节 促进教育医疗合作

长江中游城市群持续深化教育、医疗等社会事业合作，推动共建共享，构建

---

① 肖丽琼，胡铮，夏颖 . 道路互联 产业互融 服务互通 鄂赣湘"跨域无感"再添新体验［N］. 湖北日报，2023-11-30（03）.

高质量发展的中部教育圈、医疗圈。

一、持续深化教育合作

办好人民满意的教育，必须坚持以人民为中心发展教育，加快建设高质量教育体系，发展素质教育，促进教育公平。长江中游三省以高校为突破口，开展教育合作。同时，加快义务教育优质均衡发展和城乡一体化，优化区域教育资源配置，助力区域高质量发展。

长江中游三省教育行政主管部门早在 2012 年就签订教育合作协议，推进高校之间开展联合办学、课程互选、学分互认、教师互聘、学生访学、学科共建等多种形式的校际交流与合作。2023 年 11 月 29 日，长江中游城市群"双一流"高校联盟在武汉大学成立。联盟将团结湘鄂赣三省的"双一流"大学，围绕国家"中部崛起"战略布局及三省的科技、产业和人才的有效融合，设置合作主题，结合"双一流"建设任务，整合联盟各校优质资源，创新合作方式，共同研究三省的产业链如何协同，科技领域如何加强互补，培养人才如何与当地产业配合，强化三省创新链、产业链和人才链有效融合，为服务国家重大战略需求、推动区域经济社会高质量发展、提高人才自主培养质量、加快建设教育强国展现新作为、作出新贡献。

2024 年 3 月 16 日，长江中游城市群马克思主义学院建设联盟启动仪式在湖北省武汉市举行，联盟由来自湖北、湖南、江西三省的 28 所高校马克思主义学院共同组成。联盟成立后将加强人才培养，建立本科生交换机制和硕士生、博士生访学机制，共同探索马克思主义后备人才、骨干人才、学历提升等联合培养方案。加大联盟内高校研究生培养支持力度。开设校际选修思政精品课程，探索联盟内同批次高校学分互认试点改革，整体提升人才培养质量。联盟的共同愿景是，期望建设新时代一流马克思主义学院，示范引领大中小学思想政治教育一体化建设，省会城市高校辐射带动作用进一步发挥，长江中游城市群高校成为全国马克思主义理论教学研究高地，三省服务全国思政课高质量发展能力显著增强，共同答好教育强国强省建设的核心课题。

三省还举办省会城市教研协作体年会，推动毕业生就业创业信息网络共享，共同举办"中三角"区域协同发展网络招聘会。

二、加快推进医疗合作

2012 年长江中游三省签订《武汉共识》，就建立医疗卫生资源共享、血吸虫病联防联控等八个方面达成共识。近年来，跨区域优质医疗资源交流合作持续推进，特别是在新冠疫情防控方面进行了深度合作。建立了长江中游城市群院前医疗急救联盟，每半年召开一次工作会议，经常召开学术会议。三省多家医院建立急危重症病人转诊绿色通道。

在湖南，各相关地区和单位协同推进中南大学湘雅二医院国家紧急医学救援基地、省儿童医院西院区、省中医附一院中医药传承创新中心、省中医附二院中医疫病防治基地、省肿瘤医院中西医协同"旗舰"医院等重大项目建设；协同推动实现长株潭二级及以上公立医院检查检验结果互通共享。与此同时，湘雅医院积极创建综合类国家医学中心，辐射带动长江中游地区发展。湘雅医院立足重大疾病诊疗需求，着力建设国家神经疾病区域医疗中心，并以输出模式高标准建设中南大学湘雅医院江西医院，2023 年输出与平移了 58 项新技术与新项目，其中 10 项新技术填补了江西省区域内的空白。

湖南、江西毗邻地区县市之间也积极开展医疗保障合作。2021 年 6 月，上栗县医疗保障局与浏阳市医疗保障局签订《湘赣边区域医疗保障合作协议》，提升两地医保协作和业务经办服务水平，以医保异地通办破解百姓看病难、看病贵等问题。2022 年 5 月 27 日，湘赣边区域合作示范区建设推进大会在萍乡市召开，湘赣两省签署了《湘赣六地市医疗保障部门合作备忘录》。2022 年 8 月 15 日，湖南省郴州市桂东县医保局与江西省吉安市遂川县医保局为进一步加强湘赣边区域在医疗保障领域的深度合作，秉持以人民为中心的服务宗旨，依托全国统一的医疗保障信息平台，积极发挥湘赣边区既有医保资源优势，签订了《遂川县桂东县医疗保障发展合作备忘录》《遂川县桂东县医疗保障经办服务合作协议》，桂遂两县加深加快医疗保障领域的密切合作。

2024 年以来，湖南、湖北医疗保障互联互通合作工作启动，合作内容涵盖参保信息查询、医疗保险关系转移接续、异地就医结算等方面。[①] 2024 年 4 月，两省医保部门签订医疗保障互联互通合作协议，内容涵盖异地就医区域互认、扩大门诊慢特病直接结算病种范围、参保信息查询、医保关系转移接续等九大方面。

湘赣鄂，一家亲。在湘赣鄂部分地区开展异地就医区域互认，让参保群众得到实实在在的好处。三省医疗保障部门将进一步探索高血压、糖尿病、恶性肿瘤

---

① 帅才，余贤红，明星，等．三省共下"一盘棋"：湘赣鄂区域协同发展调查［N］．经济参考报，2024－07－16（05）．

门诊放化疗、尿毒症透析、器官移植术后抗排异治疗等群众需求大的门诊慢特病跨省直接结算；探索开展湘赣边区域医疗保障合作论坛，建立湘赣边医保交流平台，惠及更多湘赣边群众，推进湘赣边区域医疗保障工作合作共赢发展。

三、探索"梯度辐射"模式

在长江中游城市群，武汉、长沙的教育和医疗资源十分丰富，可以比肩沿海发达城市。周边一些城市既接受省会的辐射，又对附近县市进行辐射。例如，株洲市拥有 10 所高校，在地级市中具有很强竞争力，在接受长沙辐射的同时，也向湘东赣西地区辐射，可谓"梯度辐射"。

这种"梯度辐射"模式也在湖北黄冈实施。通过多渠道吸引武汉优秀教师、科研人员来黄冈开展交流合作或来黄冈工作。积极稳妥推动职业学校、高等学校与企业共同走出去，共建一批人才培养、科技创新和人文交流基地。抓住武汉疏解非省会核心功能机遇，积极承接武汉高校外迁，推进高校分校区、大学城建设，引进一批优质项目落户黄冈。利用武汉都市圈高校空间布局优化契机，鼓励以合作办学、建立分校区等方式，吸引优质教育资源和生源向黄冈集聚。近期重点引进建设湖北中医药大学黄冈校区。推进黄冈师范学院、黄冈职业技术学院与武汉院校深度合作，深化与武汉高校在学术交流、优质资源共享等方面的合作。加快建设武汉职业技术学院麻城校区、武汉设计工程学院红安校区。支持红安干部学院进一步提高办学质量，建成全省干部培训的主阵地。发挥黄冈教育资源比较优势，加快黄冈中学"金字招牌"资源管理和开发利用，突出以教育为核心的优质公共服务，强化学校基建建设规范化、师资力量建设规范化，增强"黄高"教育品牌影响力。加快推进黄冈第二中学项目第二期建设，立足黄冈服务大别山革命老区。

第三节　加强人力资源协同

人力资源与区域经济之间存在相互促进的关系，城市群一体化发展需要加强人力资源协同。两者可以协同发展，共同进步。2017 年 4 月武汉举办长江中游城市群人才发展高峰论坛以来，城市群内人才智力共建等活动日益频繁，利益汇合点不断扩大，合作增长点不断增多，对经济贸易合作、科教文化交流的促进作用不断增强。

一、搭建人力资源集聚平台

联合招才引智是加快区域人才高地建设的关键之举。2017年，武汉市在全国率先成立了招才局，对全市人才工作职能、政策、资金、力量进行全面统筹，并聘请了一批"招才顾问"和"招才大使"。武汉充分利用高校资源优势，启动实施了"百万大学生留汉创业就业工程"和"百万校友资智回汉工程"，在集聚优质人力资源上迈出大步伐、取得新成果。

长江中游武汉、长沙、南昌三个省会城市建立人才网站联盟，搭建"一网注册、多网发布"的云平台，充分发挥人才网站机制作用，实现信息资源的共享；通过建立人才市场联席会议制度，完善工作协调机制。并邀请合肥市参加，建立了一体化人才评价互认机制。实行专业技术职务任职资格、职业技能职务任职资格四市互认；实行公务员、事业单位职员身份、行政职务、专业技术职务四市互认，且四市之间调动流动无障碍通行。通过每年定期共同举办一次大型联合人才招聘会，建立"网上人才招聘周"制度等，实现"活动共办"。通过协作开展流动人员人事档案管理、人才派遣业务等做到相互服务、共同管理，最终实现"互动共赢"。

除省会合作外，其他城市也积极共建人力资源平台。2023年12月13日，在湖北省委组织部指导下，宜荆荆恩四地组织部门及人社、科技、教育、产业等有关部门齐聚宜昌，召开人才发展联盟第一次全体会议，发布了《宜荆荆都市圈人才发展联盟组建方案》，将做实做强"人才发展联盟"作为优化资源配置，推动区域协调发展、高质量发展的抓手和路径。

长江中游城市群要瞄准各市重大战略需求和未来产业发展制高点，大力引进电子信息、智能制造、商业航天、新材料、新能源等产业高端人才，努力集聚一批国内外高层次人才。要留住更多大学生，发挥大学生人数众多的优势，联合组团开展"知名企业招聘校园行"等活动，共同推动更多大学毕业生留下来、创起来。在做好政府引才的同时，注重发挥人力资源服务机构的引才作用，共同举办人力资源服务业博览会，共同建设人力资源服务业示范园，共同委托知名人力资源服务机构定向引进人才，努力实现人力资源服务业发展和招才引智双赢。

二、激发人才创新创业活力

人力资源具有开放性、流动性的特征，一个城市群要有丰富的人力资源，必须完善人才激励措施，支持人才创新创业。激励保障是推动人才创新创业的重要因素，也是建设区域人才高地的必然要求。目前，湖北省通过一年一度的华侨华人创业发展洽谈会吸引一批海外人才，武汉市有"青桐计划""黄鹤杯"高层次人才创业大赛等比较成熟的发现培养人才的办法。湖南、江西通过一年一度的省级创新创业大赛，上对接中国创新创业大赛，下对接各市州赛和专业赛，采用"赛马场上选骏马，市场对接配资源"的方式，赛出各行各业"千里马"，并带动企业和经济发展。

2023年7月15日至16日，湖北通城、湖南平江、江西修水三地县委人才办、团委联合举办"通平修"绿色发展先行区"汇聚青才智·携手振兴路"活动，三地青年代表通过"走访+座谈"加强创新创业合作，共同探索乡村振兴路径。

举办大学生创新创业大赛。"互联网+"大学生创新创业大赛是深化创新创业教育改革的重要推手，是培养大学生创新创业能力的有利平台。大赛是由教育部联合多个部门共同主办的具有最高权威的全国性赛事，湖南、湖北、江西各高校积极参与。湖南省制定了激励措施，将大赛获奖情况纳入全省高校"双一流"建设绩效考核、本科院校教学工作审核评估、本科专业综合评价与认证、高校毕业生就业创业工作"一把手工程"等工作的考核内容，作为一流本科专业建设"双万"计划、高水平高职院校和专业建设计划、现代职业教育质量提升计划、农村中等职业教育攻坚项目、大学生创新创业孵化示范基地等项目遴选、经费分配和考核评价的因素。湖北、江西高校年年参加，一些地方举行区域性的选拔赛，促进了创新创业。2024年6月18日，第四届"宜荆荆恩"大学生创新创业大赛在湖北省恩施举行。本次大赛以"智汇荆楚·创就未来"为主题，旨在通过举办大学生创新创业大赛，引导社会各界支持大学生（青年）群体创新创业，搭建创新、创业服务平台，弘扬创新创业文化，激发全民创新创业的热情，打造推动区域经济发展和转型升级的强劲引擎。

在异地举办高校毕业生专场招聘会。2023年9月16日，湖北省随州、襄阳、十堰、神农架代表齐聚武汉，在湖北工业大学共同举办2023年"襄十随神"城市群专场招聘会，现场113家用人单位提供3000余个优质就业岗位，吸引了武汉大学、武汉理工大学、湖北大学、湖北工业大学等高校学子踊跃参与，进场近3000人次。

长江中游城市群要创新人才发现机制，轮流举办"长江杯"高技能人才大赛，探索举办城市群大学生创新创业大赛等赛事活动，让各类人才一展所长、脱颖而出。要创新人才培训机制，积极整合大专院校、科研院所、知名企业等教育资源，打造一批人才联合培训基地，同时相互开放大学生就业见习基地和实训基地，加快形成区域性人才联合教育培训体系。要创新人才培养机制，加快推进一批专家库、人才项目库等资源的共享共用，共建院士工作站、博士后科研工作站等高层次人才培养平台，支持不同城市专家学者和专业技术人员联合申报重大科研项目，努力在交流合作中提升人才培养质量。

要进一步完善人才服务措施，以创新创业园区交流合作为突破口，每年共同举办创业项目成果展示会、创业人员创意交流会，为创新创业人员转让技术、开发销售新产品、创建公司等提供支持和服务，促进创新创业人才快速成长。要进一步完善人才权益保护措施，以创建区域和谐劳动关系为重点，继续深化劳动保障监察执法交流合作，共同定期举办劳动人事争议仲裁典型案例研讨会，联合发布《长江中游城市群省会城市和谐劳动关系发展报告》，推动重大人才权益保护协同执法，为人才成长创造稳定、安全、和谐的发展环境。

三、构建人才自由流动格局

人才自由流动是区域合作发展的重要基础，是释放人才创新创业活力的重要举措。要深入贯彻中共中央《关于深化人才发展体制机制改革的意见》，在人才政策、市场、交流等方面深化合作，充分发挥市场在人力资源配置中的决定性作用，更好发挥政府的引导助推作用。要加强人才政策衔接，打破人才流动的制度壁垒，积极推进专业技术人才和高技能人才的资格互认，促进人才无障碍自由流动。要加快推动人才市场互联互通，建立省会城市人才市场合作联盟，联合举办大型人才招聘会，共同发布区域年度人才市场报告，着力形成统一、公平、开放的区域人才市场体系。要大力推动人才智力交流，通过互派干部挂职锻炼、加强人才项目合作等方式，进一步推动区域人才融合发展。

2023年12月，武汉市、鄂州市、黄冈市、黄石市四地职称互认信息平台同步启动，通过设置个人申请、人力资源社会保障部门确认、即时生成证书等服务功能，实现职称"跨域办""网上办""马上办"。武鄂黄黄职称互认协议按照"共建共享、互联互通"原则，聚焦以用为本，对武鄂黄黄专业技术人员职称直接予以确认，不再重复评审。

要进一步推动区域人才资源的开发共享。坚持创新理念、拓宽渠道，消除区域内人才流动的体制性障碍，探索"柔性引进、刚性干事"的人才引进使用办法，鼓励高层次人才通过兼职挂职、定期服务、技术联姻、项目合作、科技咨询等方式开展交流合作，充分用足人才，合理用好人才，科学用活人才；要进一步加强区域人才优势的辐射互补，坚持取长补短、优势互补，建立区域人才资源信息共享、联合发布等机制，引导知名高校院所、企业等用人主体开展精准合作，推动形成创新要素流动、人才交流密切、市场化程度较高的区域人才发展新格局，让更多创新成果在城市群内开花结果、落地生根；要进一步拓展区域人才合作的途径方式。坚持开拓视野、丰富载体，加大党政干部、企业家、高层次专业技术人才的交流挂职和异地培训力度，深化拓展区域人才合作项目，不断推进政策协调、制度衔接和服务贯通，推动人才总量快速增长、人才素质全面提升、人才结构不断优化、人才活力充分释放。

第四节　共同推动文化繁荣

湖北是长江径流里程最长省份，是古人类的重要发源地、楚文化的发祥地、三国文化的富集地、红色文化的繁盛地，文物资源富集，还是三峡工程的库坝区、南水北调中线工程核心水源地、"华中水塔"神农架所在地，水文化尤其丰富。湖南是楚文化的核心板块，长沙作为国务院首批公布的 24 座历史文化名城之一，享有"楚汉名城"的美誉，在长江文化中具有重要地位。湖北省内科研院所众多，拥有一大批研究长江文明、文化、文物、生态、水文等学科的专家学者。

一、共同传承长江文化

建设国家文化公园，是推动新时代文化繁荣发展的重大文化工程。据了解，在国家文化公园建设工作领导小组的统筹指导下，各地区各方面扎实推进工作，长城、大运河、长征、黄河国家文化公园建设取得显著成效。2021 年 12 月 21 日，国家文化公园建设工作领导小组印发《长江国家文化公园工作安排》，正式启动长江国家文化公园建设。在长江中游地区，一批标志性建设项目相继实施，一批重点基础工程建设陆续展开，一批重点建设区示范先行。

湖北抢抓中央把湖北确定为长江国家文化公园重点建设区的历史机遇，统筹全省资源、调动各方力量，高标准高质量推进长江国家文化公园湖北段建设，推动长江文旅融合，擦亮中华文明标识，切实把长江文化保护好、传承好、弘扬好。武汉市的中国长江博物馆、宜昌市的屈原文化公园、荆州市的荆江水文化馆、十堰市的南水北调中线水文化旅游区、荆门市的屈家岭国家考古遗址公园等一批重点项目开工建设，不少项目建设进展顺利，初见成效。湖北将努力打造全国前列的长江国家文化公园样板段、长江文化展示阐释核心区、产业融合发展先行区，不断提高长江文化、中华文明的影响力和生命力。

江西在全国率先启动了长江国家文化公园（江西九江段）项目建设工作，按照"千年文化、串珠成链，创意重现"的方式，以传承千年文脉为主线，以沿途文化景点为主体，彰显"最美长江岸线""诗意九江"。围绕152千米长江岸线，重点规划了4个项目：瑞昌铜岭铜矿遗址保护修复项目、浔阳江美丽长江岸线提升改造项目、湖口县"江、山、湖"生态文明展示园、彭泽县滨江文旅融合展示项目。其中，浔阳江美丽长江岸线提升改造项目是长江国家文化公园（江西九江段）的重点项目之一，全长10.9千米。项目坚持"问需于民、还江于民，生态优先、文化铸魂"的原则，着力推进四个方面的提升。一是提升防洪能力，有效解决了长江崩岸问题。二是提升绿化品质，全力打造水清岸绿、河畅景美、人水和谐的自然生态空间。三是提升通达功能，打通沿江街道与沿江游步道之间的交通连接，群众可通过绿道亲水观江。四是提升文化品位。改造提升琵琶亭、浔阳楼、锁江楼及周边景点，尽力彰显"浔阳江头"的古雅、"大江东去"的豪迈，推动了中华优秀传统文化创造性转化、创新性发展，打造九江文化地标，提升滨水岸线活力。①

湖南率先在全国完成省级文化旅游用地、历史文化和文物保护国土空间专项规划，为长江国家文化公园建设提供有力保障。尤其是以汉代长沙王陵墓群遗址为代表的大型文化遗产是长江流域汉文化最丰富的文化宝藏、最具代表性的文物资源，是长江文化的重要组成部分。岳阳是湖南省唯一拥有长江岸线的城市，是湖南建设长江国家文化公园的主阵地、示范区，着力推动高品质建成"一馆一园一带"：长江中游重要文化地标的洞庭湖博物馆，"守护好一江碧水"首倡地的生态文化园，长达163千米的最美长江岸线文化展示带。

2023年9月8日，第六届湘鄂赣皖非物质文化遗产联展在江西省南昌市万寿宫历史文化街区开幕，四省非遗同台展演，共话传承创新。江西、湖南、湖北、安徽四省山水相依、地域相近、人缘相亲、文脉相连，文化底色相同，又各具鲜

---

① 长江国家文化公园（九江段）：水美、岸美、产业美［EB/OL］.［2024-07-24］. http：//www.jiujiang.gov.cn/zwzx/bmyw/202407/t20240724_6625513.html.

明特色，在长江文明发展进程中一直发挥着枢纽作用，其独具魅力的非物质文化遗产更是成为四省共同的亮丽文化名片。

2024 年 9 月 14 日，首届长江文化艺术季在武汉市拉开帷幕。活动以"赓续长江文脉，共创时代华章"为主题，旨在展现长江流域丰富的文化和艺术。长江文化艺术季由中共中央宣传部、文化和旅游部、中国文学艺术界联合会、中国作家协会指导，湖北省人民政府、水利部长江水利委员会、中国长江三峡集团有限公司共同主办。首届长江文化艺术季一直持续到 11 月上旬，其间举办多项活动，通过多种艺术呈现形式，融合长江沿线不同地域标志性文化元素，充分展示长江文化的魅力。

作为长江文化艺术季的首场活动，"长江文化名家学术研讨会暨长江文化研究院揭牌活动"在武汉举行。"长江文化研究院"由国家有关部门批准，依托相关科研机构在湖北成立，并明确为正厅级机构。长江文化研究院被国家定位为跨学科、跨行业、跨地区的新型学术共同体，打造长江文化保护传承弘扬的国家高端智库，继续推出更多原创性、突破性、标识性的高质量成果，未来将围绕开展长江文化研究、推进长江文物和文化遗产系统保护、推出体现新时代长江文化的文艺精品等领域，深入发掘长江文化的时代价值。

二、共同弘扬红色文化

湘鄂赣三省是中国近现代革命的重要发源地：武昌是中国近代革命的首义之地，南昌是中国人民解放军的诞生地，安源是中国工人运动发源地，韶山是一代伟人毛泽东的故乡；井冈山是中国共产党人创建的第一个农村革命根据地，被誉为"中国革命的摇篮"；瑞金是中国共产党创建的中华苏维埃共和国临时中央政府所在地，有"红色故都""共和国摇篮"的美称；于都是中国工农红军进行举世闻名的二万五千里长征的始发地；大别山是红色根据地，1947 年 8 月刘邓大军于此开始了解放战争战略大反攻。更机缘巧合的是，党史中的湘鄂赣苏区横跨三省，就在今天长江中游城市群范围内。湘鄂赣苏区是党领导秋收起义最早的地方之一，是全国建立县级红色政权最早的地区之一，也是中国工农红军第一面军旗升起的地方。不仅如此，湘鄂赣苏区还使这一地区首次成为一个一体化的军事、政治、经济板块。一体化的军事板块以 1928 年 11 月中共湘鄂赣特委成立军事委员会为标志，一体化的政治板块以 1931 年 7 月、9 月分别正式成立中共湘鄂赣省委和湘鄂赣省苏维埃政府为标志，一体化的经济板块以 1931 年 11 月成立"湘鄂赣省工农银行"为标志。"湘鄂赣省工农银行"成立后，立即在各县、区设分行和支行。省币发行后，各县、区工农银行停止发行和使用旧币，回收各种杂钞，结束了根据地金融市场的混乱局面，为稳定物价、发展生产、繁荣经济、统一财政做出了重大贡献。可以说，长江中游城市群有着红色基因，流淌着红色血液。

2019年6月28日，在第一届中国—非洲经贸博览会期间，以"红色湘赣薪火相传"为主题的2019湘赣两省文化和旅游交流合作暨湘赣边红色文化旅游推介会在长沙举行。会上，湘赣边红色文化旅游共同体正式成立，囊括了两省24个县（市、区）。湘赣边红色文化旅游共同体24个县（市、区）分别为平江县、醴陵市、攸县、茶陵县、浏阳市、铜鼓县、修水县、万载县、袁州区、上栗县、湘东区、安源区、安仁县、炎陵县、桂东县、汝城县、宜章县、芦溪县、莲花县、永新县、井冈山市、遂川县、上犹县及崇义县。2019年江西旅游产业发展大会期间，湖南、江西两省文化和旅游厅签署《湘赣边红色旅游合作框架协议》，联合打造全国红色旅游融合发展创新区。根据《湘赣边红色旅游合作框架协议》，两省将推动组建湘赣边红色文化旅游共同体、推动建设湘赣边红色文化旅游融合发展创新区、推动实施湘赣边红色文化旅游品牌建设工程、研发设计打造湘赣边红色文化旅游主题精品线路等七大内容。

近年来，湖南与江西加强区域红色旅游合作，成立了"韶山、井冈山旅游战略合作联盟"，共同建设湘赣边无障碍旅游区，举办了中俄红色旅游合作交流系列活动暨首届湘赣边红色旅游节，发布了"穿越湘赣边·重走秋收路"3条红色旅游精品线路。2019年4月，湘赣边文旅融合发展精品旅游线路推介会暨送客入村启动仪式上，湖南省专门制作推出了湘赣边乡村振兴红色文化旅游经典线路。

2024年6月6日，"同温峥嵘岁月　共筑兰台新梦"长江中游三省红色档案共享开发利用活动在湖北省黄石市举办。国家档案局有关负责人出席活动，江西、湖北、湖南三省档案部门负责同志参加活动。

长江中游城市群还将充分挖掘红色资源优势，打造具有地域特色元素的思政金课体系，搭建三省联合教研教学平台，开发共享实践研学精品路线，探索推动联盟内高校思政课教师队伍对岗交流，协同开发思政课数智化教学资源等。

三、大力推动文旅合作

长江中游三省抱团推进文化旅游共建共享。早在2013年，长江中游三省文化行政主管部门签订《文化发展战略合作框架协议》，举办群众文化艺术节等活动，三省党报集团还发起建立国内首个区域媒体合作联盟。2021年9月27日晚，长江中游三省旅游合作发展联盟成立暨旅游消费大联动启动仪式在武汉黄鹤楼公园举行，现场三省与会嘉宾共同上台齐按灯柱，点亮黄鹤楼、滕王阁、岳阳楼"江南三大名楼"。当天，作为首届中国（武汉）文化旅游博览会的重要配套活动，三省文化和旅游部门共同宣布长江中游三省旅游合作发展联盟成立，将秉承"平等、融合、创新、发展"的原则，推进三省旅游区域一体化谋划、资源一体化共享、平台一体化建设、服务一体化推进、品牌一体化打造，实现三省旅游发展优势互补、互利共赢、共同发展。推动三省旅游市场区域协同发展，建立旅游市场交流合作新渠道、新平台，联合进行整体宣传、线路开发、产品促销等活动，实现产品共推、市场共促、客源互引的一体化建设目标。已常态化开行武汉、长沙、南昌"周末游"专列，长江中游三省旅游一卡通也持续热销。

2022年7月9日，鄂湘赣三省群众广场舞精品展演以广场舞连演的形式呈现，来自湖北、湖南、江西三省共13支优秀广场舞团队，围绕民族团结、乡村振兴、文旅融合、幸福生活多个主题，舞青春、舞健康、舞风采、舞欢乐、舞文化，为现场观众和线上网友展示一幅真实立体、热气腾腾的百姓美好生活画卷。

2023年3月21日，在湖南省醴陵市清水湾畔景区，召开2023年湘赣边区域文旅广体合作交流座谈会，来自湘赣边区域十二个县市区文旅局负责人，共同签订《2023年湘赣边区域文旅广体合作宣言》。此次签订"醴陵宣言"的湘赣边区域十二个县市区包括江西省井冈山市、永新县、莲花县、上栗县、万载县、铜鼓县、修水县、遂川县、湘东区，以及湖南省浏阳市、平江县和醴陵市。

2023年5月15日，长江国际传播中心在湖北省武汉市揭牌成立。该中心致力于向全球展示长江中游城市群的魅力与活力。《中国日报》副总编辑刘伟玲，武汉市委常委、宣传部部长吴朝安出席活动。长江国际传播中心由中国日报社与武汉广播电视台携手打造，是中国日报社首个与地方深度共建的城市平台，旨在积极探索央地深度合作新模式，充分发挥双方在资源、渠道、人才、国际影响力等方面的优势，着力打造立足武汉、辐射长江流域的中部地区"国传"基地。

2024年4月19日，"村长请课"2024年湖南省（春季）乡村文化旅游节系列活动——文旅赋能乡村振兴典型案例推介会在湖南省岳阳市平江县举行。会上，湘鄂赣天岳幕阜山国家文化产业和旅游产业融合发展示范区正式启动创建，发布了湖北通城、湖南平江、江西修水三县精品旅游线路，签署《通平修三县"融合发展·互送客源"战略合作协议》。

2024年5月19日，在第14个中国旅游日，武汉文旅和长沙文旅正式官宣举办"武汉长沙双城会"活动。近年来，随着两城文旅的发展，长沙、武汉互相成了假期热门客源地及目的地，共商、共治、共建、共享，两地的联结更加紧密。接下来，两地文旅部门将继续打造"双城会"进阶版，实现两地旅游的优势互补、协同发力。

四、积极发展文化产业

2007年国家提出大力发展文化产业以来，湖南、湖北、江西涌现出一大批优秀文化企业。其中湖南发展最快，影响最大。2022年，湖南省有规模以上文化企业4027家，实现营收3897.81亿元，比上年同期增长9.8%，大幅领先全国及中部地区平均增速。湖南持续实施"一企一方案"改革，推动健全有文化特色的现代企业制度、加强主业管理、完善公司制管理等事项，建立文化企业经营研判机制，定期形成报告，化解湖南日报、湖南省广播电视局改革遗留问题，创新制定出台《省文资委权力和责任清单》，国有文化企业竞争力得到巩固提升。一花独放不是春，百花齐放春满园。省管国有文化企业开足马力，龙头带动作用明显，新兴文化业态、民营文化企业乘风上扬，来势良好。湖南省动漫游戏业总产值持续增长，2022年新增5家国家认定动漫企业；株洲先进陶瓷产业集群入选省重点培育和发展的先进制造业产业集群；拓维信息深化与华为在算力领域的合作，服务器业务成为新增长极；天使文化出版网络文学作品83部，总码洋达3亿元，在网络文学出版领域居全国首位。马栏山视频文创产业园集聚作用不断增强。2022年，马栏山视频文创产业园新引进企业1027家，实现营收633.5亿元。各地文化产业园区积极突围。湘潭昭山文化产业园主营收入10亿元。怀化文化创意产业园形成生态科技、文化旅游、创意设计和数字经济四大产业集群。常德武陵互联网文化创意特色产业园总产值突破53亿元。娄底依托新化文印打造品牌园区。湖南浏阳、醴陵与江西上栗、万载，联合成立湘赣边烟花爆竹产业发展委员会，建设全国烟花爆竹转型升级集中区，2022年湖南烟花业实现总产值417亿元，出口72亿元，分别占全国的70.8%和86%。

湖北省将锚定文化强省建设目标，不断优化营商环境，支持文化产业加快发展。将全要素对接企业需求，打造政策保障高地，统筹协调政策措施落地落实，拓展文化企业融资渠道、降低文化企业融资成本。将全链条服务企业发展，打造营商环境高地，持续推动文化领域"放管服"改革，持续降低文化市场准入门槛，不断优化服务效能。将全方位挖掘市场潜力，打造文化市场高地，推动文化领域高质量对外开放，强化文化要素资源整合创新和配置能力，推动文化市场高效畅通和规模拓展。2023年，湖北省规模以上文化企业约3600家，实现营收4785亿元。抖音、腾讯、快手、方特、得力等一大批知名企业落户湖北，为该省文化产业高质量发展注入强劲动力，构筑了湖北文化产业加快发展的硬支撑。湖北还注重扶持本土文化企业发展。总部在荆门的湖北群艺集团独创的积分制管理，体现出中华优秀传统文化与现代文化的创新与融合，湖南凯美特气体股份有限公司、南昌澄湖洲际大酒店实业有限公司等众多长江中游地区企业通过积分制管理，全方位调动了员工的积极性，培养了员工的好习惯，建立了健康的企业文化，打破了分配上的平均主义，建立了优秀的管理团队，解决管理中的各种困惑。如今，这套管理方法不仅被国内外数万家中小企业、事业单位、国有企业、上市公司引进，而且走向海外，被印度尼西亚、马来西亚、新加坡、澳大利亚、西班牙等国家的企业家引进，产生了非常好的社会效益和经济效益。

江西文化产业的特色和亮点在于其丰富的文化资源和创新的发展模式。景德镇国家陶瓷文化传承创新试验区、长江国家文化公园江西段和长征国家文化公园江西段等重大文化建设项目的推进，不仅保护和利用了丰富的历史文化资源，还促进了文化与旅游的深度融合。同时，江西还积极推动数字文化建设，利用人工智能、大数据等技术提升文化产品的创作和生产效率，进一步丰富了文化产品的形式和内容。江西还大力扶持数字视听、数字出版、数字演播等新业态，培育文化产业新动能，推动文化产业高质量发展。

第五节　推动社会治理协同创新

健全长江中游城市群跨行政区社会治理体系，这是提升国家治理体系和治理能力现代化的要求。完善突发公共事件联防联控、灾害事件预防处理和紧急救援等联动机制。加强交界地区城市管理联动，强化社区自治和服务功能，建立健全治安维稳、行政执法等协作机制，建立健全安全隐患排查和社区人居环境综合整治机制。建立重大工程项目选址协商机制，充分征求毗邻城市意见。积极利用信息技术手段，推动都市圈和城市群治理精细化。

一、共同推进区域法治建设

长江中游城市群法治论坛创办于 2013 年，由武汉、长沙、合肥、南昌、黄石、岳阳、安庆、九江市法学会轮流承办，已经成为推动和加强长江中游城市群法律法学交流合作的重要平台。一直以来，四省八市的广大法律法学工作者立足实际、围绕中心、服务大局，积极为服务地方经济社会发展和推进长江中游城市群区域化协同发展献计献策、贡献智慧，提出了许多有针对性的意见建议，形成了许多高质量研究成果，展现了开拓创新的探索精神和服务大局的责任担当，书写了区域交流合作、协同发展的法治篇章。2024 年 9 月 19 日，在江西省九江市举办第十二届长江中游城市群法治论坛。论坛以"深入学习贯彻习近平法治思想，不断推进政法工作现代化"为主题，围绕城市群法治建设的新理念、新路径、新挑战进行深入交流与研讨，共同为长江中游城市群高质量发展贡献更多法治智慧，为推动新时代长江中游城市群政法工作现代化和区域高质量发展注入新动力、提供新动能。

三省检察机关以主动作为和自觉担当的姿态、检务协作的方法和共赢发展的理念，主动融入、共同服务长江中游城市群建设。2015 年 6 月 18 日，鄂湘赣三省检察机关服务长江中游城市群建设工作联席会在武汉召开。最高人民检察院领导出席会议并致辞。会上，三省省检察院检察长签订《关于发挥检察职能服务长江中游城市群建设的合作框架意见》，这标志三省检察机关协作服务促进长江中游城市群建设迈出实质性步伐。2023 年 11 月 10 日，鄂湘赣三省检察机关服务长江中游城市群建设第五次工作联席会议在湖南长沙召开。会议以"加强知识产权司法保护，推动长江中游城市群知识产权协同保护体系建设"为主题，共商服务长江中游城市群知识产权司法保护大计。会议联合签署了《关于加强长江中游城市群知识产权司法保护协作的意见》，一是要凝聚、传导和释放"依法保障和促进长江中游城市群高质量发展"的正能量；二是必须最大限度凝聚加强知识产权司法保护的思想共识，加快构建长江中游城市群知识产权司法保护共同体；三是必须加强与知识产权部门的协作配合，携手画出知识产权保护的最大"同心圆"；四是必须聚焦知识产权司法保护领域突出问题，奏响推动《关于加强长江中游城市群知识产权司法保护协作的意见》落地生根的最美主旋律；五是必须坚定不移推动更深层次的检务协作，打好长江中游城市群知识产权司法保护工作的"组合拳"。

三省法院系统多次开展省际共商，为长江中游城市群建设保驾护航。2021 年 6 月 3 日，三省高级人民法院负责人在武汉签署《关于构建长江中游城市群审判工作协作机制的框架协议》，构建全方位协作体系、促进法律适用标准统一、建立资源共享和工作联动机制。2024 年 6 月 6 日，长江中游三省司法协作联席会议在长沙召开，湘鄂赣三省高级人民法院负责人共同签订了《关于加强区域司法协作　服务保障长江中游三省协同推动高质量发展的意见》，合力构建长江中游地区司法协作发展的新平台。会议深入学习贯彻习近平法治思想、习近平总书记考察湖南重要讲话和指示精神，以及新时代推动中部地区崛起座谈会精神，更好把握战略定位，深入推进三省高质量司法、高效能协作，努力实现高质量发展和高水平安全良性互动，为三省协同推动高质量发展打造有力法治"引擎"，更为有效地服务保障新时代中部地区崛起和全国发展大局。三省法院充分发挥法治固根本、稳预期、利长远的作用，充分发挥审判职能，谋长远之势、行长久之策、建长久之基，持续深化拓展司法协作，不断建立健全案件会商、资源信息共享、司法理论研究、业务交流和人才培养等机制，以司法之为有力支撑和服务长江经济带高质量发展和新时代中部地区崛起。

二、探索建立应急联动合作机制

　　长江中游地区强化跨区域、跨流域灾害事故应急协同联动。开展灾害事故风险隐患排查治理，实施公共基础设施安全加固和自然灾害防治能力提升工程，提升洪涝干旱、森林火灾、地质灾害、气象灾害、地震等自然灾害防御工程标准。早在 2007 年编制的《武汉城市圈总体规划》中，就安排有区域应急保障的章节。湖北荆门市利用当地通用航空工业发达、拥有通用航空公司的优势，加强和完善航空应急救援体系与能力，为长江中游城市群和中西部地区服务。咸宁市充分利用武咸一体化和"小三角"建设机遇，加强与武汉、岳阳、九江等毗邻区域合作，建立灾情信息、救灾物资、应急通信保障、救援力量等方面的区域协同应对机制，推动防灾减灾救灾领域的产业合作；以中国船舶重工集团应急预警与救援装备股份有限公司为龙头，建设国家安全应急产业示范基地，形成了应急交通工程装备与应急服务、消防装具与应急服务、水域救援装备与洪涝灾害应急服务、应急文化的四大集群产业链，带动周边 40 多家应急企业发展。长沙市建立了市、县、乡三级应急救灾物资储备体系，并鼓励引导社会组织和居民储备必要的应急物资，对救灾物资仓库管理体系实行数字化管理。要建设更多"韧性城市"，并成功构筑一条环绕内陆腹地的"中国韧带"。

　　2022 年 1 月 14 日，三省应急管理部门共同签署《江西、湖北、湖南三省应急联动合作机制》，标志着协同发展、推动应急管理体系和能力现代化取得了长足的进步。长江中游地理区位特殊，发展潜力巨大。同时，灾害风险形势严峻复杂。三省未雨绸缪、主动作为，推动建立区域应急联动合作机制，为做好应急准备、强化快速反应、实施协同救援、组织联合保障奠定了制度基础，必将在未来应对重特大灾害中发挥积极作用。

三省应急管理部门全方位加强战略合作，促进资源共享、优势互补，既是落实上级决策部署的应有之义，又是应对各类风险挑战、促进应急管理事业强基提能的必然选择。湖南、湖北、江西三省按照"资源共享、优势互补、就近救援、平等协商"的原则共同建立应急联动合作机制。共同加强综合性消防救援队伍建设，增强全灾种救援能力。科学调整应急物资储备品类、规模和结构，提高快速调配和紧急运输能力。通过建立联席会议制度、完善信息共享、应急响应联动、应急资源共享、开展共训共练等方面的合作与交流，将切实提高三省合作协同应急处置能力，为长江中游安全发展提供有力保障，打造"全国统筹发展与安全示范区"。

三省协同培养应急管理专业人才。2020 年，黄冈市人民政府与湖北省应急管理厅开展联合办学，在黄冈正式成立湖北应急管理职业技术学院，面向全国招生，成为全国第一所专门的应急管理高职院校。学校建有计算机、救援技术、网络布线、信息安全、化工安全技术、工业机器人技术、3D 打印、数控加工、建筑工程、机电一体化、无人机技术、电子商务、网红直播、汽车维修、汽车美容与装潢、船舶模拟驾驶、消防救援等实习实训中心。大别山安全生产技术支撑中心、湖北省应急管理培训基地在学院挂牌。学院建有功能完备的校园信息化网络系统，实现校园无线网络全覆盖，毕业生大多在长江中游三省和周边地区从事应急管理及相关工作。

三、深化公共资源交易合作

开展跨省跨市远程评审。依托三省统一建设的系统实施，通过将专家签到、见证监督、签名确认、产品展示等评审流程转移到线上，实现项目全程在线评审。当项目采购人发起跨省跨市远程评审事项后，系统随机从专家库中抽取专家，借助远程音视频，同步开展线上评审，并汇总生成评审结果，签章确认后自动存档，完成远程评审。通过扩大专家池的方式，有效解决了部分领域专家有限或缺失造成评审难以开展的问题；通过跨区域选取专家的方式，有效解决了因区域局限出现的熟面孔、打人情分的问题；通过全程线上评审，有效解决了线下场地不足的问题，并降低了企业投标成本。

2017 年以来，长沙公共资源交易中心落实《"互联网+"招标采购行动方案（2017—2019 年）》等文件精神，按照"放管服"改革要求，以实现全流程电子化招标采购为目标，着力加强长沙公共资源信息化建设，跨区域开展远程异地评标并形成常态化工作机制是其中的一项重要举措。2018 年 9 月 26 日，长沙公共资源交易中心内，25 家建筑公司的负责人密切关注望城区翻身垸、刘家冲重建地道路及雨污管网工程项目开标、评标的情况。与此同时，300 多千米外的武汉市公共资源交易中心、700 多千米外的安徽（合肥）公共资源交易中心，各有两名评审人员正在审阅着他们的投标资料。当天下午 2 时许，跨长沙、武汉、合肥三地的远程异地评标项目顺利完成。对于这个结果，投标企业和中标企业的相关负责人都有共同的感受：三地专家远程评标，面孔陌生了，评审结果更具有权威了。事实证明，远程异地评标是长江中游省会城市公共资源交易领域合作的重要内容，通过视频会议系统，共享专家资源，进一步优化了专家资源库的配置，能有效遏制和防止围标串标，推进了公共资源交易的电子化、透明化和市场一体化。① 远程异地评标则突破了空间局限。此次评标项目，长沙公共资源交易中心为评标主会场，武汉市公共资源交易中心及安徽（合肥）公共资源交易中心为评标分会场。长沙主会场随机抽取的专家有 3 人，其他两个分会场各自抽取两名专家。7 名专家三地相隔数百公里，在不同地点通过对空交流，顺利完成"第一标"的开标评标。

2021 年 8 月 31 日，武汉市民之家公共资源交易中心，4 名来自武汉高校和科研机构的专家登录进入长沙公共资源交易评标系统。此时电脑屏幕上，长沙公共资源交易中心的 1 名专家也正同步登录该系统，两地专家网上联动，共同为"沩水河坝灌区 2021 年度续建配套与节水改造项目"进行远程异地评标。虽然山水相隔，评标专家身处不同的城市，但信息化技术消除了异地评标的物理障碍。专家们隔着屏幕沟通和交流，声音流畅、画面清晰，就如同身处一个会议室一样，沟通便捷高效。长江中游城市群公共资源交易一体化的快速推进，让企业有机会跨区域选择优质专家，对于招标方来说，能够更加公平公正地选出中标企业。2024 年 7 月，在南昌、武汉、黄冈、鄂州四地公共资源交易中心的通力协作下，"武汉现代农业教育中心雨污分流改造"项目远程异地评标工作顺利完成。此次评标依托智能化远程评标系统，南昌公共资源交易中心靠前一步，主动作为，建立协作群，召开推进会，围绕实施方案进行了充分探讨，实现了"智能认证、在线评标、音视交流、远程签章"四个统一，评标环节、记录全程可追溯。这一创新举措，不仅确保了项目评标的顺利推进，更扩大了远程异地评标的覆盖面，为公共资源交易打破行政区域壁垒、实现跨区域资源共享进一步积累了宝贵

---

① 长沙武汉合肥三省会城市异地评标昨开出"第一标" [EB/OL]. [2018-09-27]. http://www.icswb.com/h/168/20180927/560903.html.

经验。此次"牵手"是南昌首次与其他三地同时开展跨省远程异地协同评标合作，四地交易中心在项目调度、跨省专家抽取、场地安排、设备调试、专家云签、技术保障等方面深入对接、周密部署，确保了评审顺利完成。[①] 长江中游城市群省会城市正探索共建"长江链"公共资源交易区块链服务平台，促进数字证书跨省域互认，公共资源交易各类数据跨省域共享，推进长江中游城市群公共资源交易一体化合作开启新征程。

现在长江中游城市群的网上异地评标主要是在省会之间进行，实际上其他城市比省会城市专家资源少，而且当地"熟面孔"多，更迫切需要推动公共资源交易走向"互联网+"时代。要进一步扩大异地评标范围，以弥补专家数量不足的短板，促进公共资源交易的公平公正、公开透明，可以有效预防围标串标等情况出现。而且，远程异地评标平台的搭建，是基于互联网形成的互联互通系统实现的。从开标到评审的所有环节，都是通过视频会议系统进行实时动态监督，通过视频语音实现实时沟通，项目的评审过程都进行留痕保存，实现了交易流程的可追溯。远程异地评标也是公共资源招标采购电子化的趋势所在，公共资源交易运用现代电子信息技术，实现了从线下交易向线上交易转变。

四、加强毗邻区域社会治理联动

湘鄂赣三省尤其是毗邻地区的行政管理协作由来已久，创设了很多会议协调机制，而政府主导的横向联合早在20世纪80年代就开始了。

湘鄂赣毗邻地区税收协作会议始于1972年，其宗旨是相互间协调毗邻地区税收征管，探索税收理论，繁荣边区经济，搞好税源建设，交流工作经验，促进毗邻地区税收、经济和谐发展。2011年11月13日至15日，湘鄂赣毗邻县（市）第四届三次税收协作会在湖南平江县召开，来自三省十二个县（市）税务部门的代表参加了会议。

2008年11月12日，首届湘鄂赣三省毗邻六县（市）平安边界建设联席会议在湖北通城县召开。来自湘鄂赣边境地区的50余名代表参加会议。会上六县（市）分别签订《平安边界建设工作实施意见》与《睦邻友好公约》等文件。

2010年7月22日至23日，湘鄂赣三省十县道路交通安全管理协作组织第一届年会在平江召开。来自湘鄂赣边境县市区的14个县公安交警部门的主要负责

---

① 支中宁，万磊. 南昌顺利完成首例中部地区"四地联评"跨省远程异地评标联动 [N]. 南昌日报，2024-07-24（04）.

人参加了会议。该协作组织于 2009 年 6 月在江西修水县成立，以"团结、协作、畅通、平安"为主题，加强横向联系和交流协作，旨在打破区域界限，开展边界联防联治，预防和协查交通肇事逃逸案件，保障边界道路畅通有序，促进"大交通"管理框架的形成。

2015 年 5 月，在湖南浏阳文家市毗邻江西上栗的一座深山中，浏阳警方捣毁了一个由江西赌博团伙设置的流动赌场。随后，湘赣边十县市携手启动综治维稳联动联防协作机制，对于湘赣边违法犯罪的打击力度越来越大。井冈山、莲花、醴陵、浏阳、平江、上栗、铜鼓、万载、修水、永新 10 个县（市）在浏阳市召开了湘赣边区域综治维稳联动联防协作会议，决定成立专门的协作工作机构。会议决定建立矛盾纠纷联调、情报信息联通、社会治安联防、重点问题联治、违法犯罪联打、平安边界联创的六项联动机制。对于边界地区的矛盾纠纷，开展联合调处，力求小事在村组之间协调解决，一般问题在乡与乡之间协调解决；建立联合侦查破案机制，提高打击边界流动性违法犯罪的实效；对边界地区的重大警情、舆情、不稳定因素等，互相通报传递。①

2022 年 8 月 17 日至 18 日，2022 年湘赣边区域基层社会治理协同创新联席会议暨现场观摩活动在湖南省浏阳市举行。这是国家发展改革委印发《湘赣边区域合作示范区建设总体方案》后，湘赣边区域合作示范区 6 个县（市、区）就区域基层社会治理协同创新，召开的第一次主题联席会，旨在打造共商共建共治共享的湘赣边区域治理共同体，共同维护社会和谐稳定。

同饮长江水，携手共奋进。未来，越来越多的社会事业政务事项将实现异地办理，三省在社会治理和民生领域协同发展将不断走向深入。

① 颜开云，余舟．湘赣边十县市启动综治维稳联动联防协作机制［N］．长沙晚报，2015-05-05．

第九章 长江中游城市群双循环协同发展

发挥国内市场枢纽优势，联手打造中部强大市场，对接长江经济带发展战略、黄河流域生态保护和高质量发展战略，加快推进三大城市群联动发展，提升长江中游城市群在国内大循环中的地位；积极融入共建"一带一路"倡议，依托黄金水道、中欧班列等共建对外开放通道，鼓励传统优势产业"走出去"，推动技术资源"引进来"，共同推动国际产业合作，助力长江中游城市群在国际循环中发挥更大作用。

第一节 共建中部强大市场

"中部通，全国通；中部活，全国活"形象地说明中部市场的极端重要性，湖北、湖南、江西要携手共建中部强大市场，加快推进长江中游城市群市场一体化，为建设强大的国内统一大市场作出积极贡献。

一、优化商贸流通空间格局

以长江、沪昆、京广、京九、二广为主轴，构建长江中游"两横三纵"商贸物流总体格局。

1. 沿江商贸流通轴

积极构建长江沿线以武汉为龙头，以宜昌、荆州、岳阳、九江等为重要支点的商贸流通大通道。依托长江承东启西、通江达海的区位优势，推动东部、中部、西部地区联动发展。充分发挥长江、汉水、湘江、赣江水道优势，加快港口物流设施建设，积极推动水陆空多式联运；着力完善口岸功能，推动汽车整车进口、肉类进口、粮食进口等指定口岸建设。积极推进沿岸商品市场建设，打破行政界限，推动市场优化整合，提高市场规模经济效益，增强集聚与辐射带动功能。

2. 沪昆商贸流通轴

积极推进沪昆沿线以长沙、南昌为中心，以上饶、景德镇、鹰潭、新余、宜春、萍乡、株洲、湘潭、娄底等城市为重要节点的商贸物流业发展。重点推进有色金属、钢铁、陶瓷、食品等专业市场建设，构建贯通三省东部和西南地区的商业发展轴。依托沪昆高铁、沪昆铁路、沪昆高速公路形成的综合交通优势，对内串联环鄱阳湖地区、长株潭地区，向东连接长三角地区，向西连接黔中地区、滇中地区，形成横贯东中西的商贸流通大通道，成为连接东中西的重要商贸物流枢纽。

3. 京广商贸流通轴

积极打造京广铁路沿线商贸物流枢纽，推进沿线孝感、武汉、咸宁、岳阳、长沙、湘潭、株洲、衡阳等城市商贸合作，强化政策协同，构建沟通南北的商业发展主轴。与京津冀、珠三角、中原经济区等地区形成紧密的市场联系。依托沿线区域经济与区位优势，形成贯穿南北、衔接东西、辐射全国的重要商贸流通大通道。

4. 京九商贸流通轴

依托京九铁路，加快城市快速通道建设，发挥南昌、九江辐射带动作用，推进昌九一体化发展，提升沿线麻城、蕲春、武穴、黄梅、德安、共青城、永修、丰城、樟树、新干、峡江等中小城镇的商贸实力，立足特色资源优势，共同构建赣北、鄂东等区域市场，成为联系京津冀、珠三角和海峡西岸等地区的重要通道。

5. 二广商贸流通轴

以二广高速、焦柳铁路及蒙西至华中煤运铁路为依托，以襄阳、荆门、宜昌、荆州、常德、益阳、娄底等重要城市为节点，深化区域合作，推动沿线区域大商贸、大物流发展，辐射带动长江中游西部区域社会经济发展。

二、合力打造"三核八区"

"三核八区"，即三个核心功能区：武鄂黄黄都市圈核心功能区、长株潭城市群核心功能区、昌九"双核"功能区；八个次级功能区：鄂东大市场、鄂西北大市场、鄂西南大市场，洞庭湖区大市场、湘中南大市场、湘西大市场、赣西南大市场、赣东大市场。

（一）核心功能区

湖北省武汉都市圈、湖南省长株潭都市圈、江西省南昌都市圈地区构成长江中游地区商业发展的三大核心区域，拥有最发达的商品市场与最先进的商贸服务业。应进一步发挥其在经济、政治、科教、文化、交通、区位与市场等方面的优势，着力发展现代商贸流通业，形成中心城市带动、圈（群）域基础设施共建共享、商品与要素自由流动、城乡市场一体繁荣的商贸发展格局；同时，应借助国家支持长江中游城市群建设的机遇，强化三大核心功能区之间的开放合作，共同打造国内市场枢纽与对外开放高地。

1. 武鄂黄黄核心功能区

武汉、鄂州、黄冈、黄石是武汉都市圈的核心区。进入 21 世纪以来，四市已形成同城化发展态势。特别是地处中间的鄂州市，很好地发挥了连接作用，鄂州中心城区与黄冈中心城区一江之隔、两桥相连，空间上已完全同城化；其西部的葛店高新区与武汉东湖新技术开发区连成一片，正在共建"武汉新城"；其东部的花湖开发区与黄石主城区融为一体，正围绕花湖国际机场共建"航空大都市"。四市通过密切合作，已经建成一批全国性和区域性的大型农产品批发中心、工业品批发中心和原材料交易中心等。要发挥武鄂黄黄优势，推动武汉核心商圈及汉口北市场群等综合性批发市场建设，辐射带动其他大中城市商贸集群发展。推进跨区域农产品流通基础设施和骨干农产品批发市场建设，形成一批面向全国、具有综合功能的新型市场集群。武鄂黄黄产业特征与重点商业功能如表 9-1 所示。

表 9-1 武鄂黄黄产业特征与重点商业功能

城市	产业特征	重点商业功能
武汉市	电子信息制造、汽车、装备制造、生物医药、新能源新材料、食品烟草、钢铁、建筑设计、商业、金融、科技服务、航运、物流	综合商贸流通业
鄂州市	航空货运、医药化工、电子信息、机械设备、建筑建材、窑炉制造、钢结构、电力生产、食品饮料、纺织服装	特色商贸流通业
黄冈市	绿色建材、农产品加工、中药材及医药化工、光电子信息、装备制造、建筑业、红色旅游	特色商贸流通业
黄石市	钢铁、有色金属、建材、纺织服装、机械、电子、港口物流、商贸、科技服务	特色商贸流通业

资料来源：笔者整理。

2. 长株潭核心功能区

以长沙为龙头、以株洲、湘潭为重要支点，构建城乡市场体系与商贸物流发展格局，推进区域商业统筹协调发展，将长株潭打造成中西部核心供应链枢纽。长沙市按照建设"中部地区现代服务业中心"的要求，加快完善商业核心区功能。株洲充分利用全国区域性物流节点的优势，增强辐射功能，办好湖南省商业技师学院，为全省和邻近省份培养商业实用人才。湘潭与长沙、株洲一道，共建长株潭都市圈商业核心功能区，带领环长株潭城市群和全省商务及经济社会发展。长株潭产业特征与重点商业功能如表9-2所示。

表9-2　长株潭产业特征与重点商业功能

城市	产业特征	重点商业功能
长沙市	工程机械、汽车和汽车零部件、新材料、新能源、生物医药、商业、文化产业、旅游、金融、科技服务	综合商贸流通业
株洲市	交通运输设备制造业、有色金属冶炼及压延加工业、化学原料及化学制品制造业、非金属矿物制品业和农副产品加工业	特色商贸流通业
湘潭市	冶金、机电、纺织、化工、建材、农产品加工、红色旅游	特色商贸流通业

资料来源：笔者整理。

3. 昌九"双核"功能区

规划中的南昌都市圈，范围包括南昌市、九江市和抚州市区、宜春东部、上饶西部等部分区域。江西省曾编制《推进昌九一体化工作方案》，要求南昌、九江成为支撑江西经济崛起的"双核"，才能在激烈的长江中游城市群竞争中赢得应有地位，实现更大作为。要依托南昌综合功能较为完善及九江港口城市的优势，重点发展沿江（长江）和沿路（昌九高速公路、京九铁路）两侧地区现代商贸物流业，推动南昌、九江商业经济全面融合。鉴于抚州市虽然下辖县距离南昌较远，但中心城区紧邻南昌，两地有福银高速、京福高速及国道连接，近年来大力推进"昌抚一体化"，在《关于进一步推进昌抚联动发展合作协议》大框架下，在宣传、文化交流、合作示范区、医疗卫生、旅游、农业、教育、公交客运八大方面签下子协议，全面开展合作。昌九"双核"产业特征与重点商业功能如表9-3所示。

表9-3 昌九"双核"产业特征与重点商业功能

城市	产业特征	重点商业功能
南昌市	汽车及零部件、光电光伏、大飞机及零部件、软件和服务外包、生物和新医药、商业、金融、科技服务	综合商贸流通业
九江市	石油化工、机械电子、建材冶金、纺织服装、能源电力、医药食品、港口物流、商贸、旅游	特色商贸流通业
抚州市	有色金融、汽车及零部件、电子信息、新能源新材料、生物医药、绿色农林产品深加工、文化旅游	特色商贸流通业

资料来源：笔者整理。

（二）次级功能区

1. 鄂东大市场

武汉城市圈中除武鄂黄核心圈以外的黄冈、咸宁、孝感、仙桃、潜江、天门六市，环大武汉布局，是重要的农产品加工、医药化工、纺织服装、建筑建材、机械电子、汽车零部件生产基地。依托武汉新港、高速公路、货运铁路、武汉至咸宁城际铁路、武汉至黄冈城际铁路、武汉至孝感城际铁路，承接武汉部分商业物流功能扩散，重点做好中商百货、武商量贩、中百仓储等连锁经营，当好武汉市商贸物流配套基地，促进本区域商业功能完善。鄂东大市场各城市产业特征与重点商业功能如表9-4所示。

表9-4 鄂东大市场各城市产业特征与重点商业功能

城市	产业特征	重点商业功能
黄冈市	食品饮料、医药化工、纺织服装、建筑建材、机械电子、农产品物流、生态文化旅游	特色商贸流通业
咸宁市	电力能源、纺织服务、食品饮料、机电制造、森工造纸、冶金建材、竹产品加工、生态旅游	特色商贸流通业
孝感市	汽车机电、盐磷化工、纺织服装、食品医药、金属制品	特色商贸流通业
仙桃市	食品加工业、医药化工、机械电子、无纺布卫材、纺织服装	特色商贸流通业
潜江市	油气开采、冶金机械、医药化工、纺织服装、农副产品加工、家具制造	特色商贸流通业
天门市	纺织服装、生物医药、食品加工、机电汽配	特色商贸流通业

资料来源：笔者整理。

2. 鄂西北大市场

以汉江流域中心城市襄阳为龙头，以十堰及随州为两翼，充分发挥鄂西北地区交通区位优势，擦亮"车都"（襄阳、十堰）、"水都"（丹江口）、"香菇之乡"（随州）等品牌，大力推进汽车、有机食品、优质农产品、中药材、绿松石等商品市场建设，加快发展汽车服务业、旅游服务业，将鄂西北地区建设成为华中地区重要的汽车、农产品、中医药产品交易市场及旅游服务市场。大力发展农村电子商务，打造秦巴山区产业示范区。鄂西北大市场各城市产业特征与重点商业功能如表9-5所示。

表9-5　鄂西北大市场各城市产业特征与重点商业功能

城市	产业特征	重点商业功能
襄阳市	装备制造、新能源汽车、新能源新材料、电子信息、医药化工、农产品深加工	综合商贸流通业
十堰市	汽车制造、医药化工、农产品深加工、文化旅游	特色商贸流通业
随州市	专用汽车制造、纺织、机械	特色商贸流通业

资料来源：笔者整理。

3. 鄂西南大市场

以宜荆荆城市群为依托，以恩施州和神农架林区为重要支点，积极推进鄂西南统一大市场及长江三峡物流中心建设，打造成为中西部地区重要的轻工、化工、装备制造市场及农产品市场、中西部地区重要的商贸物流枢纽与旅游商务中心。加快发展商务服务、现代物流等生产性服务业，推进服务业集聚区建设。加快发展电子商务、服务外包、快递物流、大数据等以互联网为基础的新型业态。以宜昌成为国家养老服务业综合改革试点城市为契机，积极发展养老服务，创建全国知名养老服务基地。积极促进商贸、文化体育、休闲娱乐、社区服务、家政服务等生活型服务业的繁荣发展，运用信息技术和现代经营方式改造提升传统业态，积极培育新型服务领域。鄂西南大市场各地区产业特征与重点商业功能如表9-6所示。

表9-6　鄂西南大市场各地区产业特征与重点商业功能

城市	产业特征	重点商业功能
宜昌市	电力、化工、食品医药、装备制造、建材、冶金、纺织、文化产业	综合商贸流通业
荆州市	轻工、纺织、装备制造、机械、燃化、电子、建材、医药和食品、旅游	特色商贸流通业

城市	产业特征	重点商业功能
荆门市	通用航空、化工、农产品加工、新能源新材料、电子信息、大健康、再生资源利用与再制造	特色商贸流通业
恩施州	硒茶叶、现代烟草、畜牧、清洁能源、生态文化旅游和信息	特色商贸流通业
神农架	生态文化旅游、特色农业	特色商贸流通业

资料来源：笔者整理。

4. 洞庭湖区大市场

深入实施国务院批复的《洞庭湖生态经济区规划》，依托区位优势和长江黄金水道，加快形成水陆空立体交通格局，大力发展多式联运和跨区联运，建成覆盖全区域、连接中西部、对接长三角、面向海内外的现代物流集散区。结合区域产业特点，建设洞庭湖淡水产品交易中心、农副产品物流中心、危险化学品物流中心、救灾物资储备中心等专业园区。加快区域物流公共信息平台、物流企业信息系统、大宗货物交易电子商务系统等信息化建设，促进不同信息系统之间的数据交换和信息共享。洞庭湖区大市场各城市产业特征与重点商业功能如表9-7所示。

表9-7　洞庭湖区大市场各城市产业特征与重点商业功能

城市	产业特征	重点商业功能
岳阳市	石化、电子信息、能源、食品、造纸、机械、建材、纺织、生物医药和再生资源	特色商贸流通业
益阳市	装备制造、农产品加工、轻工纺织	特色商贸流通业
常德市	烟草产业、铝材产业、电力产业、林纸产业、食品产业、机电产业、纺织产业、建材产业、医药产业、珍珠产业、盐化工产业	特色商贸流通业

资料来源：笔者整理。

5. 湘中南大市场

依托衡阳、郴州、永州、娄底四市区位、资源和产业等优势，加快推进衡阳、郴州陆路综合口岸和湛江港、永州无水港建设，推广内陆无水港发展模式，支持综合保税区加快发展，推动区域间生产要素合理流动和优化配置，把四市打造成长江中游区域承接珠三角产业转移的桥头堡与对接沿海市场的商贸物流枢纽。湘中南大市场各城市产业特征与重点商业功能如表9-8所示。

表9-8　湘中南大市场各城市产业特征与重点商业功能

城市	产业特征	重点商业功能
衡阳市	有色、化工、钢管、煤炭、输变电、农副食品加工、汽车零配件、家具	特色商贸流通业
郴州市	有色、化工、建材、锻铸造、食品烟草、电子信息、先进装备制造、新材料、新能源	特色商贸流通业
永州市	农产品加工、矿产品精深加工、轻纺制鞋、生物医药、新能源新材料、建材建筑、现代物流	特色商贸流通业
娄底市	冶金、建材、煤炭、化工、电力、机械	特色商贸流通业

资料来源：笔者整理。

6. 湘西大市场

积极推动湖南张家界市、湘西州、怀化市、邵阳市等商贸流通与市场一体化，打造以生态文化旅游商务为核心的商贸服务体系，助推湖南省"大湘西板块"建设。湘西大市场各城市产业特征与重点商业功能如表9-9所示。

表9-9　湘西大市场各城市产业特征与重点商业功能

城市	产业特征	重点商业功能
张家界市	旅游业、旅游装备业、生物医药、农产品精深加工	特色商贸流通业
湘西州	矿产品精深加工、轻工建材、食品工业、旅游商品加工、电子信息、新材料、新能源、生物医药	特色商贸流通业
怀化市	电子信息、现代制造、生物医药、新材料、新能源、节能环保、生态文化旅游、电子商务	特色商贸流通业
邵阳市	食品加工、装备制造、建材、轻工、生物医药、电子信息、新材料、新能源、节能环保	特色商贸流通业

资料来源：笔者整理。

7. 赣西南大市场

加快以省域副中心城市赣州为中心，以新余、宜春、萍乡、吉安等为重要支撑的苏区商业发展，重点实施商贸基础设施提升、重大平台建设、市场主体培育等工程，突破商务发展瓶颈，推动赣州、吉安、新余等原中央苏区一体化发展，推动新余、宜春、萍乡与长株潭对接发展，促进赣西南大市场走向繁荣。赣西南大市场产业特征与重点商业功能如表9-10所示。

表 9-10 赣西南大市场产业特征与重点商业功能

城市	产业特征	重点商业功能
赣州市	稀土钨产业、新能源汽车、铜铝有色金属、电子信息、纺织服装、食品加工、建材、氟盐化工、装备制造、生物制药、3D打印	综合商贸流通业
新余市	钢铁、光伏、新材料	特色商贸流通业
宜春市	医药、电力能源、食品、机电、建材、纺织服装、化工	特色商贸流通业
萍乡市	煤化工、钢铁、机械制造、建材、医药食品	特色商贸流通业
吉安市	冶金建材、电子信息、医药化工、绿色食品、机械制造、新能源	特色商贸流通业

资料来源：笔者整理。

8. 赣东大市场

发挥景德镇"瓷都"、鹰潭"铜都"的资源优势和品牌优势，发挥上饶"豫章第一门户"区位优势，发挥抚州建立"昌抚合作示范区"的政策优势，积极推进市场基础设施建设。发挥上饶江南商贸城、景德镇国际商贸广场、鹰潭国际商贸园、抚州商贸物流城的载体作用，将赣东地区建设成为长江中游重要的粮油、茶叶市场及全国著名的有色金属产品与瓷器产地市场。赣东大市场产业特征与重点商业功能如表 9-11 所示。

表 9-11 赣东大市场产业特征与重点商业功能

城市	产业特征	重点商业功能
景德镇市	机械家电、航空汽车、化工医药、电子信息、电力能源、新型陶瓷、特色食品	特色商贸流通业
鹰潭市	铜材冶炼及加工、绿色水工、机械装备、光电新能源、食品饮料	特色商贸流通业
上饶市	有色金属冶炼、光伏、机电光学、建材	特色商贸流通业
抚州市	机械制造、纺织、化工建材、有色金属、食品、医药	特色商贸流通业

资料来源：笔者整理。

促进小城市、小城镇与大中型城市配套发展，优化商贸物流功能布局。统筹规划好大型物流园区、物流中心、配送中心建设。加强大型物流园区规划布局，明确功能定位，整合和规范现有园区，实现节约、集约用地，提高资源利用效率和管理水平。合理布局专业物流，依托重点行业、重点企业和重点项目，发展一批具有行业特色的专业物流。强化大中城市和制造业基地周边现代化配送中心规划，在城市社区和村镇布局建设共同配送末端网点，优化城市商业区和大型社区物流基础设施的布局建设，形成层级合理、规模适当、需求匹配的物流仓储配送网络。

三、促进市场要素融通

1. 打造流通支点城市

2023 年 8 月 30 日，国家发展改革委会同多部门按照服务重要商品和资源要素流通、强化跨域跨界辐射带动、促进现代流通发展三个维度在全国布局流通支点城市。其中，湖北省黄冈—鄂州—黄石作为唯一以三个城市共同承载的功能型流通支点入列，江西南昌、九江入选综合型流通支点城市。2024 年 6 月 24 日，江西省南昌市出台《南昌—九江综合型现代流通战略支点城市建设方案》，提出从支撑骨干流通走廊建设、优化商品和资源要素流通环境、加强现代商贸流通体系建设、加快发展现代物流体系、提升交通运输流通承载能力、拓展现代金融服务流通功能、加强流通领域信用体系建设等方面发力，加快南昌—九江综合型现代流通战略支点城市建设。

2. 建立功能互补的商业中心

根据各省的产业优势和区位优势，积极发展各具特色的商业中心。积极支持长沙三个大型商业综合体建设，支持长沙重点发展以广播影视、动漫卡通、文化创意、出版等产业为基础的商业中心建设，促进长沙、株洲、湘潭、岳阳等城市建设以水稻、苎麻、茶叶、湘莲为特色的农产品交易中心。积极支持江西发展以有机食品、绿色食品、无公害食品为特色的生态农产品交易中心，支持江西南昌、赣州等城市建设以稀有金属矿产品为特色的矿产品交易中心，支持江西景德镇建设以陶瓷为特色的陶瓷产品交易中心。支持武汉市重点发展以汽车及零配件生产销售为特色的汽车交易中心，打造以高新技术为特色的高新技术交易中心，建设以会议展览为特色的会展中心。

3. 促进市场设施协同融通

市场设施是开展市场交易活动所必需的条件，既包括商业网点、集市场地、服务场所、物流设施、信息网络等物质性条件，又包括规则、规制、管理、标准等制度性条件。加强长江中游省会城市市场设施协同融通，应当从多个角度发力。一是贯彻落实国家层面的相关制度设计，对照《中共中央　国务院关于加快建设全国统一大市场的意见》等文件要求，做好完善市场信息交互渠道和推动交易平台优化升级的基础性工作，加快建设在线政务服务平台，协同推进"最多跑一次"等审批服务改革。二是在充分考虑三城经济社会基础区别和差距的情况下，进一步强化三城市场设施协同发展的制度性保障。例如，在长江经济带深化政务服务合作共识的基础上，出台南昌、武汉、长沙三城关于推进数据共享应用、简化跨省业务流程、统一跨省业务办理规则的合作规划。三是大力提高三城市场设施智能化技术水平，充分利用大数据、人工智能、云计算等新兴信息技术，在市场之间打造流畅高效的信息交互渠道，强化南昌、武汉、长沙三城的市场信息共享共用。四是加快交易平台数字化和智能化改造，推动线上线下融合，深挖信息数据价值，增强数据分析能力，以南昌、武汉、长沙三城为中心，构建优质高效的长江中游城市群跨市场、数字化交易平台。

4. 推进要素市场化配置改革

完善要素市场化配置，是经济高质量发展的客观需求。2021 年，湖北、湖南和江西均发布了《关于构建更加完善的要素市场化配置体制机制的实施意见》，提出了土地要素、劳动力要素、资本要素、技术要素、数据要素五类要素市场化配置改革的具体举措，旨在破除阻碍要素自由流动的体制机制障碍，健全要素市场体系，畅通经济循环。

四、联合推动市场一体化

2022 年 2 月，国务院批复《长江中游城市群发展"十四五"实施方案》，相关省份陆续发布了分工落实方案，长江中游城市群一体化发展驶入"快车道"。但是，对标长三角、京津冀等城市群，位于湖北、湖南、江西三省的长江中游城市群一体化发展明显滞后，市场体系建设还处于"碎片化"阶段，中心城市对周边辐射带动不足，产品和要素跨域流动堵点较多，产业同构较为突出。推动市场一体化发展，是长江中游城市群对标京津冀、长三角、粤港澳大湾区等区域，高层次、深程度推进区域合作，实现高质量协同发展的重要抓手。2024 年 8 月，湘鄂赣三省发展改革委联合印发了《长江中游城市群区域市场一体化建设举措》，提出五个"同步"，即健全市场制度规则、推进市场设施高标准联通、优化要素资源流通环境、推进商品和服务市场建设、加强区域市场监管，正式启动了长江中游城市群区域市场一体化建设。

推动三省商务协同合作。共同促进联保联供、消费促进、双向投资、贸易促进、国际合作、会展赋能、口岸协同等领域的密切合作，助推商务合作和区域协作。2022 年 12 月和 2023 年 11 月，长江中游三省在协同推动高质量发展座谈会上先后签署了《长江中游三省省会城市重点合作事项》《长江中游三省畅通商品流通合作协议》《长江中游三省商务协同发展合作协议》《长江中游三省反不正当竞争协调联动机制合作协议》等合作协议，助推长江中游三省商务协同合作。2024年4月，为深化三省战略合作，共促全国统一大市场建设，长江中游三省签署了《长江中游三省反垄断工作协同合作框架协议》，进一步补充和完善了《长江中游三省市场监管协同发展合作备忘录》。

1. 建设统一的公共资源交易市场

以长江中游城市群远程异地评标常态化合作为基础，持续拓展跨省远程合作范围。2020年7月，"智能网联汽车检验检测总部及产业孵化基地项目设计"在长沙与南昌以"5G+区块链"远程异地评标方式顺利完成。2023年6月，湖北省黄石市政府采购中心与江西省九江市公共资源交易中心签订合作协议，推进两市跨省远程异地评标常态化，明确多个环节并制定工作规范。2024年1月，武汉经开区公共资源交易中心与长沙市公共资源交易中心共同参与军山水厂扩建工程，顺利完成评标，打破异地评标物理障碍。这些举措展现了三省打破地区封锁和行政分割的决心，高标准建设长江中游城市群市场体系，促进资源高效流动，为经济发展注入新活力。

2. 推动技术市场一体化

依托湖北技术交易大市场、江西网上常设技术市场、潇湘科技要素大市场，联合搭建"互联网+技术转移"服务平台，鼓励共建科技研发和转化基地，高效支撑全链条科技成果转移转化。探索建立企业需求联合发布机制和财政支持科技成果共享机制。破除城市间因技术标准不统一形成的各种障碍。建立都市圈技术交易市场联盟，构建多层次知识产权交易市场体系。鼓励发展跨地区知识产权交易中介服务，支持金融机构开展知识产权质押融资、科技型中小企业履约保证保险等业务。推动科技创新券在城市间政策衔接、通兑通用。

3. 多举措联动促发展

启动旅游消费大联动。开通鄂湘赣三省旅游一卡通，涵盖三省300多家签约景区，强化三省的文化交流，推动三省旅游业共同繁荣。启动应急联动合作。实现资源共享、联动响应，提升三省跨区域协同应对突发事件的能力和水平。同时，中游三省围绕各自航空枢纽，发展"卡车航班"，打造"全球123快货物流圈"。建立三省科技成果转化平台共享机制，联合开展科技成果转化。

第二节　加强国内区域合作

长江中游城市群地处中部地区，承东启西、连南接北，依托显著的区域优势和交通优势，积极推动毗邻地区合作，落实"以国内大循环为主体"的部署，为推动国内国际双循环新发展格局奠定良好的基础。

一、湖南落实"一带一部"定位

2013 年 11 月，习近平总书记在湖南考察时，首次指出湖南的定位，即"东部沿海地区和中西部地区过渡带、长江开放经济带和沿海开放经济带结合部"。2020 年 9 月，习近平总书记再赴湖南考察时强调，着力打造国家重要先进制造业、具有核心竞争力的科技创新、内陆地区改革开放的高地，在推动高质量发展上闯出新路子，在构建新发展格局中展现新作为，在推动中部地区崛起和长江经济带发展中彰显新担当，奋力谱写新时代坚持和发展中国特色社会主义的湖南新篇章。湖南省委、省政府带领全省人民，立足"一带一部"的定位，优环境、兴产业、强实体，争当承接产业转移"领头雁"，主动服务国家战略，扩大对外开放，拥抱全球、走向世界，全省经济社会发展实现巨大跨越。

1. 打造区域协同火车头——"一核"

在资源要素有限，各地区基础条件不一，提高资源效率的有效途径就是将稀缺的资源要素优先配置到核心地区，打造区域经济核心增长极。长株潭由于具备核心增长极的基础设施与产业条件，因此应充分发挥其"火车头"的作用，并通过辐射和扩散效应带动周边地区不断发展壮大。2022 年 4 月，湖南省委召开实施"强省会"战略暨长株潭都市圈建设推进会，重点发展长沙龙头作用，就是以点带圈、以圈带面、圈动全省，并在都市圈国内区域合作中作出表率。2020 年 6 月 13 日，广州、长沙市政府签署战略合作框架协议，两市将在基础设施、重点产业、科技创新等方面加强合作，并建立全方位、多层次合作交流机制，支持广州实现老城市新活力和"四个出新出彩"，提升长沙"一带一部"首位城市纽带作用，加快长沙融入粤港澳大湾区；同时，举行长沙轨道交通 6 号线 B 部分 PPP 项目签约暨项目公司揭牌仪式，长沙轨道交通集团、广州地铁集团、广州越秀集团签署三方战略合作框架协议，三方将紧抓长沙轨道交通发展机遇，结合广州在设计、咨询、建设管理、开发经营的经验，开展轨道交通领域深度合作。在"2020 广州文交会·长沙城市推介会"上，长沙、广州两地签署文化战略合作协议，根据战略合作协议，长沙与广州将合作推动文艺精品创作与交流，合作推动文化产业高质量发展，合作推动影视产业繁荣发展，合作推动动漫游戏产业协同发展，共同加强国际传播能力建设。

2. 构造内外开放驱动轮——"三极"

由于岳阳、郴州、怀化分别是湖南向北、向南和向西开放的桥头堡，因此岳阳、郴州、怀化应积极做好外向空间对接，构筑内陆开放的新高地。岳阳是湖南唯一沿江城市，积极开展与湖北武汉、荆州、咸宁及江西九江等沿江城市合作。2024 年 10 月 9 日至 10 日，湖南省岳阳市市长率队赴九江市考察学习，双方就城市规划和水环境综合治理等工作召开交流座谈会。双方商定重点围绕产业项目和开放发展等方面，就交通基础设施共建、生态环境治理、文旅市场互通等领域加强合作，提升层次、扩大范围、拓展领域，共同开创更加美好的未来。郴州一带自古为"楚粤孔道"，是连通中原与岭南的重要节点。地处内陆的郴州打破封闭理念，正一步一步"向海而行"。2023 年 2 月，广东和湖南两省人民政府联合印发了《佛山市与郴州市对口合作实施方案（2023—2027 年）》，明确了实施优势产业共建、特色农业共促等八大行动。此后，佛山和郴州两市人民政府签署合作框架协议，明确了建设产业合作平台载体、传承弘扬红色文化等五项重点任务。郴州、佛山对口合作中，已有亿元以上的在建重点项目 7 个，涉及文旅、新能源、风力发电等产业的意向投资项目 12 个；郴州还选派了 50 名年轻干部赴佛山驻企培训，学习大湾区理念；两市还共同发布就业岗位，共同组织校园招聘会。2024 年 7 月 25 日，第十一届全球湘商大会邀商暨怀化市对接成渝（重庆）招商推介会在重庆举行。重庆市人民政府口岸和物流办公室表示将与怀化一道，继续秉持共商共建共享理念，推动通道高水平建设、高质量发展，为服务构建双循环新发展格局，推动中国式现代化建设作出更大贡献。

3. 形成资源集聚承载带——"四带"

土地资源的稀缺性、效率性和可持续性要求产业布局实现空间集约经营。京广、环洞庭湖、沪昆、张吉怀四个经济带可以充分发挥通道效应和虹吸效应，承载更多的资源要素集聚。放眼洞庭湖，常益长高铁、湘江衡阳至城陵矶段 2000 吨级航道加快建设，绿色化工、电子信息、新能源、商贸物流等产业转型升级，生态经济区呈现新气象。

4. 构建协调发展支撑点——"多点"

为避免增长极战略导致区域经济发展产生过大差距，就需要有欠发达地区的支撑点来实现区域经济的协调发展，而"多点"布局的工业园区就是从非均衡走向均衡发展的重要手段。

二、江西深度对接长珠闽

江西与长三角、珠三角和福建省毗邻，21世纪初就提出"对接长珠闽，实现大开放"。为加快构建"以国内大循环为主体、国内国际双循环相互促进"的新发展格局，以更高标准、更宽视野打造江西内陆开放型经济试验区，推动江西深度融入长三角、粤港澳大湾区和海西经济区的发展建设，2022年6月专门发布《江西省深度融入长珠闽 积极承接发达地区产业转移"十四五"规划》。"十三五"期间全省招商引资主要指标保持平稳快速增长，持续引进高水平亿元以上项目。利用省外项目资金从2015年的5232.2亿元增加到2020年的8751.6亿元，增长67.26%，年均增长10.84%。2020年全省利用省外资金有76.72%来自长珠闽发达地区，其中粤港澳大湾区的广东占比第一（26.25%）；长三角的浙江占比第二（20.06%）；海西经济区的福建占比第三（9.42%）。引资聚焦二产，省外项目实际进资二产占比69%，三产占比28%，一产仅占3%。其中二产进资占比前五的产业是建材（1024.1亿元，11.7%）、电子信息（900.42亿元，10.29%）、能源（396.29亿元，4.53%）、汽车制造及其零配件（392.95亿元，4.49%）和纺织服装（326.41亿元，3.73%），实际进资增幅最大的三大产业是锂电及电动汽车、电子信息和航空制造。

1. 创建对接长三角一体化"前沿阵地"

赣中南昌、赣东北上饶、鹰潭积极对接长三角上海、杭州等地，在长江中游城市群中，江西距离长三角最近。推动南昌成为对接长三角一体化"合作先行区"，提升南昌在长江中游城市群的战略地位。增强南昌的核心主导功能和辐射带动能级，积极招引上海、杭州等地的电子信息、生命健康、高端装备制造、前沿产业和高端服务业重大项目。围绕重大项目，在南昌周边设区市布局配套的上下游产业。上饶要加强与浙江衢州深度合作，积极招引浙商投资光伏、光学、电动汽车产业，加快发展文旅、大数据、康养等新业态。支持景德镇建设国家陶瓷文化传承创新试验区和航空产业开放合作区，招引陶瓷文化、航空制造项目，加快陶瓷产业转型升级，做大做强航空产业。鹰潭要加快打造世界铜都，重点招引铜深加工、现代物流项目，加快建设国家"03专项"成果转移转化核心区，建成"中国铜工业互联网样板""中部地区电子信息（物联网）产业制造中心"。

2. 打造粤港澳大湾区"桥头堡"

赣南赣州、赣中吉安积极对接粤港澳大湾区东莞、深圳等地，赣州重点引进电子信息、家具、新能源汽车产业相关的重大项目，将毗邻广东的龙南打造成"大湾区产业转移首选区"及"生态后花园"；吉安重点引进电子信息全产业链、文旅和现代农业重大项目，打造"中国电子信息产业示范基地"。围绕中央苏区振兴战略，以赣州"三南"（龙南、全南、定南）为"前沿阵地"，加强与粤港澳大湾区在科技创新、平台建设、产业发展、通道建设、市场体系、金融服务等方面合作。以"1+5+N"产业集群为重点发展方向，积极招引东莞、深圳电子信息公司总部和研发中心，完善龙南的线路板产业链；大力引进稀土及贵金属精加工项目，进一步培育壮大稀土及贵金属产业链；以格力集团百亿项目为抓手，加速推进工业4.0智能制造建设，打造南康"泛家居"产业链。同时，积极招引文旅、康养、现代农业项目，将赣州建设成为粤港澳大湾区的后花园和优质农产品供应基地。

3. 积极融入海西经济区

积极推进抚州、赣州、上饶、鹰潭四市与福建在电子信息、装备制造、绿色食品、现代金融、现代物流、现代农业等产业领域的深度合作，全面促进江西省钢铁、石化、建材、食品、纺织服装等传统产业改造升级。支持抚州加快推进赣闽合作示范区建设，围绕"一区、两中心、两基地"，促进向莆经济带发展升级。支持赣州于都、宁都、石城、瑞金、兴国与泉州、石狮在纺织服装产业的深度合作，提升赣州纺织服装产业带影响力。支持上饶、鹰潭与福州、厦门等地开展数字经济、旅游、现代农业等产业合作，努力打造成"闽东南核心投资区"。

三、湖北奋力将区域战略推向国家层面

湖北省是我国推动跨区域合作的"积极分子"，通过与邻省合作，将区域战略推向国家层面，均取得成功。除长江中游城市群外，还推动将"大别山革命老区振兴""洞庭湖生态经济区""三峡生态经济合作区""汉江生态经济带"等陆续写入国家级规划和方案等文件。

2011年2月湖北成立大别山革命老区经济社会发展试验区，范围包括黄冈市红安县、麻城市、英山县、罗田县、团风县、蕲春县，孝感市大悟县、孝昌县八个县市。2012年，为推动全省大别山革命老区区域发展，湖北省委、省政府决定扩大试验区范围，将黄冈市所属其余五个县（市、区），随州市的广水市，武汉市的黄陂区、新洲区，孝感市的安陆市、双峰山旅游度假区等纳入试验区范围。至此，湖北大别山革命老区经济社会发展试验区共涉及 4 个市、18 个县（市、区）。试验区成立后，湖北拿出"真金白银"，推动了经济社会发展，深受老区人民群众欢迎。2013 年湖北省向国家发展改革委建议，出台支持大别山革命老区振兴发展的规划，并积极与河南、安徽两省联系。2013 年 9 月 27 日，国家发展改革委地区司在湖北省黄冈市组织召开《大别山革命老区振兴发展规划》编制工作会议。会议听取了湖北、河南、安徽三省发展改革委和黄冈、信阳、六安三市对规划编制工作的意见和建议，对下一步规划编制工作作出了部署。2015 年 6 月 5 日，国务院批复同意《大别山革命老区振兴发展规划》。规划范围：将原大别山革命老区经济社会发展试验区全部纳入，并增加孝感市孝南区、应城市和襄阳枣阳市；河南省信阳市、驻马店市全境，南阳市的桐柏县、唐河县；安徽省六安市、安庆市全境。总面积达 10.86 万平方千米。此后，国家加大对大别山革命老区振兴发展的扶持力度。2023 年底，经国务院同意，国家发展改革委出台了《新时代大别山革命老区协同推进高质量发展实施方案》，持续为新时代大别山革命老区振兴发展注入新的动力。该方案提出了协同推进高质量发展六个方面重点工作：一是要深度融入城市群建设，优化振兴发展空间格局；二是要全面加强产业合作，共促承接产业转移和产业转型升级；三是要健全互联互通基础设施，共同提高内外联通能力；四是要提升公共服务保障能力，共同增进民生福祉；五是要大力弘扬大别山精神，共促文化旅游发展；六是要推动绿色转型发展，共筑生态安全屏障。

2013 年、2014 年湖北宜昌市提出"三峡城市群""三峡生态城市群"概念，并在省内组建了由宜昌、荆州、荆门、恩施四地组成的"湖北三峡城市群"（这实际上就是后来的"宜荆荆恩城市群"）。在此基础上，宜昌积极与万州等渝东地区联系，共建"三峡生态经济合作区"，得到湖北省委、省政府和重庆市委、市政府的大力支持，并获得国家发展改革委的同意。2016 年 3 月，《中华人民共和国国民经济和社会发展第十三个五年规划纲要》正式发布，"三峡生态经济合作区"首次写入了国家发展规划。通过共建三峡生态走廊、轮流举办"三峡国际旅游节"，湖北省和重庆市的跨区域合作不断走向深入。

2013 年，湖北省开始提出"湖北汉江生态经济带"，并由省政府于 2015 年 5 月正式印发了《湖北汉江生态经济带开放开发总体规划（2014—2025 年）》。2015 年 4 月 27 日、28 日湖北省发展改革委领导同志及有关专家赴郑州和西安，与河南省发展改革委、陕西省发展改革委有关负责同志进行了座谈，介绍了湖北汉江生态经济带战略推进的有关情况，提出了三省共同推进汉江生态经济带建设、争取上升为国家战略的建议。此建议上报两省高层后，得到积极响应。随后，三省联合向中央呼吁将"汉江生态经济带"推向国家战略层面。国家对三省跨区域合作予以肯定，2016年3月"汉江生态经济带"被纳入国家"十三五"规划纲要，同年国家发展改革委同意三省请求，部署编制《汉江生态经济带发展规划》，并委托湖北省编制规划文本（草案）。在国家发展改革委领导下，经过一年半的努力，编制组完成送审稿。后几经修改，报国务院办公厅。2018年10月8日，国务院以"国函〔2018〕127号"批复同意。2018年11月5日，国家发展改革委印发全文。此后，陕西、河南、湖北三省以汉江生态经济带为纽带，经济合作、人文交流更加密切。

加强武汉长江中游航运中心建设。一是加强港口基础设施建设。新建沌口港江盛码头、江夏金口码头等汽车滚装码头，通过新建专业化码头，满足多样化的货物运输需求。升级改造老旧码头，通过优化码头布局，提升集装箱、散货等货物的装卸作业效率，进一步提高码头的吞吐能力。二是拓展航运航线网络。加强与国际航运市场的联系，如积极开发武汉至日本的江海直航航线，打造日本—武汉—中亚—欧洲国际物流大通道。通过加密上海洋山航线等国内重要航线密度，进一步提升武汉在国内航运网络中的地位。三是强化区域合作。加强与长江中游城市群其他城市港口的合作，实现资源共享、信息互通、共同打造长江中游航运中心，提升长江黄金水道的运输效率。整合港口资源，推进"一城一港一主体"工作，避免重复建设和无序竞争，提高港口的整体竞争力。

上述三个经济区由湖北发起，得到邻省支持，共同推向国家规划层面。洞庭湖生态经济区则由湖南发起，得到湖北的积极响应。2014年4月14日，国务院批复《洞庭湖生态经济区规划》。规划范围包括岳阳、常德、益阳3市，长沙市望城区和湖北省荆州市，共33个县（市、区）。规划总面积6.05万平方千米，2013年末常住总人口2200万。2023年1月26日，国务院批复《新时代洞庭湖生态经济区规划》，要求"坚持以水定城、以水定地、以水定人、以水定产，着力构建和谐人水关系，着力推动产业绿色转型升级，着力增进社会民生福祉，把洞庭湖生态经济区建设成为更加秀美富饶的大湖经济区"。

四、协同承接产业转移

1. 充分发挥国家级承接产业转移示范区的带动作用

2011年国家批准设立湖北荆州承接产业转移示范区，范围包括荆州、荆门、仙桃、潜江、天门五市；2013 年国家批准设立江西赣南承接产业转移示范区，规划范围以赣州开发区、综合保税区（含出口加工区）、香港工业园，瑞兴于经济振兴试验区，"三南"加工贸易重点承接地，龙南国家级经济技术开发区，以及省级经济技术开发区、省级工业园、省级特色产业基地、产业集聚区为主体，辐射赣州全境及周边地区；2018 年国家批准设立湖南湘南湘西承接产业转移示范区，范围包括衡阳市、郴州市、永州市、邵阳市、怀化市、湘西自治州 6 个市州。到目前为止，全国共设八个国家级承接转移示范区，三省各占一个，充分体现了长江中游在全国承接产业转移中的重要地位。三省要以国家级示范区为龙头，协同做好承接产业转移工作。

2. 要推进分区域分行业集中式承接，以发挥集聚效应

在长江沿线建设宜昌精细化工、黄石特钢等产业集群，在京广沿线建设长沙工程机械、岳阳石油化工、衡阳交通装备等产业集群，在京九沿线建设南昌电子信息、九江石化和机械电子、黄冈生物医药等产业集群，在二广沿线建设襄阳新能源和智能网联汽车、荆门新材料、荆州海洋工程装备、常德机电等产业集群，在沪昆沿线建设株洲轨道交通装备、湘潭汽车和专用设备制造、萍乡冶金建材、新余新材料、鹰潭有色金属、上饶机械电子等产业集群。

3. 要协同承接北京产业转移、疏解非首都功能

可以考虑将在京的电子信息产业（特别是集成电路产业）央企总部及研发机构集中向武汉转移，将在京的轨道交通装备产业央企总部及研发机构集中向长沙、株洲转移，将在京的部分航空工业央企及其研发机构集中向南昌转移，形成规模效应和聚集效应。

4. 强化区域内产业园区合作

进一步强化区域内产业协作，围绕 5G 和工业互联网创新、中小企业数字化转型、新能源汽车、氢能产业等领域，强化长江中游城市群内城市间合作，以培育壮大产业新增长点。加强长江新区、滨湖科学城、赣江新区、湖南湘江新区等战略平台联动，充分发挥平台的优势资源和创新活力，共同建设一批合作产业园区和高新技术产业基地。加强城市群内产业园区之间的合作，积极探索共建产业转移园区、飞地园区等创新合作模式，促进产业的有序转移和优化配置，实现区域内产业的协同发展，提升产业的整体竞争力。

尤其需要指出的是，当前国家在中西部地区大力推进战略腹地建设。长江中游城市群要抓住机遇，积极承接从东部沿海迁出或"溢出"的军工企业，重点在湖北中西部、湖南中西部地区打造"备份产业"。

第三节　对接国家重大战略

统筹东中西、协调南北方，是新形势下促进区域协调发展的战略思路。长江中游城市群要充分利用承东启西、连南接北的区位优势，积极对接国家重大战略，加快融入以国内大循环为主体、国内国际双循环相互促进的新发展格局。

一、加快三大城市群联动发展

长江经济带是由长三角、长江中游、成渝三大城市群为基础构成的特大型流域经济带，长江中游城市群在长江经济带中是"一条扁担挑两头"，起着重要的链接作用。应尽快建立三大城市群合作机制。长三角城市群、长江中游城市群、成渝城市群是长江经济带的三大主体城市群。三大城市群建设好了，长江经济带也就发展起来了。鼓励和支持三大城市群内部建立市长联席会议制度，定期和不定期协商解决区域内的重大问题，积极推进交通、旅游、工业、农业、生态、科技、人才、投资等方面的合作。下设若干个委员会作为政策的执行机构，定期召开会议、沟通信息，及时反映区域内发展中面临的问题，提出解决办法。要逐步促进城市群内部制度一体化，实现经济、社会、人口、资源、环境相互协调的可持续发展。例如，推进重大基础设施建设，构建港口群、区域与交通联动发展机制，真正发挥黄金水道功能，建设立体化交通网络，彻底打通产业合作交通命脉；在公共资源共享方面，推进建立区域优质教育、卫生医疗、人才、旅游等资源共享机制，完善医保跨地区结算机制，推进区域交通、社保等"一卡通"工程；强化科技资源共享公共服务平台建设，合力推进区域科技创新体系一体化建设。同时，推进三大城市群之间的合作。借鉴法国巴黎城市群和英国伦敦城市群对区域公共物品进行共建共享的经验，探索建立长江经济带城市群公共财政储备制度、横向利益分享机制和利益补偿机制，共建共享城市群区域公共物品，包括共建共享长江经济带区域性交通、能源、环保、生态等公共设施，推动长江经济带城市群上下游的基础设施建设、产业分工合作、生态环境共建共治、公共服务对接。在能源安全方面，推进长江流域地区能源安全体系一体化，建立长江流域能源储备体系和应急保障体系，推进新能源基地建设。大胆探索创新新型区域合作机制，包括上中下游税源的划分机制、资源使用的购买和补偿机制、产业转移的对口协商机制、政绩的分类考核机制、政府机构的交流机制等。

为推进长江经济带发展，2015 年 3 月以来国务院先后批复了长江中游、成渝、长三角三个城市群发展规划。如果说下游、中游、上游分别是"龙头""龙身""龙尾"，现在出台只是"龙头""龙身""龙尾"局部规划，导致三段衔接不足。长江中下游之间的皖江城市带，曾一度参与长江中游城市群建设，后被国务院《关于依托黄金水道推动长江经济带发展的指导意见》划入长三角城市群，其与长江中游城市群一体化发展的势头衰减。但由于其西部的六安、安庆、池州等距离东部沿海太远，难以被认同为"长江三角洲"地区，与皖东城市相比融入长三角的难度较大，处于"不东不中"的尴尬地位。在长江中游城市群与成渝城市群之间还存在"断链"，两大城市群并不接壤，两者之间尚无整体联动。三大城市群之间基础设施衔接也明显不足。公路建设尚存在不少断头路和瓶颈路，港口、机场、铁路、能源等重大基础设施的规划布局还缺乏有效配套和衔接。另外，产业一体化程度不高。除上海、江苏、浙江外，其他省份都处于工业化快速发展的中期阶段，都有着先把自己"块头"做大的强烈愿望，相互之间争投资、争项目、争人才，导致产业结构趋同，低水平重复建设比较明显。例如，多数省份都大力发展汽车及零配件、食品烟草、装备制造、石油化工、电子信息等产业，但区域间缺乏专业化分工协作和密切的经济联系，没有形成产业集群发展，产业关联带动能力差，导致产业一体化程度偏低，不能形成产业集聚效应，影响了长江经济带整体性竞争优势的发挥。

二、发挥三条"水线"沟通作用

长江中游城市群要积极对接黄河流域生态保护和高质量发展、京津冀协同发展等战略，必须发挥三条"水线"沟通作用。

1. 第一条"水线"是南水北调中线工程

南水北调是世界上最大的调水工程，也是一项对我国战略全局、长远发展和民生福祉有重大影响的战略性工程。湖北是纯调水区，河南既是调水区又是受水区。2014 年 12 月 12 日南水北调中线一期工程全面建成通水，重点解决河南、河北、北京、天津四省市的水资源短缺问题，为沿线十几座大中城市提供生产生活和工农业用水。以北京为例，截至 2024 年 6 月 12 日受水量达到 100 亿立方米，"南水"已成为北京的主力供水水源，直接受益人口超 1600 万。南水北调中线工程沟通了长、黄、淮、海四大流域，初步构筑了我国南北调配、东西互济的水网格局。将湖北和豫西南的水资源优势转化为河南全省及京津冀都市圈的发展优势，通过水资源循环畅通了南北经济大循环，不仅将"长江战略"和"黄河战略"更紧密地连为一体、为京津冀协同发展等提供水资源保障，还为构建新发展格局提供典范。

2. 第二条"水线"是汉江生态经济带

2018 年 10 月，国务院以"国函〔2018〕127 号"批复同意《汉江生态经济带发展规划》。在湖北境内涉及十堰市、神农架林区、襄阳市、荆门市、天门市、潜江市、仙桃市全境及随州市、孝感市、武汉市部分区域，在河南境内涉及南阳市全境及洛阳市、三门峡市、驻马店市部分地区。国家规划要求打造美丽、畅通、创新、幸福、开放、活力"六个汉江"，湖北与河南可以开展全方位合作。在"畅通汉江"建设中，襄阳可全力支持南阳开展唐河、白河复航工程建设，加入汉江黄金水道，加快构建通江达海的内河航运体系，完善多式联运体系。河南可以汉江生态经济带为纽带和突破口，推动全省对接长江经济带，共同推动中部地区高质量发展。同时，通过汉江生态经济带，加强与陕西省的合作。支持汉中加快绿色循环发展，建设重要的装备制造业基地、循环经济产业集聚区和物流中心，加强与襄阳、荆州等地交流，打造具有"两汉三国"文化特色的生态宜居城市。支持安康建设新型材料工业基地和特色生物资源加工基地，加强与十堰、神农架的合作，架构山水成林的城市格局，建成秦巴腹地综合交通枢纽和生态旅游城市。支持商洛推进区域性中心城市建设，打造优质绿色农产品、新材料等工业基地，建设秦岭南麓生态旅游城市。继而通过汉江生态经济带与黄河流域生态保护和高质量发展战略结合起来。黄流流域具有丰富的水电资源，通过特高压输电线路将电力共享到长江中游城市群地区。例如，青海、甘肃等地的电能，沿着特高压线路送往湖北、湖南等地，而长江中游地区城市为黄河流域的电力提供了广阔的市场。同时，长江中游城市群与黄河流域在电网建设、电力调度等方面展开了协同合作，确保"西电东送"工程的安全稳定运行，为国家能源战略的实施筑牢根基。

3. 第三条"水线"是淮河生态经济带

2018 年 10 月，国务院以"国函〔2018〕126 号"批复同意《淮河生态经济带发展规划》。淮河发源于南阳市桐柏山区，由西向东，流经湖北、河南、安徽、江苏四省，干流在扬州三江营入长江。河南省信阳市、驻马店市、周口市、漯河市、商丘市、平顶山市和南阳市桐柏县，湖北省随县、广水市、大悟县，被纳入淮河生态经济带规划范围。发挥淮河水道和新亚欧大陆桥经济走廊纽带作用，促进基础设施对接、合作平台共建、基本公共服务共享，全面深化区域合作交流，引导资金技术向内陆腹地转移，营造与国内外市场接轨的制度环境，加快构建全方位、多层次、宽领域的开放合作新格局，形成联动中东部、协调南北方的开放型经济带。长江中游的湖北省虽然淮河流域面积不多，但借助淮河生态经济带，随州、孝感可加强与河南南部地区的联系，向北对接中原城市群；周口、信阳则通过改造提升淮河航道，实现通江达海目标，解决河南水运短板问题。以淮河生态经济带为纽带和突破口，加快建设"中原—长三角"经济走廊，建设沟通长江与黄河两大流域又一重要通道。

三、彰显三条"铁线"串联功能

2024年3月20日，习近平总书记在长沙主持召开新时代推动中部地区崛起座谈会上要求"大力促进长江中游城市群和中原城市群发展，加强都市圈之间协调联动"。要重点以三条"铁线"为依托，推动长江中游与中原两大经济区的联动发展。

1. 第一条"铁线"是京广纵轴

京广纵轴由京广铁路、京广高铁构成。首先是加强武汉、郑州、长沙三大省会城市的合作。武汉是全国六大科技创新中心之一，郑州是全国先进制造业中心之一，可以深入推进两市产学研合作，实现创新链、产业链、价值链、资金链、人才链"五链"协同。武汉是"中碳登"所在地，可与郑州建立"双碳"合作机制，支持其创建黄河流域"碳中和先行区"。其次是加强武汉都市圈、长株潭都市圈与郑州都市圈的联动发展。锚定中部地区崛起发展目标，进一步加强顶层设计，推动三圈有效对接，以实现区域整体利益最大化和高质量发展。在此基础上，形成"郑武长"都市圈连绵带，挺起中部崛起的脊梁。

2. 第二条"铁线"是京九纵轴

京九纵轴由京九铁路、京九高铁构成。加强中原城市群与大别山革命老区及皖北承接产业转移示范区的联动发展。一是要带动大别山革命老区振兴发展，这是政治责任。要依托京九铁路，加强黄冈与信阳的合作。处在大别山区外围的武汉、郑州、合肥通过开展省会合作，共同聚焦辐射带动原鄂豫皖革命根据地高质量发展。二是要对接皖江城市带。阜阳被安徽省政府赋予"建设中原城市群区域中心城市"的重任，要依托京九高铁纵轴，发挥郑州、合肥的双向辐射作用，带动商丘、阜阳等地发展，实现中原城市群与皖北承接产业转移示范区的无缝对接。三是对接昌九城市带。无论京九高铁，还是京九铁路，都汇集于江西九江，进而连接南昌，并继续向南延伸。在这一节点上，湖北黄冈起着不可替代的作用。早在 2012 年，黄冈、九江就签订跨江合作开发协议。近年来，两市举行多场双边跨江合作座谈会，围绕江北工业园、过江通道、长江采砂执法合作等工作进行深入交流，建立常态化对接联络机制、问题高效处理机制、情况动态更新机制，定期互访对接，协同推进事项落实，不断推进跨江融合发展。黄梅小池港主动对接九江港，实现九江、黄梅两岸港口集装箱水运运输零的突破。黄梅县着力"延链、补链、强链"，近年来共从江西引进落户小池企业 38 家。作为唯一设在乡镇的省级新区，小池滨江新区区域协同发展取得阶段性成果。2023 年 11 月，与九江经济技术开发区签署《合作共建小池江北工业园框架协议》，加挂"九江经济技术开发区小池江北工业园"牌子，积极探索"九江品牌+小池园区""产业龙头+配套企业"的合作发展模式。随着跨界合作链接作用不断增强，小池已由传统小镇变为与九江跨江、跨省联动发展的省级新区，综合实力不断跃升。2024 年 6 月 17 日，《人民日报》头版以"从隔江相望到跨江相拥"为题对小池融入九江作了报道。

3. 第三条"铁线"是呼南纵轴

呼南纵轴由呼南高铁、焦柳铁路、浩吉铁路构成。这条"铁线"串联起河南、湖北、湖南三省的焦作、洛阳、平顶山、南阳、襄阳、荆门、宜昌、荆州、常德、益阳、娄底、邵阳、永州、张家界、怀化等城市，其中大部分是老工业基地，对新时代统筹发展和安全具有重大价值，对打造国家战略腹地特别是建设战略备份产业具有重要意义。洛阳、襄阳、娄底是国家产业转型升级示范区，通过大力发展新能源、高端轴承产业、航空装备产业、智能装备产业，为国家产业安全做出新贡献。长江流域最大也是世界上最大的三峡水电站在宜昌，国内品种最全的炼焦煤和动力煤生产基地在平顶山，长江沿线规模最大的内陆煤炭中转港口在荆州，荆门亿纬动力的动力电池、储能电池装机量分别排名全国第五、全球第三，这些城市共同维护着国家能源安全。南阳、襄阳、荆州、常德、邵阳、永州、荆门、益阳、娄底、洛阳、平顶山、焦作是全国粮食生产大市，为保障国家粮食安全发挥着重要作用。洛阳、襄阳、宜昌、南阳、荆门、怀化、常德是重要的军工生产基地，对国防安全起着重要保障作用。同时，襄阳、怀化、宜昌、洛阳、南阳被定为"全国性综合交通枢纽"。因此，呼南纵轴在实现中央赋予中部地区"三基地一枢纽"功能的地位无可替代，应高度重视，加快建设。

第四节　合力推动对外开放

利用长江黄金水道、中欧班列等对外通道，积极对接"一带一路"，深化与日韩、东盟等周边国家和地区，以及俄罗斯、中东欧等重点国家和地区合作互动，着力打造畅通双循环的重要节点和战略链接。

一、共建对外开放通道

将黄金水道的内河航运、中欧班列的铁路运输、航空运输与公路运输等多种运输方式进行有效衔接，形成以黄金水道、中欧班列及航空运输为主干，公路为补充的多层次对外交通运输通道，打通黄金水道与沿海地区、海外市场的关联及中欧班列与欧洲市场的联系，提高长江中游城市群在全球产业链和供应链中的地位。

1. 依托黄金水道，打造"组合港"

不断加强对长江航道的整治和梳理工作。通过改善通航条件，使武汉以下长江干线航道常年可通航 5000 吨级以上船舶，保障内河航运高效性，强化与沿海地区的关联，实现江海联运。协同推进港口建设，打造"组合港"。长江中游城市群的诸多港口作为对外交通运输通道中的节点，建设过程中遵循协同发展的理念，提升长江中游城市群的水运运输能力。鉴于湖北港口在集装箱吞吐量、港口供应链和大宗商品贸易等领域具备优势，江西和湖南在内河航运、散货件杂货吞吐量、进口汽车、进境原木等领域具有优势。为推动三省港口协同发展，2023 年 4 月湖北港口集团、江西省港口集团和湘水集团湖南省港务集团在武汉共同签订了战略合作协议，在开辟出海新通道、拓展供应链业务、建立信息共享机制、共建绿色港口等七大领域开展合作，打造长江中游城市群"组合港"，共同探索面向粤港澳大湾区、西部陆海新通道的铁海联运、铁水联运等业务，开展区域和国际集装箱航线合作，不断提高航运物流效率，打造中部"出海口"，助力世界级港口群建设。

2. 加快发展中欧班列，助力国际经贸往来

2024 年，中欧班列（武汉）常态化开行十周年，中欧班列（武汉）的开行由每周 5 列提升到每周 7 列以上，运输能力和运输品质均得到了较大的提升。运输商品从服装、家具、家电等"老三样"，拓展到新能源汽车、锂电池、光伏产品等，湖北逐渐发展成为我国新能源汽车出口量最大的内陆省份。2023 年长沙

新港铁路专用线通车运营，新开中老铁路国际进口班列、长沙经同江口岸中欧班列，中欧班列（长沙）开行量超千列。在三省合力推动下，怀化国际陆港将成为湖北、江西等地货物运输东盟国家的重要选择，2023 年首趟湘鄂赣中老国际货运班列从湖南省怀化市发车，标志着湖南、湖北、江西三省合力推动东盟班列发行的开端。① 2024 年，中欧班列（长沙）开行线路达到 12 条，辐射亚欧大陆近 30 个国家 100 个城市，国内货物集疏范围覆盖全国 2/3 区域，形成了连接欧洲、中亚、东盟，辐射全国中部、东部、南部地区的互联互通新格局。赣州国际陆港作为江西的"大道枢纽"，自开通运营至 2015 年 1 月，已累计开行中欧（亚）班列超 1600 列，发送货物 13.6 万标准箱。相继打通了经由满洲里、二连浩特、霍尔果斯、阿拉山口、绥芬河、磨憨六大边境口岸的进出口通道，物流辐射欧洲、中亚及南亚的 20 多个国家 150 多个城市，中欧（亚）班列运输服务网络基本覆盖亚欧大陆全境。截至 2024 年 2 月，江西南昌国际陆港已开通 11 条国际直达班列和 12 条铁海联运外贸班列，班列发行量已突破 5836 列，覆盖了 30 多个国家和地区，服务出口企业 1200 余家。

3. 拓展航空网络，以通道带动经贸合作

推动核心枢纽机场建设。武汉天河国际机场是中部地区重要的航空枢纽，近年来，机场不断升级改造，提升了旅客吞吐量和货物运输能力。2022 年 7 月，亚洲首个专业货运机场鄂州花湖国际机场投入运营。截至 2024 年 7 月，鄂州花湖国际机场共开通了 73 条货运航线，包括 51 条国内货运航线和 22 条国际货运航线，逐步搭建起覆盖全国的国内航线网络和辐射欧洲、北美、中东、亚洲、非洲的国际航线网络，为长江中游城市群的国内国际贸易提供了可靠保障。长沙黄花国际机场不断拓展国内外航线，现有 175 条国内外航线，国际航线连接欧盟、东盟、北美、非洲及中东五大经济体，直通出口 15 个国际城市，可实现 48 小时覆盖全球重要航空枢纽机场。2024 年 4 月开通了湖南首条第五航权货运航线，连接埃塞俄比亚、比利时等国家，进一步畅通了湖南与非洲、欧洲等地的航空货运通道，通过亚的斯亚贝巴中转南美，实现一条航线连接亚洲、欧洲、非洲、南美洲。湖南全力打造"通道+经贸+产业"发展格局，机场周边布局集聚自贸试验区、临空经济示范区、黄花综保区、跨境电商综试区、长沙经开区等核心经济产业平台，以通道带动经贸合作。南昌昌北国际机场持续加快航空口岸功能建设，

---

① 帅才，余贤红，明星等. 三省共下"一盘棋"：湘赣鄂区域协同发展调查 [N]. 经济参考报，2024-07-16（05）.

"一站三中心"、三个进境指定监管场地和跨境电商"9610"场站相继投运；先后开通了 13 条国内外货运航线，最高通达 15 个国内外航点，南昌至欧洲的空中丝路由"串点连线"向"组网成面"转变。推动城市群内机场协同运营，实现基础设施与资源共享。推进长江中游城市群通用机场建设，统一城市群机场的导航设施标准，建立空管协同指挥机制，在应急救援、信息共享等方面加大合作力度，增强通用航空服务保障能力。

二、共同打造开放高地

1. 高质量建设自由贸易试验区

湖北、湖南和江西等地积极推进自由贸易试验区的高质量建设。湖北自由贸易试验区主要包括武汉片区、襄阳片区和宜昌片区。武汉片区重点发展国际商贸、金融服务、现代物流、研发设计等现代服务业和电子信息、先进制造、生物医药等新兴产业，出台了《武汉市推动更高水平对外开放打造新时代内陆开放新高地实施方案》，围绕"一带一路"内陆地区新节点、长江经济带高水平开放新门户、国际创新开放合作新引擎、全球现代产业发展新重镇、全国制度型开放新样本，实施自贸试验区提升战略，高标准建设中法、中德国际产业园，大力发展外贸新形态，加快建设国际消费中心城市，推动更高水平的对外开放。襄阳片区重点发展高端制造、新一代信息技术、新能源新材料、铁路物流等产业。宜昌片区则重点打造文化旅游、航运物流、装备制造、高新技术等产业。湖南自由贸易试验区涵盖长沙、岳阳、郴州三个片区。长沙片区重点发展高端装备制造、新一代信息技术、生物医药、电子商务等产业；岳阳片区充分发挥港口优势，重点发展航运物流、国际贸易、保税加工等产业；郴州片区则着力打造有色金属加工、现代物流、电子信息等产业。江西自贸试验区包括南昌、赣州、九江三个片区。南昌片区重点发展航空物流、电子信息、中医药、新能源等产业；赣州片区立足本地的稀土、钨等资源优势，重点发展有色金属加工、新能源汽车、电子信息等产业；九江片区则依托长江港口优势，重点发展航运物流、临港产业、国际贸易等产业。湖北、湖南和江西等自由贸易试验区的各个片区均根据自身的资源禀赋和产业基础，形成了各具特色的产业发展格局。

2. 统筹布局综合保税区和保税物流中心

湖北省布局了武汉东湖综合保税区和湖北荆州综合保税区，为企业发展提供了强有力的支撑；湖南省在长沙、衡阳、湘潭等地规划建设了综合保税区，提供保税加工、跨境电商、保税物流等方面服务，助推湖南外贸经济快速发展；江西省在南昌、赣州和上饶分别规划建设了综合保税区，进一步推动了江西对外开放的步伐。同时，长江中游城市群也在加速推进保税物流中心的建设。湖北省已建成武汉天河机场保税物流中心（B型）、鄂州空港保税物流中心（B型）和宜昌三峡保税物流中心，着力把交通区位优势转化为国内国际双循环枢纽链接优势，构建"枢纽+通道+网络+平台+产业"枢纽经济发展新范式，打造"枢纽带动贸易、贸易聚集产业、产业反哺枢纽"经济循环。

3. 协同推进跨境电子商务平台建设

武汉、长沙、南昌等城市建立了跨境电商综合服务平台，为企业提供一站式服务，提高了跨境电商的交易效率。协同推进黄石、宜昌、湘潭、岳阳、九江等跨境电子商务综合试验区或跨境电子商务零售进口试点城市建设，搭建跨境电商平台，完善物流、支付、通关等配套服务，助力区域内企业开展跨境电商业务，拓展国际市场。武汉东湖综合保税区、汉口北跨境电商产业园、长沙金霞跨境电商产业园、南昌综合保税区等产业园区和集聚区的建设，吸引了大量跨境电商企业入驻，集聚效应初步显现。

三、共推国际产业合作

1. 推动传统优势产业"走出去"

长江中游城市群在钢铁、水泥、建材、机械等传统领域具有较好的产业基础和技术优势，通过推动传统优势产业"走出去"，能够更好地利用当地的资源，降低生产成本，提高产品竞争力，拓展新的市场空间。例如，武钢在非洲布局建厂；华新水泥在塔吉克斯坦建成新干法生产线，并不断推进项目建设；京山轻机先后在印度、越南投资建立了海外制造工厂；三一重工在美国建立了产业集群基地，不断拓展美国市场。

2. 助力装备制造业国际合作

加强与国际先进的装备制造企业、研究机构开展合作，共同开展技术研发。例如，湖北高校和科研机构与德国、日本等装备制造技术先进国家相关单位展开了合作，共同攻克关键技术难题。开展企业跨国合作。通过跨国并购、投资等方式，获取国外先进装备制造企业的技术、品牌及市场资源等，如湖北的东风集团收购了法国PSA集团股份；襄阳汽车轴承股份有限公司收购了波兰KFLT轴承公司股份，实现了企业的国际化发展；湖南三一重工与德国道依茨发动机成立合资公司等。

3. 发展境外战略性新兴产业

在境外投资设立研发中心、生产基地和销售团队，将境外市场作为重点发展方向，推动产品和服务的出口。例如，湖北北斗在泰国建设地基增强站，推广北斗导航系统；湖北人福医药在美国设立销售团队和研发中心，通过了美国的 FDA 认证，正在筹建美国软胶囊项目二期工程；江西安驰新能源科技有限公司、晶科能源等新能源企业积极拓展境外市场，参与境外新能源项目的建设与运营。与国外企业在技术研发、生产制造等方面展开广泛合作，不断提升自身的技术水平，如湖北东风汽车集团、三环集团有限公司、易捷特新能源汽车有限公司等汽车企业与德国、日本的汽车制造商合作，针对新能源汽车的电池技术、自动驾驶技术等关键领域展开联合开发。

4. 拓展海外文化服务业

长江中游城市群具有深厚的文化底蕴，近年来，拓展了海外文化服务业。湖北群艺集团向十多个国家和地区输出积分制管理办法，并在马来西亚获得"2015 年百强企业国际金鹰奖"。发挥区域内红色资源富集优势，打造国际政党交流品牌，讲好中国共产党的故事，以党际交流深化地方合作。

5. 打造海外农业产业链

结合国外的优势资源，在非洲、东南亚、南美等地投资建设大型农业种植园，并积极推广农业先进技术。2009 年起，武汉国英种业开始在东南亚市场布局，建立种植基地，开展试种示范，又先后与菲律宾、越南、巴基斯坦、缅甸、印度尼西亚等国家开展种子贸易、联合开发等项目。长沙袁氏种业在马达加斯加建立了非洲唯一由企业运营的杂交水稻农业技术示范中心，并实现了杂交水稻育种、制种、种植、加工及销售的全产业链覆盖。隆平高科积极在国内外实施农业技术培训，共培训了亚非拉、加勒比及南太地区等 100 多个国家的 1 万多名农业官员和研究人员，为非洲国家培养了大量农业技术人才，积极推动当地农业发展。同时，还在海外建立农产品加工企业，在澳大利亚、新西兰等国家投资建设肉类加工企业等，满足国内和国际市场的需求。中粮肉食在澳大利亚投资建设了多个肉类加工厂和养殖基地，利用澳大利亚优质的牧场资源，运用先进加工技术将肉类加工成适合不同市场需求的产品，实现了农业产业链在海外的延伸，保障了国内市场对高品质肉类的需求。

四、共创国际合作机制

1. 召开长江中游城市群国际友城合作论坛

2022 年 6 月，长江中游城市群国际友城合作论坛以线上方式召开。会上启动了"长江中游城市群国际友城互联平台"，该平台将集成长江中游城市群 17 市及其 115 座国际友城的城市风貌、经济社会发展及对外合作相关信息，形成互通互学互鉴、共建共享共用的信息沟通平台。论坛上正式发布了《长江中游城市群国际友城合作倡议书》，旨在将长江中游城市群的国际友城链接起来，共享国际友城、友好组织、领事机构、国际合作站等对外资源，共推国际"朋友圈"扩容提质。

2. 积极举办国际重大活动

以"一会三地""共同举办""轮流举办"等模式共同举办中国 5G+工业互联网大会、跨境电商对接交流会、中国国际机电产品博览会、国际经贸洽谈会、文化交流节、科技合作论坛等涉外活动，促进国际产业间的交流与合作。2023 年举办了长江中游城市群（武汉）国际科技合作与技术转移论坛活动，推动国外科技企业与武汉地区企业合作、交流，在纳米纤维、人工智能等多个领域签约项目 5 项，总签约金额近千万元。积极开展国际友城交流活动。通过举办友城之间的文化节、艺术展示、体育赛事等活动，增进友城之间的经济、文化、教育、科技等领域的合作。2023 年 7 月，由科学技术部和湖北省人民政府联合举行的"2023 中非创新合作与发展论坛"暨湖北国际技术交流会，在湖北省武汉市举行，共签约 20 个国际科技合作项目，涉及先进技术、现代农业、生命健康、基础建设等方面，对构建中非开放合作具有重要意义。

参考文献

［1］Falk A，Ichino A. Clean Evidence on Peer Effects ［J］. Journal of Labor Economics，2006，24（1）：39-57.

［2］Gordon C Winston，David J Zimmerman. Peer Effects in Higher Education ［R］. NBER Working Paper，2003.

［3］Jiang M，Yang S W，Zhou G H. Study on the Coupling Coordination Development between the Digital Economy and Innovation Efficiency：Evidence from the Urban Agglomeration in the Middle Reaches of the Yangtze River ［J］. Land，2024，13（3）：292.

［4］Mishan E J. The Costs of Economic Growth ［M］. New York：Penguin Books，1967.

［5］Mas A，Moretti E. Peers at work ［J］. American Economic Review，2009，99（1）：112-145.

［6］Tian Y C，Zhang Y X，Zhang T L，et al. Co-agglomeration，Technological Innovation and Haze Pollution：An Empirical Research based on the Middle Reaches of the Yangtze River Urban Agglomeration ［J］. Ecological Indicators，2024（158）：111492.

［7］Xie Z Q，Zhang Y，Fang Z Q. High-Quality Development Evaluation and Spatial Evolution Analysis of Urban Agglomerations in the Middle Reaches of the Yangtze River ［J］. Sustainability，2022，14（22）：14757.

［8］Zhu Y Y，Zhang R，Cui J X. Spatial Differentiation and Influencing Factors in the Ecological Well-Being Performance of Urban Agglomerations in the Middle Reaches of the Yangtze River：A Hierarchical Perspective ［J］. International Journal of Environmental Research and Public Health，2022，19（19）：12867.

［9］Nelson R R，李德娟.欠发达经济中的低水平均衡陷阱理论［J］.中国劳动经济学，2006，3（3）：97-109.

［10］安中轩.城市群与我国区域经济协调发展［J］.兰州学刊，2008（8）：58-60+87.

［11］蔡甫款，陈欣，沈仁英.严格考核　严格问责：浙江省实行最严格水资源管理制度考核暂行办法［J］.浙江水利科技，2014（1）：16-17.

［12］操玲姣.在长江经济带发展中深刻把握高质量发展规律［N］.长江日报，2018-08-07（5）.

［13］陈群元，宋玉祥.中国城市群的协调机理与协调模型［J］.中国科学院研究生院学报，2010，27（3）：356-363.

［14］陈雯，孙伟，段学军，等.苏州地域开发适宜性分区［J］.地理学报，2006，61（8）：839-846.

［15］陈雯，孙伟，吴加伟，等.长江经济带开发与保护空间格局构建及其分析路径［J］.地理科学进展，2015，34（11）：1388-1397.

［16］陈修颖.长江经济带空间结构演化及重组［J］.地理学报，2007（12）：1265-1276.

［17］成长春.探索推动长江经济带高质量发展的新路径［N］.长江日报，2018-08-14（5）.

［18］丁建军.城市群经济、多城市群与区域协调发展［J］.经济地理，2010，30（12）：2018-2022.

［19］丁琳燕.长江经济带汽车产业集群发展战略研究［D］.合肥：合肥工业大学，2018.

［20］董锁成，武伟.地域生产综合体与增长极理论的比较研究［J］.甘肃社会科学，1996（3）：34-37.

［21］段学军，虞孝感，邹辉.长江经济带开发构想与发展态势［J］.长江流域资源与环境，2015，24（10）：1621-1629.

［22］樊杰.我国主体功能区划的科学基础［J］.地理学报，2007（4）：339-350.

［23］樊杰.中国主体功能区划方案［J］.地理学报，2015，70（2）：186-201.

［24］樊杰，王亚飞，陈东，等.长江经济带国土空间开发结构解析［J］.地理科学进展，2015，34（11）：1336-1344.

［25］范晓敏.深入实施区域协调发展战略［N］.光明日报，2018-02-19（03）.

［26］费洪平.地域生产综合体理论研究综述［J］.地理学与国土研究，1992（1）：40-44.

［27］冯献.长江流域"三化"协调发展水平综合评价与空间差异研究［D］.北京：中国农业科学院，2014.

［28］高鸿业.西方经济学（宏观部分）第四版［M］.北京：中国人民大学出版社，2007.

［29］郭徐峰.基于多中心治理理论的陕西水安全问题及对策研究［D］.西安：西北大学，2017.

［30］国家发展改革委宏观经济研究院国土地区研究所课题组，高国力.我国主体功能区划分及其分类政策初步研究［J］.宏观经济研究，2007（4）：3-10.

［31］贺小荣，石彩霞，彭坤杰.长江中游城市群新型城镇化与生态韧性的时空适配及互动响应［J］.长江流域资源与环境，2024，33（4）：699-714.

［32］胡艳，丁玉敏，孟天琦.长江经济带城市群联动发展机制研究［J］.区域经济评论，2016（3）：91-96.

［33］黄金川，林浩曦，漆潇潇.面向国土空间优化的三生空间研究进展［J］.地理科学进展，2017，36（3）：378-391.

［34］黄群慧.改革开放40年经济高速增长的成就与转向高质量发展的战略举措［J］.经济论坛，2018（7）：12-15.

［35］黄群慧."新常态"、工业化后期与工业增长新动力［J］.中国工业经济，2014（10）：5-19.

［36］简新华，杨艳琳.产业经济学［M］.武汉：武汉大学出版社，2009.

［37］江孝君，杨青山，耿清格，等.长江经济带生态—经济—社会系统协调发展时空分异及驱动机制［J］.长江流域资源与环境，2019，28（3）：493-504.

［38］金凤君，王成金，李秀伟.中国区域交通优势的甄别方法及应用分析［J］.地理学报，2008（8）：787-798.

［39］金祥荣.经济发展的临界最小努力理论［J］.经济学动态，1987（5）：50-54.

［40］邝嫦娥，李文意.环境规制对绿色经济效率的空间影响：以长江中游

城市群为例 [J].地域研究与开发，2023，42（3）：53-59.

[41] 李国平，赵永超.梯度理论综述 [J].人文地理，2008（1）：61-64.

[42] 李晓龙，徐鲲.连片特困地区扶贫攻坚的战略选择 [J].南京林业大学学报（人文社会科学版），2014，14（2）：61-68.

[43] 李雪松，龙湘雪，齐晓旭.长江经济带城市经济—社会—环境耦合协调发展的动态演化与分析 [J].长江流域资源与环境，2019，28（3）：505-516.

[44] 刘传明，曾菊新.县域综合交通可达性测度及其与经济发展水平的关系：对湖北省 79 个县域的定量分析 [J].地理研究，2011，30（12）：2209-2221.

[45] 刘君.延边地区构建水权交易制度研究 [D].延吉：延边大学，2015.

[46] 刘毅，周成虎，王传胜，等.长江经济带建设的若干问题与建议 [J].地理科学进展，2015，34（11）：1345-1355.

[47] 闵钢.2017 年中国电子信息产业总体情况及发展趋势 [J].集成电路应用，2018，35（10）：6-9.

[48] 彭劲松.长江经济带区域协调发展的体制机制 [J].改革，2014（6）：36-38.

[49] 秦尊文.关于推动长江经济带城市群联动发展的思考与建议 [J].长江技术经济，2018（2）：6-11.

[50] 秦尊文.长江经济带研究与规划 [M].武汉：湖北人民出版社，2015.

[51] 尚路平.长江经济带汽车产业集群竞争力研究 [D].上海：华东师范大学，2017.

[52] 盛毅，王玉林，樊利.长江经济带世界级产业集群选择与评估 [J].区域经济评论，2016（4）：39-45.

[53] 施祖麟.区域经济发展：理论与实证 [M].北京：社会科学文献出版社，2007.

[54] 孙红湘，张静.以新发展理念指引高质量发展 [J].人民论坛，2018（30）：94-95.

[55] 孙华，何健敏.我国区域经济协调发展水平测度综述 [J].软科学，2008（3）：109-111.

[56] 唐常春，樊杰，黄梅.长株潭城市群公路交通与区域协调发展研究 [J].地域研究与开发，2011，30（2）：91-95.

[57] 唐常春，孙威.长江流域国土空间开发适宜性综合评价 [J].地理学

报，2012，67（12）：1587-1598.

［58］田玲玲，曾菊新，董莹，等.汉江流域经济区与主体功能区布局的协同发展研究［J］.华中师范大学学报（自然科学版），2016，50（3）：435-442.

［59］田秋生.高质量发展的理论内涵和实践要求［J］.山东大学学报（哲学社会科学版），2018（6）：1-8.

［60］王传胜，方明，刘毅.长江经济带国土空间结构优化研究［J］.中国科学院院刊，2016，31（1）：80-91.

［61］王永昌，尹江燕.以新发展理念引领高质量发展［N］.人民日报，2018-10-12（07）.

［62］魏斌.环境信息共享管理机制研究［J］.中国环境管理，2012（2）：6-9.

［63］魏后凯.现代区域经济学［M］.北京：经济管理出版社，2006.

［64］吴传清.区域经济学原理［M］.武汉：武汉大学出版社，2008.

［65］吴丹，邹长新，林乃峰，等.基于主体功能区规划的长江经济带生态状况变化［J］.长江流域资源与环境，2018，27（8）：1676-1682.

［66］吴思，胡守庚，熊婷，等.长江中游经济带主体功能区土地利用转型模式研究［J］.资源科学，2018，40（11）：2213-2224.

［67］吴亚菲，孙淼.长三角城市群经济增长和产业集聚的关联效应研究［J］.上海经济研究，2017（5）：44-50.

［68］武汉大学国家发展战略研究院课题组.长江中游城市群绿色发展与创新发展的战略思考［J］.湖南师范大学社会科学学报，2023，52（5）：87-93.

［69］徐阳，郗恩崇.公路运输与区域经济相关性及应用研究［J］.求索，2009（6）：8-10.

［70］薛福洋.中国水权市场运行效果：基于多案例的定性比较分析［D］.大连：大连理工大学，2017.

［71］杨和平，李红波，向道艳，等.长江中游城市群城乡共同富裕水平测度及区域差异［J］.经济地理，2024，44（8）：87-96.

［72］杨其广.从长江经济带说到区域发展战略［J］.中国金融家，2018（9）：82-83.

［73］杨欣，肖豪立，黄宸，等.长江中游城市群土地生态系统"社会—生态"网络构建与协同治理研究［J］.自然资源学报，2024，39（9）：2155-2170.

［74］于灵慧，徐紫腾，袁丰.长江经济带创新发展水平综合测度与空间异

质性分析［J］.长江流域资源与环境，2023，32（9）：1783–1795.

［75］岳芳敏.培育产业集群　推进区域协调发展［J］.产业与科技论坛，2007（8）：29–31.

［76］张芬.中国的地区和城乡经济发展差异：从交通基础设施建设的角度来看［J］.武汉大学学报（哲学社会科学版），2007，60（1）：25–30.

［77］张晓文.产业集群与区域经济协调发展问题研究［D］.天津：河北工业大学，2015.

［78］张学良.中国交通基础设施与经济增长的区域比较分析［J］.财经研究，2007，33（8）：51–63.

［79］赵吉.城市支点、协调发展与长江经济带城市群走向［J］.重庆社会科学，2017（2）：42–49.

［80］郑路.不平衡增长理论的文献综述［J］.知识经济，2012（11）：10.

［81］郑准，陈曦.长江中游城市群城市创新潜力的分布动态与空间收敛性研究［J］.长江流域资源与环境，2024，33（2）：271–284.

［82］郑准，钟玉琪，张凡.长江中游城市群创新网络的空间格局与动态演化：基于群内和跨群双视角的实证［J］.统计与决策，2024，40（17）：95–99.

［83］朱媛媛，张瑞，顾江，等."双碳"目标下长江中游城市群生态福利绩效变化的经济——环境效应［J］.经济地理，2023，43（5）：89–96.

［84］邹辉，段学军.长江经济带经济—环境协调发展格局及演变［J］.地理科学，2016，36（9）：1408–1417.

后　记

　　长江经济带主要由长三角、长江中游、成渝三大流域性城市群构成。2018年11月5日，习近平总书记在上海宣布，长三角一体化发展上升为国家战略；2020年1月3日，习近平总书记主持召开中央财经委员会第六次会议，作出推动成渝地区双城经济圈建设、打造高质量发展重要增长极的重大决策部署。地处长三角与成渝之间的长江中游城市群怎么办？应当向前两者学习。长三角城市群的核心要义是"一体化发展"，成渝城市群的中心任务是建设"双城经济圈"，两者的本质要求都是协同发展、联动发展。

　　本书写作出发点就是以习近平新时代中国特色社会主义思想为指导，学习借鉴长三角一体化发展、成渝地区双城经济圈建设的成功经验，研究长江中游城市群的协同发展。全书共分九章，由秦尊文率领的湖北经济学院长江经济带研究院为主的专家团队撰写。第一章、第二章、第四章、第五章由秦尊文撰写，第三章由黄展撰写，第六章、第九章由秦尊文、董莹撰写，第七章由李浩撰写，第八章由董莹撰写。

　　在本书即将完稿之际，2024年11月6日，习近平总书记在武汉指出，以武汉都市圈为中心推进长江中游城市群联动发展。我们受到巨大鼓舞。这不仅为长江中游城市群建设指明了方向，也为我们深化研究提供了指引。

　　本书的写作和出版，得到中国社会科学院学部委员、生态文明研究所党委书记、中国城市经济学会会长杨开忠的大力支持，并推荐本书纳入其主持的"十四五"国家重点出版物出版规划增补项目中。本书作为湖北省高等学校哲学社会科学研究重大项目的研究成果，得到项目管理单位湖北经济学院校领导的高度重视。湖北省社会科学院长江流域经济研究所黄玥、霍欣雨两位研究生承担了前期

资料收集整理、后期文稿校对等工作。经济管理出版社的全体员工为本书的顺利
出版做了大量工作，在此一并表示衷心感谢！

作者
2024 年 12 月 31 日
武汉汤逊湖畔